·北京师范大学史学探索丛书·

日不落帝国的兴衰
——英国与英帝国史研究

郭家宏 著

图书在版编目(CIP)数据

日不落帝国的兴衰：英国与英帝国史研究／郭家宏著．
—北京：北京师范大学出版社，2012.8
（北京师范大学史学探索丛书）
ISBN 978-7-303-12163-2

Ⅰ.①日… Ⅱ.①郭… Ⅲ.①英国－近代史－研究
②英国－现代史－研究 Ⅳ.①K561.4

中国版本图书馆 CIP 数据核字（2011）第 028714 号

营销中心电话	010-58802181 58805532
北师大出版社高等教育分社网	http://gaojiao.bnup.com.cn
电子信箱	beishida168@126.com

出版发行：北京师范大学出版社 www.bnup.com.cn
　　　　　北京新街口外大街 19 号
　　　　　邮政编码：100875

印　　刷：	北京联兴盛业印刷股份有限公司
经　　销：	全国新华书店
开　　本：	170 mm × 230 mm
印　　张：	16.25
字　　数：	241 千字
版　　次：	2012 年 8 月第 1 版
印　　次：	2012 年 8 月第 1 次印刷
定　　价：	35.00 元

策划编辑：刘东明		责任编辑：郭 瑜 刘东明
美术编辑：毛 佳		装帧设计：毛 佳
责任校对：李 菡		责任印制：李 啸

版权所有　侵权必究

反盗版、侵权举报电话：010-58800697
北京读者服务部电话：010-58808104
外埠邮购电话：010-58808083
本书如有印装质量问题，请与印制管理部联系调换。
印制管理部电话：010-58800825

北京师范大学史学探索丛书
编辑委员会

顾　　问　何兹全　龚书铎　刘家和　瞿林东　陈其泰
　　　　　郑师渠　晁福林
主　　任　杨共乐
副 主 任　李　帆　易　宁
委　　员（按姓氏笔画排序）
　　　　　马卫东　王开玺　王冠英　宁　欣　汝企和
　　　　　张　皓　张　越　张荣强　张建华　郑　林
　　　　　侯树栋　耿向东　梅雪芹

出版说明

在北京师范大学的百余年发展历程中,历史学科始终占有重要地位。经过几代人的不懈努力,今天的北师大历史学院业已成为史学研究的重要基地,是国家"211"和"985"工程重点建设单位,首批博士学位一级学科授予权单位。拥有国家重点学科、博士后流动站、教育部人文社会科学重点研究基地等一系列学术平台。科研实力颇为雄厚,在学术界声誉卓著。

近年来,北师大历史学院的教师们潜心学术,以探索精神攻关,陆续完成了众多具有原创性的成果,在历史学各分支学科的研究上连创佳绩,始终处于学科前沿。特别是崭露头角的部分中青年学者的作品,已在学术界引起较大反响。为了集中展示北师大历史学院的这些探索性成果,也为了给中青年学者的后续发展创造更好条件,我们组编了这套"北京师范大学史学探索丛书",希冀在促进北师大历史学科更好发展的同时,为学术界和全社会贡献一批真正立得住的学术力作。这些作品或为专题著作,或为论文结集,但内在的探索精神始终如一。

当然,作为探索丛书,特别是以中青年学者作品为主的学术丛书,不成熟乃至疏漏之处在所难免,还望学界同仁不吝赐教。

北京师范大学历史学院
北京师范大学史学理论与史学史研究中心
北京师范大学史学探索丛书编辑委员会
2010年3月

目 录

第一章　英国近代贫困与社会保障问题 …………………………… 1
 一、失衡的发展 ………………………………………………… 1
 二、工业革命与英国贫困观念的变化 ………………………… 14
 三、19 世纪英国的济贫院制度初探 …………………………… 25
 四、从慈善机构到政府管理 …………………………………… 48

第二章　英帝国与英联邦问题 ………………………………………… 62
 一、英国旧的殖民体制的特征及其瓦解的原因 ……………… 62
 二、美国革命后英帝国观念的变化 …………………………… 74
 三、美国革命后英帝国政策的调整 …………………………… 85
 四、亚当·斯密的帝国思想 …………………………………… 96
 五、艾德蒙·伯克的帝国思想 ………………………………… 107
 六、英国对印度殖民统治体制的形成及影响 ………………… 118
 七、拿破仑战争对英帝国的影响 ……………………………… 132
 八、18 世纪末英国对爱尔兰冲突的化解策略 ……………… 143
 九、民族·宗教与 20 世纪爱尔兰问题 ……………………… 156

十、20世纪南亚民族主义的发展及其特征 …………………… 168
　　十一、斯里兰卡民族冲突的根源 …………………………………… 182
　　十二、发展与民族冲突的困境 …………………………………… 195
　　十三、斯里兰卡社会福利制度初探 ……………………………… 205
　　十四、20世纪加拿大魁北克民族主义的发展 ………………… 216

第三章 英国外交问题 ……………………………………………… 231
　　一、战后初期英国对西欧联合政策 ……………………………… 231
　　二、九龙城寨与中英关系 ………………………………………… 240

后　记 ………………………………………………………………… 252

第一章 英国近代贫困与社会保障问题

一、失衡的发展
——19世纪上半叶英国的贫富差距问题及其化解策略

英国是世界上第一个工业化国家，也是最早面对贫困问题的国家，贫困与贫富差距问题是19世纪上半叶英国十分严重的社会问题。对于日益加深的贫困及贫富差距问题，英国政府采取了一系列化解措施，取得了一定的成效，留下了深刻的教训。

（一）工业革命与英国贫富差距问题的发展

在任何一个国家、任何一个社会中，贫困都是一个难以避免的社会问题，社会从来没有摆脱过贫穷的困扰。但是贫困问题解决得恰当与否，越来越成为一个国家能否稳定与发展的关键。

贫困问题的产生有各种各样的政治、经济与社会根源，但是工业革命以前，人们往往是因自身的原因（如失去土地等）而沦为贫民、乞丐。都铎王朝时期，英国就存在大量的贫民。但是工业化之前，贫困问题尽管非常普遍，但还没有成为一个严重的社会问题。只是到了工业化社会后，贫困问题才成为越来越严重的社会问题。

18世纪中叶开始，英国工业革命开始迅速发展，工业革命使社会生产力有了惊人的发展。英国千百年来的农业社会被彻底改变，生产力迅速解放，经济迅猛增长，社会产品极大丰富。工业革命开始后，主要工业相继以机器生产代替手工生产，以工厂制取代作坊制和手工工场制，结果这些工业部门的产量和劳动生产率均有较快的增长。比如，英国的煤炭产量1700年为250万吨，到1750年为475万吨，1800年为1 000万吨，1829年为1 600万吨。① 英国工业的蓬勃发展，使英国深深卷入了世界经济发

---

① Leonard W. Cowie, *Hanvoverian England, 1714-1837*, London: Bell, 1978, p.135.

展潮流。作为"世界工厂",英国的原材料和生活资料供应以及产品的销售方面越来越严重地依赖于海外市场。1740年,英国工业产值为2 420万英镑,其中出口额仅为630万英镑;1770年,英国工业产值增为3 690万英镑,出口1 120万英镑;1800年,英国工业产值增至6 820万英镑,出口额为2 350万英镑。①

经济的迅速增长,社会财富的巨大增加,无疑使英国进入了一个名副其实的富裕社会。但是,与滚滚而来的财富相伴随的是贫困现象的加剧,由于社会忽视了公平分配问题,工业革命所召唤出来的巨大财富并没有被合理地在社会上分配,它大部分被流入了有产者的腰包,多数人没有享受到工业革命所带来的好处,许多人甚至受到了它的危害,受到了贫困的威胁,生活状况反而恶化了。工业革命时期,英国贫富差距越拉越大,而且由于工业化带来的巨大财富,这种差距就显得尤为突出,由此引发了一系列社会问题。

英国工业革命时期财富分配极不合理。1801年,1.1%最富有的人占有国民总收入的25%,到1812年,1.2%最富有的人就取得35%的国民总收入。到工业革命已完成时的1867年,2%最富有的人所聚敛的财富占国民总收入的40%,相比之下占人口绝大多数的体力劳动者的收入在国民总收入中所占的比重却从1803年的42%下降到1867年的39%。可见,随着工业革命的进行,社会财富分配不公,使英国社会贫富差距急剧扩大,穷人愈穷,富人愈富,英国社会出现了严重的两极分化。正如以后成为英国首相的迪斯雷利所说:"英国可以分为两个民族——穷人和富人,他们之间有一条巨大的鸿沟。"②

贵族在工业革命中获益最大,他们有的直接经营厂矿而成为大资本家,有的把土地、矿山租给资本家。工业革命使他们财富大增。他们居住在乡间的庄园里,过着奢华的生活。据统计,18世纪末、19世纪初是英

---

① Roderick Floud, Dorlald Maccloskey, *The Economic History of Britain since 1700*, Vol. 1, *1700-1860*, Cambridge: Cambridge University Press, 1981, p. 40.

② J. Hampden Jackson, *England since the Industrial Revolution*, *1815-1948*, London: Greenwood Press, 1975, p. 76.

国贵族庄园修建的一个高潮时期,而且庄园的面积与造价都不断扩大。18世纪80年代诺福克公爵修建的格雷斯托克园林占地5 000英亩。而19世纪中期开始修建的诺森伯兰公爵的宅邸共耗费32万英镑,这在当时是一个天文数字。1799年,拉特兰公爵家的一次庆典,就花掉了5 500英镑,相当于当时50多家自耕农全年的收入。① 同时,城市中拥有极大财富的还有那些工业革命中起家的新兴中产阶级,其中包括发明家、工厂主、矿主以及商界和金融界巨头等。维多利亚早期,中产阶级最低年收入一般是300英镑,一些中产阶级的上层分子如职业人士或者商人,年收入要高达500英镑。但许多人的收入大大高于此。如银行家詹姆斯·莫里森(James Morrison)去世时留下了400万到600万英镑的遗产。② 他们住在独栋或者联排别墅,前后有花园,环境优雅、安静。所有中上层中产阶级家庭都有仆人。1851年,英国仆佣人数达到100万之多,并已发展成一个独立的职业阶层。③

与这些歌舞升平、豪华奢侈的上层生活相比,许多普通工人却过着地狱般的生活。他们当中许多人长期生活在贫困线以下。农业工人是19世纪处境最糟的一个阶层,工资极低。1795年到1850年,农业工人的平均每周工资大约是8先令11便士到9先令6便士,仅相当于同期城市工人的一半。他们的生活十分艰辛,其主食是面包、土豆以及少量的牛奶,偶尔才会吃上一点奶酪、培根,很长时间才能吃上一次肉。④

财富分配不均,使贫困问题加剧。由于收入微薄,许多工人只能艰难地维持生活,尤其是那些手工工人。在牛津郡,1795年,工人平均工资为每周8先令,相对于当时食物的价格而言,这样的工资是很低的。⑤

---

① E. M. L. Thompson, *English Landed Society in the Nineteenth Century*, London: Routledge & Kegan Paul, 1963, p. 78.

② Trevor May, *An Economic and Social History of Britain, 1760-1970*, New York: Longman, 1987, p. 202.

③ J. F. C. Harrison, *The Birth and Growth of Industrial England, 1714-1867*, New York: Harcourt Brace Jovanovich, 1973, p. 127.

④ Harold Perkin, *The Origins of Modern English Society, 1780-1880*, London: Routledge & Kegan Paul, 1969, p. 147.

⑤ By C. R. Olderham, "Oxfordshire Poor Law Papers," *Economic History Review*, Vol. 5, No. 1 (Oct., 1934), p. 92.

1844年，对全国织袜工所做的一项调查结果令人震惊。154户接受调查的织袜工中，平均每台织机每周收入10先令，扣除租机费后只有6先令，合平均每人每周生活费1先令，而且衣食住行都包括在内。① 一项报告说：1842年曼彻斯特的上乔治路段已经"贫苦不堪，虽不限于工人中每个特定阶层，但似乎手织工中感受最深，他们每天干14小时活，挣得的钱还不够吃两顿饭，所以假如持续失业两三个星期，他们就真的要饿肚子了，而近来这是常事。"② 1840年曼彻斯特的一项调查表明，2 000个家庭每周生活费平均为5先令3又1/4便士，或人均1先令2又1/4便士。③

财富分配不公导致贫富差距悬殊，在整个工业革命时期都存在。据估计，在整个工业革命时期，有1/3左右的工人家庭始终处于贫困状态。1834年，英国贫困人数有126万，占全国总人口的8.8%。④ 有的地方情况更严重，1849年，伯明翰23万人口中，至少有3万人属于最穷的阶层。⑤ 恩格斯在谈到工业革命时期的贫富差距时，引用《泰晤士报》的如下描述："在集中了财富、欢乐和光彩的、邻近圣詹姆斯王府、紧靠着华丽的贝斯华特宫的地区，新旧贵族区碰了头而现代精美的建筑艺术消灭了一切穷人茅屋的地区，在似乎是专门给阔佬们享乐的地方，在这里竟存在着贫困和饥饿、疾病和各种各样的恶习，以及这些东西所产生的一切惨状和一切既摧残身体又摧残灵魂的东西，这确实是骇人听闻的！"⑥ 这种情况直到19世纪末期才有所好转。

---

① W. Felkin, *An Account of the Machine-wrought Hosiery Trade*, London: 1845, Facsimile reprint, New York: 1972, pp. 24-29.

② Duncan Bythell, *The Handloom Wweavers*, Cambridge: Cambridge University Press, 1969, p. 94.

③ Harold Perkin, *The Origins of Modern English Society*, 1780-1880, p. 165.

④ Carl Chinn, *Poverty amidst Prosperity*, The Urban Poor in the England, 1834-1917, Manchester: Manchester University Press, 1995, p. 104.

⑤ Ibid., p. 26.

⑥ 《马克思恩格斯全集》，第2卷，312页，北京，人民出版社，1957。

(二) 工业革命时期英国贫富差距问题的根源及危害

应该说,贫富差距问题并不是工业革命的必然结果,而是英国工业革命时期英国实行的政策造成的。

工业革命时期,英国开始大规模使用机器,家庭手工业趋于没落,大批劳动者成为仅靠出售劳动力生存的雇用劳动者,他们没有土地和生产资料,一旦失业或者因伤残、疾病、年老等原因丧失劳动能力,便陷入贫穷无助的境地,成为严重的社会问题。这是工业革命时期贫困问题加剧、贫富差距扩大的根本原因。另外工业革命时期,贫困问题的加剧还与英国人口快速增长有关。1760 年,英格兰和威尔士总人口为 6 664 989,1801 年增长到 9 168 000;1831 年则飞速增长到 13 897 187。[①]

一个时代占主导地位的社会思潮既是那个时代政治经济文化的产物,反过来也给予那个时代以重大影响。19 世纪下半叶,自由放任开始成为英国全社会的指导理论。根据这一理论,个人利益与社会利益能够通过市场经济活动的自动化调节而达到尽善尽美的地步。亚当·斯密(Adam Smith)是这一理论的奠基人。他认为:每个人最关心的都是为他自己谋取最大利益,但是他是社会的一员,他追求利益的活动必限制在社会认可的框架之中。个人利益和个人欲望"自然总会努力使他用其资本所支持的产业的生产具有最大价值",也就是说,一般情况下,他必然把自己的资财用到最有利于社会的用途之上。"在这场合,像在其他许多场合一样,他受一只看不见的手指导……他追求自己的利益,往往使他能比在真正出于本意的情况下更有效地促进社会利益。"[②] 实际上,按照亚当·斯密的理论,社会对于处于贫困状态之中的人毫无救助之责。

随着英国工业革命的发展,英国资产阶级对贫困问题的看法也发生了变化,他们以自己奋斗成功的经历而自豪,无视巨大的社会变动而产生的巨大贫困。而边沁的功利主义、马尔萨斯的人口论为中产阶级的社会改革

---

① G. Talbot Griffith, *Population Problems of the Age of Malthus*, London: Frank Cass & Co. LTD, 1967, pp. 18-21.

② [英] 亚当·斯密:《国民财富的性质和原因的研究》(下),27 页,北京,商务印书馆,1997。

提供了理论基础。

边沁（Jeremy Bentham）宣称任何社会组织、法律都必须按其对社会是否有用、是否合乎"最大多数人的最大幸福"来进行衡量。边沁认为，贫困不仅是对个人安全的威胁，也是对社会的威胁。因此，政府必须根据人们避苦求乐的天性通过立法来干预贫困问题。但他也主张，无论产生社会贫困的原因是什么，都不应使得到救济的人的境遇超过靠劳动为生的人。"假如没有财产而靠别人劳动为生的人境况比靠自己劳动为生的人还好……则为数不多的财产将继续从依靠劳动为生的阶级转到依靠他人劳动为生的阶级中去。"① 从而导致社会勤奋精神的丧失和道德败坏。

马尔萨斯（Thomas Robert Malthus）的人口论认为：人口随着生活资料的增长而增长，而土地收益递减的出现，必然会导致人口的增长超过食物供给的增长。他认为，贫困是一种必要的社会因素，它既可限制穷人人口的增长，又可刺激穷人为了生存的工作热情，他对济贫的看法是："一个降生到人满为患的世界上来的人，如果父母无力负担抚养他们的责任，而社会又不需要他的劳动，他就没有权利得到一点食物……在自然界盛大的宴席上，没有他的座位，自然命令他离开。"②

由于英国是第一个发生工业革命的国家，对于如何管理由于工业化而发生了巨大变化的社会，英国政府没有任何先例可循，几乎是摸着石头过河。如果说前工业时代，社会的领导者还觉得有义务以家长式的姿态保护一下"子民们"的生存，那么，在当时盛行的自由放任的思想指导下，国家的一切经济活动都要任其发展，一切都在竞争中自生自灭，当财富总量急剧增加时，没有人意识到分配问题的重要性，也没有人试图对社会分配进行调节。统治阶级中普遍流行的看法是，谁拥有财富就证明谁有能力。

---

① Raymond C. Gowherd, *Political Economists and the English Poor Laws: A Historical Study of the Influence of Classical Economists on the Reformation of Social Welfare Policy*, Columbus: Ohio University Press, 1977, pp. 82-90.

② T. R. Malthus, *An Essay on the Principle of Population*, London, 1966, p. 450.

而且，当时社会对于"贫困的作用"还存在这样一个信条：低工资对有利可图的出口是必需的，高工资会鼓励懒惰和奢侈。①

贫困化加剧使得英国政府用于贫民救济的财政支出数额不断增加。1802年到1803年，英格兰和威尔士的济贫税年均为530万英镑；1813年，增长到860万英镑，1817年到1818年，达到前所未有的930万英镑，经过19世纪20年代短暂地落后，1831年到1832年，又达到第二个高峰860万英镑。从1802年至1803年到1832年至1833年，济贫税增长了62%。而同期英国土地的租金收入却没有同样的增加，1800年到1830年，只增加了25%。从2 800万英镑增长到3 500万英镑。② 在对法战争期间。有产者为了缓和国内矛盾，还愿意承担这个包袱，但对法战争结束之后，他们抛掉这个包袱的愿望就十分迫切了。

在这种背景下，贫穷被看成是个人的事情，国家和社会与此无关。这种思潮的发展，一定会导致社会两极分化，从而引发一系列严重的社会问题。主要表现在以下几个方面。

首先，贫富差距扩大，社会矛盾日益尖锐，使得英国社会局势动荡不安，罢工、骚乱时有发生。

贫困的加剧，必然使社会下层民众特别是工人阶级对现实产生不满，他们会通过集体反抗将这种不满表现出来，由此导致了激烈的社会冲突。工业革命时期是英国近代史上社会冲突和社会矛盾最尖锐的时期之一。1811—1818年发生的捣毁机器的卢德运动，波及全国许多地区，其直接原因就是使用机器使大批工人失业，生活状况恶化。从18世纪下半叶到19世纪中叶，英国工人激进运动很活跃。爆发了1816年东益格鲁和斯巴费尔德的骚乱，1819年的彼得卢大屠杀，1831年改革法案骚乱以及纽波特起义等，这些轰轰烈烈的工人运动都是工人因为生活状况恶化而奋起抗争的表现，是工人为了表达对分配不公、贫富差距扩大的强烈不满而采取的激

---

① J. R. Poynter, *Society and Pauperism-English Ideas on Poor Relief, 1795-1834*, London: Routledge & Kegan Paul, 1969, p. 26.

② Anne Digby, *The Poor Law in Nineteenth-Century England and Wales*, London: Historical Association, 1982, p. 9.

烈行动。他们希望改变国家政权形式，获得选举权，以便作出对工人阶级有利的改革，因而1832年议会改革，工人阶级就是主力，但是改革使资产阶级获得了选举权，而工人阶级却没有任何收获。随后，他们又投入了轰轰烈烈的宪章运动。

其次，贫困问题的大面积持久发展，使英国社会犯罪率大大上升。

贫困是许多罪恶与灾难的根源，当一个人因失去工作而无以为生、沦为贫民的时候，一种求生的本能会驱使他去偷窃、抢劫，最后沦为罪犯。1839年，英国皇家委员会的一项关于警察力量的调查报告指出："我们调查发现，大面积的犯罪，其根源在于财产问题，这是一个共性问题……任何可考虑到的抢劫财物的犯罪，其根源在于万恶的贫困和匮乏。"其实，工业革命时期，英国许多犯罪就是因为"面包和黄油"问题。① 根据英国内务部每年公布的犯罪统计，仅在英格兰和威尔士，所发生的刑事犯罪数字为：1805年，4 605起；1815年，7 898起；1825年，14 437起；1835年，2 0731起；1842年达到31 309起。短短37年中，犯罪数字增加了6倍多。而1805年到1848年，英格兰因盗窃和抢劫财产等犯罪交付法庭审判的人数从4 605人增加至27 816人，② 所以有的历史学家说19世纪上半叶是英格兰盗匪肆虐的黄金时代。

妇女卖淫也是贫穷衍生的一个丑恶现象。19世纪英国城市妓女之多，相当惊人。据估计，1840年，伦敦有各类妓女达7 000到80 000人之多。1850年至1860年间，违规被捕的妓女就达41 954人。③这些妓女有些是因为工资太低，不足以养活自己和孩子，有些女工生孩子后，不能适应工厂严格的纪律。总的来说，绝大部分妓女是因为贫穷、低工资、失业、饥饿被迫走上卖淫道路的。

---

① Edited by Clive Emsley, *Conflict and Stability in Europe*, London: The Open University Press, 1979, pp. 77-96.

② John. Roach, *Social Reform in England*, 1750-1850, London: Batsford, 1978, p. 124.

③ Harold Perkin, *The Origins of Modern English Society*, 1780-1880, Lodon: Routledge & Kegan Paul, 1969, p. 169.

另外，贫困问题的发展，使英国城市存在大量的贫民窟，环境恶劣，疾病丛生，严重影响英国国民素质。

工业革命期间，工人们生存环境极为恶劣。由于收入低，造成了普遍性的营养不良，体质下降。他们的居住情况更是糟糕。许多贫民居住区，一所房屋住18到20人，从地下室到角楼都住满了人。1790年的利物浦，有1/8的人居住在不利于健康的地下室。① 这种房子极易被水淹，拥挤而潮湿，没有下水道，也没有厕所，居住在这里的人容易感染伤寒等传染病。据估计，19世纪40年代初期，全国13%的人、22%的工人居住在这样的地下室里。② 而一旦瘟疫爆发，是不分阶级，不分贫富地传播的。19世纪30年代，英国爆发霍乱并在全国流行，就是一个很好的例子。1831年10月，在桑德兰的贫民窟开始流行霍乱，并迅速向周围地区扩散，很快就传播到了约克、利物浦等城市，有15 000人因霍乱死亡。1832年，伦敦再次爆发霍乱，致使伦敦当年就有5 300人因霍乱死亡。所以，查德威克从环境主义者角度出发，认为贫困由疾病引起，疾病则是由没有得到控制的贫穷引起。③

(三) 贫富差距问题的化解及教训

17世纪的内战仍然给有产阶层留下了一个深刻的教训，那就是任何形式的社会动荡都将最终损害有产者的财产和既得利益。随着工业革命的开始，劳动者的生活再次面临威胁，社会矛盾激化的第一个结果是工人运动的产生，在行会基础上产生的工会组织开始发展起来，18世纪末又发展成工人激进主义运动，试图通过获取选举权来改善劳动者的社会经济地位，这对所有有产者都是一个危险的信号，美国独立战争的胜利，法国大革命的爆发，更加深了有产者的惊恐。

---

① Stanley D. Chapman, *The History of Working-class Housing*, A Symposium, Newton Abbot: David and Charles, 1971, p. 168.

② Richard Rodger, *Housing in Urban Britain, 1780-1914*, Basingstock: Macmillan, 1989, pp. 31-32.

③ Trevor May, *An Economic and Social History of Britain, 1760-1970*, New York: Longman, 1987, p. 127.

而且，光荣革命以后，英国确立了君主立宪制度，也确立了以改革来解决社会矛盾的模式，使得英国的社会矛盾能够以和平的方式，通过改革来化解。在此形势下，英国政府不得不采取措施来缩小贫富差距，缓解社会矛盾，化解因为贫困问题而可能发生的社会冲突。这些措施主要有以下几方面。

(1) 贫民救济。

贫困问题的尖锐化必然导致社会矛盾加剧，最终危及资产阶级的统治，为了防止饥民铤而走险，英国从伊丽莎白一世时期，就已经通过《济贫法》建立起了一套济贫制度，对在饥饿线上挣扎的贫民实施救济。

工业革命以后，贫困和失业问题日益突出，济贫制度的推行，在很大程度上缓和了社会矛盾，减轻了因为贫困问题而引发的社会危害。否则，英国工业革命的后果会更加恶劣。然而，从社会发展的形势来看，随着贫困问题的加剧，政府应该加大济贫力度，以缓和人民的不满，但是在自由放任思想的指导下，《济贫法》越来越受到新兴的资产阶级的指责。实际上，当时社会上有许多人反对《济贫法》，甚至包括劳动人民在内。因为《济贫法》的实施来源于济贫税，而济贫税的收缴是按照教区人头来征收的。

对待济贫问题，英国政府并没有完全满足资产阶级的要求去废除《济贫法》，而是适应形势的要求，采取了一些新的措施。1782年，英国议会通过的《吉尔伯特法》(Gilbert's Act)简化和规范化了教区建立和运营济贫院的程序。各教区可以独立建立济贫院，或者教区联合起来建立济贫院，被称为吉尔伯特联盟(Gilbert Union)，并规定只有那些年老、体弱、伤病的贫民以及孤儿才可以进入济贫院。这个措施缓和了《济贫法》所造成的某些惨况。[①]

拿破仑战争使英国经济和社会陷入混乱，《济贫法》本身受到空前的压力。1795年，在伯克郡等一些地区，实行了一种工资补偿制度，即斯品

---

① Bernard Harris, *The Origins of the British Welfare State*, *Society, State and Social Welfare in England and Wales*, *1800-1945*, New York: Palgrave Macmillan, 2004, p.42.

汉姆莱制度（The Speenhamland System）。这种制度在 1796 年得到议会的认可，根据这项制度，"当每加仑面粉做成的面包重 81 磅 11 盎司价值 1 先令时，每个勤勉的穷人每周应有 3 先令的收入，""其妻及其他家庭成员每周应有 1 先令 6 便士"。若劳动者及其家庭成员的所有收入均达不到此项标准，则应从济贫税中予以补足。并宣布此项补贴随着面包价格上涨而浮动。① 斯品汉姆莱制度的意义在于把济贫的范围扩大到有人就业的贫穷家庭，从而建立了一种广泛的户外救济制度，使低工资收入者得到了某种程度的最低生活保障。对于缓和当时因贫困引发的社会矛盾，发挥了积极的作用。

实际上，针对中产阶级对《济贫法》的攻击，政府并没有完全采纳他们的意见，因为尽管政府一年支付 700 万英镑的济贫费，1830 年农村还是爆发了大规模的暴动，政府在镇压的同时，也意识到废除《济贫法》是不现实的，于是在 1832 年成立了以查德威克为首的皇家委员会，主持《济贫法》改革。1834 年英国颁布了《新济贫法》。《新济贫法》的主题和基调是通过惩治"懒惰"贫民根治贫穷问题，主要特点是实行院内救济，贫困者必须进入济贫院中才能得到救济，接受院内救济者不再拥有选举权，以示对济贫者在政治上的一种惩罚，目的是让任何一个贫民都努力通过个人而不是政府与社会的帮助来摆脱贫困。② 为了监督各地《新济贫法》的实施，英国还成立了济贫法委员会。这在英国行政管理机构上是一个革命。因为以前的济贫都是由地方负责的。1842 年，英国议会又通过了《劳工检验法》（Labour Test Orders），规定，任何人如果想接受救济，必须为教区干活。1844 年颁布《禁止户外救济法》（Out Relief Prohibitory Orders），禁止对健壮男子实施救济，除非他进入济贫院。③ 由此看来，《新济贫法》带有

---

① Edited by B. W. Clapp, *Documents in English Economic History*, *England since 1760*, London: G. Bell & Sons Ltd, 1976, pp. 473-474.
② Derek Fraser, *The Evolution of the British Welfare State: A History of Social Policy since the Industrial Revolution*, New York: Palgrave Macmillan, 1985, pp. 258-259.
③ Peter Murray, *Poverty and Welfare*, *1815-1950*, Hodder Murray, 2006, p. 43.

浓厚的惩罚贫民的色彩，与 18 世纪末的工资补助相比，实际上是一种倒退。

济贫院制度的存在，为那些无依无靠、穷困潦倒的人提供了最后的栖息场所，为他们提供必要的生活条件，也为那些贫困老人、孤儿、精神病人提供了一个生活场所。但是济贫院救济的根本缺点是，它以救济为主，而不是以预防贫困为主。《济贫法》下的任何救济都是在贫困成为一种事实后才提供的，而不是在可能出现济贫之前提供救济、防止贫困成为事实。因此从本质上说，它不能有效地解决贫困问题，尤其是随着工业社会的发展，社会问题越发复杂，贫困的原因更加多样化、社会化，这种制度显然无法满足社会发展和变化的需要。1867 年，利物浦慈善家威廉·拉斯博（William Rathbone）评论道："（济贫院）确实成功地阻止了贫民向教区申请支持，消灭了贫困，有效地制止了在伊丽莎白旧《济贫法》之下道德败坏的趋势，但是作为公共慈善制度，它是失败的。"① 不过这个法令实际上肯定了国家在济贫事务中有一定的责任和义务，在福利调控、解决贫富差距的历史上有一定积极意义。

19 世纪中期以后，人们对贫困的看法再次发生变化，一些资产阶级激进派、社会改良主义者、人道主义者认为贫困不是个人因素造成的，而是社会制度的产物。周期性的经济危机和失业、不公平的财富分配制度，才是造成贫困的根本原因，因此仅靠个人的努力是难以摆脱贫困的。直到 19 世纪末 20 世纪初，政府才采取措施，通过税收和社会保障两种形式，解决贫富差距问题。

（2）颁布法令，改善工人的工作居住条件。

19 世纪中叶，城市住房拥挤和恶劣的卫生状况危及到了统治阶级的利益，引起社会有识之士和政府当局的关注。城市存在的这诸多问题与疏于管理有关，国家没有治理城市的权威政权机构。1835 年，《市政机关法》授权新兴工业城市成立市议会，有权征收地方税和采取改进城市环境的措施，这

---

① William Rathbone, *Social Duties Considered with Reference to the Organization of Effort in Works of Benevolence and Public Utility*, London: Macmillan, 1867, pp. 48-49.

是加强市政管理的第一步。19世纪40年代，许多城市相继颁布改善住房和卫生状况的地方法规，这些法规针对城市住房过于拥挤、卫生状况不良等状况，规定了建筑居民院落的最低宽度，两排房屋间的最小距离，房屋两面都必须开窗，禁止建造背靠背房屋，所有房屋必须有卫生间等。①

(3) 工人教育。

教育是消除贫困的重要措施。工业革命时期，通过遍布全国的慈善学校、主日学校等劳动群众可以得到最低限度的教育。18世纪中期，有产者对劳动群众学习文化常常持怀疑态度，认为穷人读书会对社会造成危害，因而反对他们学习文化。而且在自由放任主义的指导下，政府被游离于国家经济活动之外，教育也不受国家干预。但是到19世纪，有产者逐渐改变了上述看法，认为劳动者不学文化易染上酗酒、寻衅闹事等恶习，愚昧无知才是对社会和谐与安宁最大的威胁。1833年，英国政府拨款20 000英镑，资助各类学校新校舍的建设。这笔拨款虽然是杯水车薪，但却是国家干预教育的开始。同年通过的工厂法规定，纺织厂9岁以上11岁以下的童工每周工作时间不得超过48小时，必须进其父母或者监护人为其选择的学校。1833年至1850年间，政府资助教育的经费从20 000英镑增长到700 000万英镑。② 1788年到1851年间，到主日学校学习的人数也从59 980人增长到210 000人。③ 总的来说，政府在教育方面的干预措施并不到位，直到1870年颁布《教育法》，责成地方当局建立学校，并且有权征收教育税，为需要建立学校的地方建立学校。④

总之，工业革命期间，是英国贫富差距问题极度发展时期，由此引发了一系列严重的社会问题：贫民大量存在，社会动荡不安，城市住房拥挤，公共卫生状况恶劣。这个问题解决不好，必然会引起剧烈的社会震荡。英国业

---

① Bernard Harris, *The Origins of the British Welfare State, Society, State and Social Welfare in England and Wales, 1800-1945*, New York: Palgrave Macmillan, 2004, pp. 130-133.

② Ibid., p. 141.

③ Ibid., p. 138.

④ Ibid., p. 143.

已存在的济贫制度为贫民提供了最基本的生活保障,政府的一系列改革措施在一定程度上缓解了贫富差距剧烈扩大引发的社会矛盾,化解了可能爆发的社会冲突。但是,工业革命期间,由于自由放任思想的指导,政府并没有很好地解决贫富差距问题,留下了深刻的教训。直到19世纪末20世纪初,英国才通过税收和福利政策,在财富分配领域中逐步实行国家干预。

二、工业革命与英国贫困观念的变化

贫困是一个比较复杂的问题,不仅有物质贫困和精神贫困问题,还有相对贫困和绝对贫困问题等。人们对待贫困问题的态度,反映了当时的社会历史发展状况。英国工业革命开始后,随着社会经济突飞猛进的发展,英国人对于贫困问题的看法也发生了较大变化,这些变化直接影响了政府的济贫政策。以往,学界对于英国贫困问题的研究大都局限于《济贫法》的研究,但是对于工业革命时期英国贫困观念的变化,却没有充分的重视。

(一) 工业革命与英国贫困问题的发展

贫困作为一种社会现象,自古有之。但是,只有到了工业革命之后,贫困问题才成了严重的社会问题。

1601年,伊丽莎白《济贫法》奠定了近代英国济贫制度的基础:工作的权利和生存的权利。[①] 教会的作用仍然保留。伊丽莎白《济贫法》是英国政府第一次通过立法对每一个人强制征收济贫税来救济贫民,体现出国家对贫困问题的态度。在此之后的两百余年时间里(除内战期间部分受到破坏外)济贫税的征收作为一项制度始终坚持执行。尽管在不同的时期、不同的地区,有些不同的政策,但《济贫法》总的精神没有变化。

从18世纪中叶开始,英国工业革命迅速发展,英国千百年来的农业社会被彻底改变,生产力迅速解放,经济迅猛增长,社会产品极大丰富。英国人迈入了一个名副其实的富裕社会。但与滚滚而来的财富相伴随的却是

---

① Brian Inglis, *Poverty and the Industrial Revolution*, London: Hodder and Stoughton, 1971, p. 15.

贫困现象的加剧。由于工业革命的发展，机器的广泛使用，带来大批手工业者的失业，圈地运动又把大批农民赶入了城市。而且，资本家为了最大限度榨取剩余价值，尽量压低工资，延长工作时间，甚至大量使用童工、女工，因为女工、童工的工资比男子工资要低许多。这样，由于社会忽视了分配问题，多数人没有享受到工业革命所带来的好处，许多人甚至受到了它的危害，受到了贫困的威胁，生活状况反而恶化了。许多普通工人过着地狱般的生活。他们当中许多人长期生活在贫困线以下。

农业工人是19世纪处境最糟的一个阶层，工资极低，1795年至1850年间，农业工人的平均每周工资大约是8先令11便士到9先令6便士。①

纺织工人也是当时生活最为艰辛的阶层之一。在牛津郡，1795年，工人平均工资为每周8先令，相对于当时食物的价格而言，这样的工资是很低的。②

如果说在对法战争期间，为了缓和国内矛盾，避免大范围的饥荒和可能发生的革命，有产者还愿意承担这个包袱的话；那么对法战争结束之后，他们抛掉这个包袱的愿望就十分迫切了。在和平年代，保留着向贫民进行工资补贴的制度，无疑会使财政负担大大加重，也被认为"摧毁了的乡村地区工人的独立、勤勉和道德。"1817年以来，下院的特别委员会多次考察了这个问题，认识到了其严重性，但是他们认为除了废除《济贫法》以外没有其他解决办法。尽管这种做法有马尔萨斯的理论作支持，但总的来说是不切实际的。③ 随着对《济贫法》的攻击越来越多，争论也越来越激烈。这样，在18世纪末19世纪初，英国人的贫困观念发生了变化。

（二）时代变迁与英国贫困观念的变化

整个中世纪人们认为，对穷人救济是每个基督徒的责任、权利。④

---

① Harold Perkin, *The Origins of Modern English Society*, *1780-1880*, London: Routledge & Kegan Paul, 1969, p.147.

② C. R. Olderham, "Oxfordshire Poor Law Papers," *Economic History Review*, Vol. 5, No. 1 (Oct., 1934), p.92.

③ Edited by G. M. Young and W. D. Handcock, *English Historical Documents*, *1833-1874*, London and New York: Eyre & Spottiswoode Ltd, 1956, pp.683-684.

④ Brian Inglis, *Poverty and the Industrial Revolution*, London: Hodder and Stoughton, 1971, p.13.

中世纪的教会宣扬"善功得救",因此,行善、施舍不再是爱心的自然表露,而是个人进入天堂的必需条件。当信徒们被罚入地狱的恐惧驱赶到机械性的行善活动中去时,他们的爱心已经沦落为自爱。中世纪的教会声称,贫穷是不可能也不应当清除的,因为它为千千万万渴望拯救的信徒提供了施舍的对象——穷人。这种思想对近代早期的济贫产生了重要影响。

18世纪下半叶,是英国社会急剧变化的时期。随着工业革命的发展,无产阶级和资产阶级两大对立阶级的形成,社会新思潮的不断涌现,英国的社会结构、生产结构、价值观念都发生了巨大变化,这些变化深深地影响了人们对于贫困问题的看法。尤其是亚当·斯密的自由放任理论提出后,在英国引起了剧烈反响。围绕着贫困与济贫问题,英国各界展开了激烈的争论。在这些争论中,英国人对贫困问题的看法也发生了巨大变化,这些变化进而影响了政府的决策。

这一时期英国贫困观念的变化主要集中在贫困的根源以及贫民的救济两个方面。

(1) 贫困是个人懒惰的结果?——对于贫困根源的争论。

工业革命前,生产规模很小,一般是一个师傅带几个帮工和徒弟,在一个不大的铺子里从事生产。在这种工作环境中,师傅(雇主)和帮工(雇工)之间的关系是比较融洽的,他们生活在一起,相互地位差别不大。更多的手工业分散在广大农村。那时,控制英国社会的是贵族、乡绅。他们是土地所有者,也是国家的统治者。他们把自己看作是"家长",按照"家长"理论,"家长"应保障"家人"的温饱,"家人"则服从"家长"的管治。因此,工业革命前,英国在1601年《济贫法》之下,社会能够通过教区向普通百姓提供基本的生存保障,对于贫民的救济是不分对象的,他们都可以在自己的教区接受救济。对于穷人,社会也没有过多的指责。对于贫困问题的根源,当时也没有清醒的认识。

工业革命发生之后,英国社会已经开始发生激烈的变化,城镇新的机器工业的发展,注定要宣告新的经济关系会压倒旧的社会依附关系。贫富之间的关系变得越来越缺少个人的因素,工作时间内新的劳动纪律和阶级分层越来越明显。18世纪末期，新的工业城镇已经成为令人惊奇的目标，但在地理上、精神上，他们还是置身于传统的英国社会之外。因此，在工业革命初期，人们在谈论贫困问题时候，还没有认识到工业化对贫困问题加剧的影响。当时，乡村地区的穷人受到更多的关注。人们一直认为，城镇的贫困问题是个特殊的问题，需要有特殊的处方来治理。这些问题就是存在大量的无依无靠，四处流浪，近似犯罪的贫民，例如，伦敦那些偶然致贫的穷人。后来，人们才慢慢认识到，由于易受周期性的和普遍的贫困影响，在新的城市中，日益工业化分工的工人阶级存在新的问题。当时有大量的小册子描述当时尤其是城镇地区的特殊需求，但是很少讨论工业化和贫困这一普遍问题。① 当时工业化常常还被当成贫困问题的补救措施，而不是原因。许多人认为在工业城市，由于工资相对较高，不应当有贫困问题。

随着工业革命中一大批资产阶级暴发户登上舞台，英国人对于贫困的观念逐渐发生了变化。如果说前工业时代，社会的领导者还觉得有义务以家长式的姿态保护一下"子民们"的生存，那么现在，在亚当·斯密自由放任思想逐渐占据主导地位的情况下，国家的一切经济活动都要任其发展，一切都在竞争中自生自灭。也就是说，要用自由竞争的市场来解决社会问题。"在这场合，像在其他许多场合一样，他受着一只看不见的手指导，去尽力达到一个并非本意想要达到的目的……他追求自己的利益，往往使他能比在真正出于本意的情况下更有效地促进社会的利益"。② 在市场调节下，经济会保持最正常的运转，因此国家不可以干预经济，要让纯粹的"经济规律"起作用。除了昂贵的费用以及缺乏制度的因素，贫民救济遭到他们的反对，因为这对劳动力的产生不利。③

---

① J. R. Poynter, *Society and Pauperism: English Ideas on Poor Relief, 1795-1834*, London: Routledge & Kegan Paul, 1969, p. 23.

② [英] 亚当·斯密：《国民财富的性质和原因的研究》，郭大力、王亚南译，27页，北京，商务印书馆，1997。

③ David Englander, *Poverty and Poor Law Reform in Britain: From Chadwick to Booth, 1834-1914*, London & New York: Addison Wesley Longman, 1998, p. 10.

按照这种思想，生存被看作是纯个人的事，是每个人自己的经济活动。富人富裕是因为他们勤劳、能干，穷人贫穷是因为他们懒惰、无能；富人的富裕和穷人的贫穷都是天经地义的，任何人都无法改变。社会就好像大自然，"物竞天择，优胜劣汰"。当时有产阶级中普遍流行的看法是，赚钱就是美德，赚钱就是成功，人和人之间的关系只是赚钱，其他都无须管。谁拥有财富就证明谁有能力。当时社会对于"贫困的作用"，还普遍存在这样一个信条：低工资对有利可图的出口是必需的，高工资会鼓励懒惰和奢侈，会减小产量，增加用于救济穷人的开支。① 1806年，边沁的一位朋友帕特里克·科胡恩（Patrick Colquhoun）曾讲道："贫困在一个社会中是最必需的、不可缺少的因素，没有它的存在，国家和社区就没有文明的秩序……它是许许多多人财富的源泉，没有贫困，就没有劳动，没有劳动，就没有财富。……贫困是一种罪恶，这种情况意味着短缺，不幸，忧伤。"②

非但如此，当时经济和社会常把懒惰这一恶名同穷人混淆起来。认为如果是自愿的（贫困），懒惰就是邪恶的，如果不是自愿的（贫困），那它就是社会的负担。③ 中产阶级许多人甚至认为贫穷是上帝对懒汉的惩罚。迪福宣称的"这些不工作的人，而不是不能工作的人构成了穷人的大多数"④ 在随后的十几年里产生回响。亨利·菲尔丁（Henry Fielding）再次抱怨人性的懒惰，尽管他也曾指出"对穷人的遭遇我们确实比对他们的罪行了解得少，他们饥寒交迫，其中有些人自我沉沦，乞讨，偷盗，抢劫。⑤ 托马斯·拉格里斯（Thomas Ruggles）是一个极具同情心的乡绅，由于他在乡下过冬，咨询调查了一些事实和解释。他期望发现工人的工资是不合

---

① J. R. Poynter, *Society and Pauperism*: *English Ideas on Poor Relief*, 1795-1834, London: Routledge & Kegan Paul, 1969, p. 26.

② Michael E. Rose, *The English Poor Law*, 1780-1930, David & Charles: Newton Abbot, 1971, p. 47.

③ J. R. Poynter, *Society and Pauperism*: *English Ideas on Poor Relief*, 1795-1834, London: Routledge & Kegan Paul, 1969, p. 29.

④ Ibid., p. 26.

⑤ Elizabeth. W. Gilboy, *Wages in Eighteenth-Century England*, Cambridge: Harvard University Press, 1934, p. XXV.

适的，穷人的犯罪是无辜的。但是经过一些咨询调查后，他的观点发生了很大改变，他确信，穷人的好逸恶劳以及他们对奢华的无尽追求是他们贫困的原因。拉格里斯坚信，好逸恶劳才使他们入不敷出，因而没有必要涨工资。而应当通过工业学校之类的机构，鼓励他们养成勤劳的习惯。① 当时著名的地质学家约瑟夫·唐森德（Joseph Townsend）更是认为，为抑制人口过度繁衍，一些控制和平衡是必须的，"饥饿是社会平衡的平衡轮"。② 因为在他看来，"只有饥饿才能驱使、刺激工人去劳动"。③

在当时对于贫困问题的争论中，有人认为应区别看待真正的贫民与懒惰的贫民。埃德蒙·伯克认为，应当把被迫工作的穷人和不能工作的真正的穷人区分开来。对不同的穷人，采取不同的救济方式。④ 这一时期英国人对贫困问题观念的变化，是英国社会经济结构急速变化的反映，影响了政府的决策。

（2）惩罚与慈善——如何对待贫困问题。

对待贫困问题产生根源的认识的不同，直接影响了其对待穷人的态度。贫困问题的发展，在社会上引起不同的反应。从18世纪末开始，人们对贫困和济贫问题展开了激烈争论。争论大致分为三种意见：第一，接受《济贫法》的原则，但希望对其管理和救济方法进行改革。第二，认为需要有对贫民进行救济的公共系统，但希望用捐赠机构代替现有的救济体系。第三，认为现存的《济贫法》根本就是错误的，需要废除。⑤这种看法开始时人数不多，但增长很快，影响也越来越大。这些批评都声称是为了维护公共救济的原则。当然，这些争论都是在贵族和中产阶级中进行的。

---

① T. Ruggles, *History of the Poor* (1793), *Their rights, Duties, and the Laws Respecting Them in a Series of Letters*, especially Ⅱ, London, 1914, pp. 103-112.

② Joseph Townsend, *A Dissertation on the Poor Laws* by a Well-wisher to Mankind, California: University of California Press, 1971, p. 8.

③ Ibid., p. 23.

④ Gertrude Himmelfar, *The Idea of Poverty: England in the Early Industrial Age*, London: Faber and Faber Limited, 1984, pp. 67-68.

⑤ J. R. Poynter, *Society and Pauperism-English Ideas on Poor Relief, 1795-1834*, London: Routledge & Kegan Paul, 1969, p. 33.

他们认为，大多数健壮的穷人是懒惰的，应当强迫他们去赚钱谋生。这种假设对 1834 年《济贫法》修订案提供了思想舆论基础。①

1795 年之前，对旧《济贫法》中对健壮劳动者进行救济最有影响的攻击来自约瑟夫·唐森德 1786 年出版的《论济贫法》的论文。唐森德认为，任何形式的贫民救济都是不必要的、非自然的。他认为"希望和恐惧是工业的源泉……对于那些驱使上层人士奋斗的动机——自豪、荣誉和野心，穷人知之甚少。一般而言，只有饥饿才能刺激和驱使穷人去劳动"。② 贫民救济长远的影响更严重，因为《济贫法》"打破了足以维持饥饿恐惧的人口数量和食物总量的平衡，《济贫法》播种了全社会苦难的种子"。③ 为了促进工业和经济的增长，唐森德主张必须用一种新的制度代替现存的《济贫法》，这种新的制度中对穷人的救济是有限的和不稳定的。④ 尽管立即废除《济贫法》是不现实的，但是应当每年逐渐减少比例，每个教区征收的数额应当是固定的。

实际上，在英国这样一个注重传统的国家中，维护旧的《济贫法》的人大有人在。当时，有一种把《济贫法》看成是英国"好的旧法律"的思想，他们怀着一种强烈的民族自豪感保护着《济贫法》。认为"我们的济贫法制度是一座庄严的大厦，代表着不列颠民族杰出的智慧和仁爱"。对这个大厦只需进行偶尔的修补和改进。许多人认为，旧的《济贫法》充满着人性，对它的修改必须在英吉利民族智慧范围内进行。⑤

由于贫民救济是国家提供的唯一的服务，因而可以把它看成是用微小的代价把英国从革命中拯救出来的办法。这在斯文大卫运动中可看出，这种革命看起来迫在眉睫。因此，在这些反对旧《济贫法》的人群中，真正

---

① Carl Chinn, *Poverty Amidst Prosperity*, *The Urban Poor in the England*, *1834-1917*, Manchester and New York: Manchester University Press, 1995, p. 102.

② Joseph Townsend, *A Dissertation on the Poor Laws by a Well-wisher to Mankind*, California: University of California Press, 1971, p. 23.

③ Ibid., pp. 35-38.

④ Ibid., p. 62.

⑤ J. R. Poynter, *Society and Pauperism: English Ideas on Poor Relief*, *1795-1834*, London: Routledge & Kegan Paul, 1969, p. 33.

主张完全废除旧《济贫法》的人并不占主流，他们提出一系列新的方案，但都要声称是回复到旧的《济贫法》的精髓中去。这也许是英国保守主义的体现。在这些争论中，影响最大的当属马尔萨斯和边沁。马尔萨斯的人口论和边沁的功利主义为中产阶级的社会改革提供了理论基础。

马尔萨斯认为人口的增长要远远超过食物供给的增长，"英吉利，年年为贫民征集一个这样大的金额，但贫民间的穷苦依然不减"。贫民靠救济生活而不是靠自立谋生，这就使"人口增加，而人口赖以生存的粮食没有增加。"因此应当取消户外救济。极端贫困的人，必须到济贫院。"里边的伙食应该是粗劣的，必须强迫他们工作"。由此看来，马尔萨斯实际上把贫困的责任推到了穷人的头上，认为要防止贫穷的发生，是人力所做不到的。① 李嘉图在马尔萨斯的基础上，提出工资应保持一种刚好使工人能维持其自身和种群的生存，既不增加，也不减少的水平上。如果工资过高，那么男女受到鼓舞，会更早结婚，生更多的子女。有的人甚至比马尔萨斯还要极端。评论家查尔斯·豪尔（Charles Hall）认为如果社会不需要其劳动，穷人就没有生存的权利。当然，这种激进的思想并没有被英国政府采纳，《济贫法》委员会认为，尽管他们有责任引入一项新的"有效的社会制度"来促进劳动力自由市场的增长，但是并不能接受马尔萨斯完全废除《济贫法》的观点。②

在当时政治经济学家对贫困问题的论述中，边沁的贫民救济方案是当时对议会制定新的《济贫法》影响最大的一个。边沁首先把功利的原则应用到了社会生活。他宣称任何社会组织、法律都必须按其对社会是否有用，是否合乎"最大多数人的最大幸福"来进行衡量。③ 边沁认为，贫困不仅是对个人安全的威胁，也是对社会的威胁。"当安全和平等冲突时，

---

① ［英］马尔萨斯：《人口论》（中译本），北京，北京大学出版社，2008。
② David Englander, *Poverty and Poor Law Reform in Britain：From Chadwick to Booth，1834-1914*，London & New York：Addison Wesley Longman，1998，p. 11.
③ Raymond C. Gowherd，*Political Economists and the English Poor Laws：A Historical Study of the Influence of Classical Economists on the Reformation of Social Welfare Policy*，Columbus：Ohio University Press，1977，p. 83.

不应有丝毫犹豫，平等应当让步，建立完美的平等是一种狂想，我们所能做的是消除不平等。"① 接受救济是穷人的天然的权利，边沁救济的第一个原则是穷人应当依法得到救济。如果有食物存在，任何人都不应当饿死。只有法律条文才能对此保证。② 因此，政府必须根据人们避苦求乐的天性通过立法来干预贫困问题。他反对废除《济贫法》，认为如果穷人得不到救济，就会去行窃。济贫税必须废除，但是决不能以真正的贫穷为代价。③

边沁认为对于贫困者紧急救济的资源来自于富人手中富裕的资源。但是根本的救助还是来自于独立的劳动。许多边沁同时代的人都在寻找划清穷人和独立劳动者之间明确的界限，他们从道德上的差别出发，将其分为值得救助和不值得救助两类，对那些道德上不值得救助的人不应当对其救助，应当用惩罚的规则来限制。事实上，拒绝救助会引起饥荒，这是可能引起犯罪的糟糕惩罚。

因此，为防止大量的贫民都来要求救济，边沁提出了"劣等处置"的基本原则：独立的劳动所承担的救济负担不能大于绝对需求，无论产生社会贫困的原因是什么，都不应该使得到救济的人的境遇超过那些依靠劳动为生的人们。"假如没有财产而靠别人劳动为生的人境况比靠自己劳动为生的人还好……则为数不多的财产将继续从依靠劳动为生的阶级转到依靠他人劳动为生的阶级中去。"④ 从而导致社会勤奋精神的丧失和道德败坏。在1796年所写的《穷人的呼声》中，边沁指出，政府除了把沉重的负担从劳动者肩上卸去，什么也不应当做。

边沁的"劣等处置"的两个工作原则："工业强迫"或者工作检验，邻居恐惧原则。他认为，应该把贫民救济和劳动以及最有效的雇佣劳动相结合，他反对对贫民进行户外救济，认为户外救济"可能对高尚道德的人

---

① J. R. Poynter, *Society and Pauperism*: *English Ideas on Poor Relief*, Manchester and New York: Manchester University Press, 1995, p. 122.

② Ibid., p. 118.

③ Ibid., p. 126.

④ Raymond C. Gowherd, *Political Economists and the English Poor Laws*: *A Historical Study of the Influence of Classical Economists on the Reformation of Social Welfare Policy*, Columbus: Ohio University Press, 1977, pp. 93-95.

可以容忍，但是太多的救济事实上被浪费在饮酒和奢侈品上"。①

为防治贫困，边沁主张建立国家慈善公司来作为管理机构，他们募集资金，购买土地，收容贫民。边沁主张建立大型济贫院。他认为，一般而言，只有大规模制度的确立才能有效地应用合适的救济原则，所有的救济可以按照救济的数量（合格和不合格的），救济的地方（公共的还是私人的），救济的资金（国家的还是地方的）来划分，判断优越性的标准包括经济、普遍的适用性、道德的影响。②济贫单位越大，在建设、管理、雇用劳动者、供应方面就越经济。边沁做了详尽的计划：济贫院是由"中央巡视"原则决定，而把不同类型的穷人按道德、健康"分隔和集中"以及防止干扰要求分隔起来；患病的和精神病必须与健康者隔离开来，道德败坏的人必须和城市无辜的人分离开，在一定年龄之上，不同性别的人必须分开，所有的这些都可以在一个建筑里完成。③在济贫院里，工人必须最大限度地工作，计件工作是一个原则，所有的穷人工作必须完成救济他们的价值（这就是所谓的自我解放原则）。④穷人的标识不是可耻的，他只是表明低人一等，或者是一种特殊的阶层。穷人醒目的服装使得"工厂中的工人比工厂外的工人更合格"。⑤

边沁用很大精力来宣传、推行他的贫困计划，尽管英国议会在1811年否决了他的贫困计划，但是他的功利主义为19世纪英国社会改革提供了理论基础。

（三）影响与评价

英国贫困观念的巨大变化应该是英国工业革命迅猛发展的结果。从这些关于贫困问题的争论可以看出，这些论点有的是比较激进的，有的是比较保守的。这些争论对于政府济贫法改革，影响巨大。

---

① J. R. Poynter, *Society and Pauperism: English Ideas on Poor Relief*, Manchester and New York: Manchester University Press, 1995, p. 127.
② Ibid., p. 128.
③ Ibid., p. 133.
④ Ibid., p. 134.
⑤ Ibid., p. 126.

查德威克是1834年英国皇家委员会关于《济贫法》报告的主要起草人之一，也是一位自由主义者。但是他的报告，在边沁的劣等处置的基础上，还加上了济贫院检验原则。他认为这些严酷的措施有助于穷人道德的完善。查德威克认为，不需要废除公共救济，只需要使公共救济对大多数穷人来说没有吸引力即可。① 19世纪30年代，英国政府济贫制度改革就是在这种背景下进行的。1834年，英国颁布了《新济贫法》。《新济贫法》的主题和基调是，通过惩治"懒惰"贫民根治贫穷问题。这一时期的济贫院主要以惩治穷人为主，各方面限制十分苛刻，济贫官员甚至认为这有助于穷人的道德完善并使懒汉勤奋起来。当时保守主义经济学家J. R. 麦库奇（J. R. McCulloch）这样写道："济贫院内的贫民应当感到他的处境要比自食其力的工厂劳工要差一些。"② 济贫院内供给的食物很少，劳动极其繁重而毫无意义，而且院内实行夫妻子女分居的隔离制度，居住条件也很恶劣，济贫院因此被称为"巴士底狱"。对于院内居民人身自由加以限制。在济贫院内，人们必须穿统一的制服，按时起床、吃饭、工作、睡觉。这样做带有明显的人格侮辱与政治性惩罚，其目的是希望全体社会成员都依靠自助摆脱社会问题的困扰。正如迪格贝所说，"济贫院的残暴不在于物质的匮乏，而是心理的折磨。"③ 院内贫民失去政治自由，选举权被剥夺。不仅如此，还要脱下原来在家中穿的衣服，换上济贫院的统一服装。

应当承认，工业革命时期英国贫困问题异常严重。这是一个不争的事实。但是，针对这样严重的贫困问题，英国主流社会对于贫困以及济贫问题，却没有一个正确的认识。他们没有认识到，工业化的发展，社会结构的变化，资本家的贪婪，是造成工人阶级贫困的根源，反而把贫困归咎于穷人自身道德的原因，归咎于穷人的懒惰，这显然是不公平的。尽管进入

---

① S. E. Finer, *The Life and Times of Sir Edwin Chadwick*, Routfield: Thoemmes Press, 1997, p. 45.
② Derek Fraser, *The Evolution of the British Welfare State: A History of Social Policy Since the Industrial Revolution*,, New York: Palgrave Macmillan, 1985, p. 46.
③ Anne Digby, *Pauper Palaces*, London: Routledge and Kegan, 1978, p. 146.

20世纪后,英国人关于贫困的观念又发生了转变,认为贫困问题的产生,社会有很大一部分责任。英国通过社会保障和税收,较好地解决了贫困与贫富差距问题。但是我们应当看到,这一切都是建立在工人阶级长期斗争的基础之上。

三、19世纪英国的济贫院制度初探

济贫院是为穷人提供工作和为弱者提供生计的机构,它起源于《济贫法》。[①] 1601年《济贫法》将救济穷人的责任分配给各教区,后来各教区纷纷建立济贫院。1834年《济贫法修正案》使院内救济成为整个英国《济贫法》的标准制度,成为《新济贫法》体系的核心。在《新济贫法》下,对有劳动能力者的户外救济遭到禁止,所有想得到救济的人必须生活在济贫院里。济贫院遵守"劣等处置"和"济贫院检验"两大原则,目的是使穷人更倾向于在院外自立生活。它试图成为救济穷人的唯一方式,但未能成功。19世纪末期,济贫院内的条件得到了改善。20世纪上半叶,社会福利政策和社会保障制度逐步取代了济贫院制度。

近年来,对西方国家社会保障制度发展与演变的研究逐渐受到我国学术界的重视,并取得了一定的成果。对于英国济贫院制度的研究,目前国内尚无专门的成果。在英国学者中,涉及19世纪的通史性著作中几乎都对济贫院进行了描述,关于济贫院问题也有一些专著和大量论文问世。另外,还有一些关于济贫院的文学性著作,如狄更斯的《雾都孤儿》、约翰·阿尔丁的剧本《济贫院蠢驴》(*The Workhouse Donkey*)等。本文拟对济贫院的起源发展、济贫院内的生活和管理进行探讨,并对济贫院制度进行评价。

(一) 济贫院的起源与发展

济贫院在英国历史上存在了较长时期,根据其发展的特点,大致经历

---

① Peter Wood, *Poverty and the Workhouse in the Victorian Britain*, Wolfeboro Falls N. H.: Sutton Pob LTD, 1991, p. 54

了三个阶段。

1. 17世纪初期到1834年《新济贫法》颁布

这一时期，济贫院多倾向于救济穷人，而不是惩戒懒惰，统治者也仅把它作为一种权宜之计。但与院外救济相比，院内救济比重较小。中世纪以来，英国教区济贫多实行给予居家的穷人现金、衣服、食物和燃料等院外救济形式。17世纪济贫院逐步发展。《牛津辞典》中第一次关于"济贫院"的记载可以回溯到1652年的埃克塞特"改造房子，以作为城市穷人的济贫院和城市流民、目无法纪者的矫习所"。然而，济贫院之前已经存在。1631年，阿宾登的市长报告说"我们在市镇建立了济贫院，让人们来工作"。①

英国的国家介入济贫通常可追溯到伊丽莎白女王统治末期。1601年通过的《济贫法》规定，各教区依法负责照顾教区内的穷人，其资金来源于地方财产所有者交纳的济贫税（这一税收现在仍存在，成为"议会税"）。《济贫法》中仅简单提到济贫院，并建议为"没有劳动能力的穷人"建造房子。②济贫院在当时被当做穷人中病人的收容所和健壮劳力的教改院。1722年通过的《济贫院检验法》(Workhouse Test Act)，鼓励各教区在济贫院救济体格健壮的贫民，对于拒绝进入济贫院的贫民，可以不予救济。③同时，允许各教区通过合并济贫院来尽力降低费用。④ 在分布上，城市的济贫院要多于乡村的济贫院。

当时，英国之所以选择济贫院体制，是出于两个方面的动机：一是济贫院可以用来雇用穷人。18世纪，济贫院试图通过雇用穷人来盈利的做法很普遍，但都没有成功。二是出于财政方面的考虑。各教区希望通过一些

---

① http：//www.workhouses.org.uk.
② 1601年《济贫法》全文参见 http：//www.workhouses.org.uk/：*The 1601 Act for the Relief of the Poor*.
③ George R. Boyer，*An Economic History of the English Poor Law，1750-1850*，Cambridge：Cambridge University Press，1990，p.24.
④ Paul Slack，*The English Poor Law，1531-1782*，London：Macmillan，1990，p.47.

令接受救济者不愉快的条件，阻止穷人接受救济。① 当然，在1782年《吉尔伯特法》(Gilbert's Act)颁布之前，英国议会并没有取消院外救济。《吉尔伯特法》简化和规范化了教区建立和运营济贫院的程序，教区可以独立建立济贫院，或者教区联合起来建立济贫院，这被称为吉尔伯特联盟(Gilbert Union)。在该方案下，有劳动能力的成年人不允许进入济贫院，但可以由他们所在的教区供养，直到找到工作。这一时期的济贫院规模都不大。1776年，第一个官方报告列出了2 000个济贫院，每个济贫院人数平均在20人到50人之间。1802年到1803年报告显示，14 611个教区共有3 765个济贫院，每个济贫院平均有22人，其中有12个济贫院各有1人。② 到18世纪末期，大约1/5的贫民永久性救济在济贫院。但是，济贫院的准确数目却很难确定，这主要是由于一些地方巡视员不愿意把一些非常小且不正规的、仅居住了几个贫民的建筑称为济贫院。③ "总的来说，18世纪70年代到19世纪20年代，济贫院体制无论是在雇用贫民还是威慑贫民方面，都是一种权宜之计"。④

2. 1834年到19世纪六七十年代

工业革命后，英国开始大规模使用机器，家庭手工业趋于没落，造成了大量无业流民，群众骚动不断发生，穷人甚至抢劫商店、夺取面包等食物。工业革命期间，《济贫法》还与英国人口的快速增长相联系。1760年，英格兰和威尔士总人口为6 664 989，1801年增长到9 168 000；1831年则飞速增长到13 897 187。⑤ 贫困化加剧使得政府用于贫民救济的财政支出数额增加。1802年到1803年，英格兰和威尔士的济贫税年均为530万英

---

① George R. Boyer, *An Economic History of the English Poor Law*, 1750-1850, Cambridge: Cambridge Universty Press, 1990, p. 22.

② Peter Wood, *Poverty and the Workhouse in the Victorian Britain*, Wolfeboro Falls N. H.: Sutton Pub LTD, 1991, p. 54.

③ M. A. Crowther, *The Workhouse System*, 1834-1929: *The History of an English Social Institution*, London: Batsford Academic and Education Ltd, 1983, p. 25.

④ J. R. Poynter, *Society and Paupersim*: *English Ideas on Poor Relief*, 1795-1834, London: Routledge & Kegan Paul, 1969, p. 16.

⑤ G. Talbot Griffith, *Population Problems of the Age of Malthus*, London: Frank Cass & Co. LTD, 1967, pp. 18-21.

镑，1813 年增长到 860 万英镑，1817 年到 1818 年达到前所未有的 930 万英镑。经过 19 世纪 20 年代短暂的下降，1831 年到 1832 年又达到第二个高峰（860 万英镑）。从 1802 年至 1803 年至 1832 年到 1833 年，济贫税增长了 62％。而同期土地的租金收入却没有同样的增加，1800 年到 1830 年只增加了 25％，即从 2 800 万英镑增长到 3 500 万英镑。① 显然，旧的《济贫法》已经无法适应形势的需要。

随着工业革命的发展，人们的价值观念也发生了变化。而边沁的功利主义和马尔萨斯的人口论为中产阶级的社会改革提供了理论基础。边沁宣称任何社会组织、法律都必须按其对社会是否有用，是否合乎"最大多数人的最大幸福"来衡量；贫困不仅是对个人安全的威胁，也是对社会的威胁，因此政府必须根据人们避苦求乐的天性通过立法来干预贫困问题。但他也主张，无论产生社会贫困的原因是什么，都不应使得到救济的人的境遇超过靠劳动为生的人。② 马尔萨斯的人口论认为，人口随着生活资料的增长而增长，而土地收益递减的出现，必然会导致人口的增长超过食物供给的增长。《济贫法》固然使一些极为贫困的人生活过好了一点，然而总的来看，靠救济为生的贫民却远未摆脱贫困，全体普通人民不得不忍受一整套令人讨厌的、给人带来不便而又暴虐的法律的折磨，这种法律与英国宪法的精神实质是背道而驰的。贫民靠救济生活而不是靠自立谋生，这就使"人口增加，而供给人口的粮食不增加"，③因此应当取消户外救济。

19 世纪 30 年代，英国政府济贫制度改革就是在这种背景下进行的。1828 年，诺丁汉首先建立了威慑性的济贫院。对此，当时保守主义经济学家麦库奇（J. R. McCulloch）写道"：济贫院真正的用处是作为健壮贫民

---

① Anne Digby, *The Poor Law in Nineteenth-Century England and Wales*, London: Historical Association, 1982, p. 9.

② Raymond C. Gowherd, *Political Economists and the English Poor Laws: A Historical Study of the Influence of Classical Economists on the Reformation of Social Welfare Policy*, Columbus: Ohio University Press, 1977, pp. 82-90.

③ ［英］马尔萨斯：《人口原理》，子箕等译，352 页，北京，商务印书馆，1961。

的收容所……济贫院内的贫民应当感到他的处境要比自食其力的工厂劳工要差一些。"①

1834年英国《新济贫法》颁布以后,济贫院的发展进入新阶段,院内救济成为整个英国《济贫法》的标准体系,也成为《新济贫法》体系的核心,济贫院的数量不断增加。英格兰和威尔士的15 000个左右教区都形成了大小联合济贫区,都建立了自己的联合济贫院。《新济贫法》基调是惩治懒惰贫民以根治贫穷问题。在实施过程中虽有过一些变化,但它的基本特征和原则一直保持未变。

这一时期的济贫院主要以惩治穷人为主,各方面限制十分苛刻,济贫官员甚至认为这样有助于穷人的道德完善并使懒汉勤奋起来。济贫院内供给的食物粗糙,劳动极其繁重,而且院内实行夫妻子女分居的隔离制度,居住条件也很恶劣,因而济贫院被称为穷人的"巴士底狱"。1841年,著名的《巴士底狱的书》(*The Book of the Bastiles*)出版,其中收集了一些来自新闻报道、法院诉讼和通信中关于《新济贫法》和济贫院骇人听闻的故事。例如:"本周在罗彻斯特,治安法官接到了对霍(Hoo)联合济贫院管理者詹姆士·迈尔斯的几桩诉讼案,他粗暴地鞭打院内儿童……"② 1843年讽刺杂志《庞奇画报》(*Punch*)报道,在贝斯纳格林,"一个五周大的婴儿和她妈妈分开,仅偶尔在哺乳时带回来"③。最臭名昭著的是1845年的安多弗丑闻:安多弗济贫院内条件太恶劣,居民不得不以他们碾碎的骨头上的腐肉为食。丑闻引起巨大社会反响,余波相当大。④ 再加上受经济萧条的刺激,反《济贫法》运动在英国南部兴起,英格兰北部组织

---

① Derek Fraser, *The Evolution of the British Welfare State*:*A History of Social Policy Since the Industrial Revolution*, New York: Palgrave Macmillan, 1985, p. 46.

② M. A. Crowther, *The Workhouse System*, *1834-1929*:*The History of an English Social Institution*, London: Batsford Academic and Education Ltd, 1983, p. 31.

③ http://www.workhouses.org.uk.

④ Ian Anstruther, *The Scandal of the Andover Workhouse*, London: Geoffrey Bles, 1973, p. 134.

起来的工人群众也从争取工厂立法改革迅速转到反对《济贫法》运动中来。在威尔士，特别是中部和东北部地区，人们强烈抵制建立济贫院。

3. 19世纪六七十年代至20世纪初

19世纪六七十年代，英国社会危机加剧，关于济贫院的抱怨和指责增多。诸如弗洛伦斯·南丁格尔和路易莎·特文宁等人以及医学杂志《柳叶刀》（*The Lancet*）等都强烈地指责济贫院内对病人的治疗。济贫院内条件恶劣，通常不卫生，护理人员大多是未经训练的人，甚至是未受过教育的女居住者。但在同一时期，妇女开始积极地参与改善济贫院条件，特别是通过如济贫院参访协会等组织发挥影响，她们希望挽救不同类型的穷人，以维持更大限度的社会融合。同时，工人运动的高涨，促使社会各界对社会问题进行思考并寻找解决问题的办法，于是出现了各种各样的社会理论。

费边社会主义、新自由主义和集体主义价值观念对社会救济制度的影响越来越大。关于贫困的范围与程度有了新的概念，人们对贫困成因的看法也发生重大变化，出现由个人责任转变为结构因素学说。费边社会主义者认为，贫困不是个人的错误，而是由于资本主义政治、经济本身的不合理造成的；国家要干预社会生活，"保证我们社会的所有成员拥有起码的基本生活水平"。[①] 新自由主义者认为"一切关于劳工的教育、卫生及其他各种涉及自由的现代立法都是政府应该做的事情"。[②] 主张"国家为了自由本身的缘故必须进行干预"。与1834年相比，这次社会对贫困问题的探讨有两个重要的变化：一是更多地从经济增长和社会秩序的角度来考虑贫困和与之相关的社会问题；二是从谴责穷人的懒惰和无能转向追问经济结构本身存在的问题，即由强调穷人通过自助和艰苦工作摆脱困境，转而强调政府干预以支持穷人摆脱经济困境的必要性。

在社会问题日益加剧、各界强烈要求对济贫院内的救济进行改革的呼声下，在诸多社会思潮的影响下，从19世纪六七十年代起，《济贫法》当局不得不采取措施对院内济贫进行改革，济贫院的很多苛刻限制被取消。

---

① ［英］柯尔：《费边社会主义》，夏遇南译，22~25页，北京，商务印书馆，1984。
② Robert Eccleshall, *British Liberalism, Liberal Thoughts from the 1860s to 1980s*, New York: Longman, 1980, pp. 180-194.

1867年，议会通过了《城市贫困法》（*The Metropolitan Poor Act*），它要求济贫院医院立即从济贫院中分离出来，成立城市精神病人委员会（The Metropolitan Asylums Board，缩写为MAB），来照顾伦敦的患有传染病和精神病的穷人。由该委员会设立的天花和发热等医院最终向所有伦敦居民开放，并成为全国第一个国立医院，从而为1948年开始的国民保健制度奠定了基础。

19世纪末，济贫院内的条件逐渐得到改善，特别是对老人、体弱多病者和儿童提供更适宜的条件。院内食物种类增加，一些小的奢侈品如书本、报纸等出现，甚至短途旅游也可以允许。儿童逐渐从济贫院中分离出来，被安置到特殊的学校或位于农村的乡村之家。1870年，有15%的贫民在济贫院中得到了救济。19世纪80年代以后，政府为了降低济贫支出，严格限制院外救济，院内救济的贫民数迅速增长，从1870年的156 800人增加到1914年的254 644人。[①] 1912年，英国济贫院中的贫民达到了28万人的历史最高峰。

20世纪，联合济贫院在许多地区成为当地最大和最重要的建筑，其中最大的济贫院可以为1 000多人提供食宿。第一次世界大战和战后现实改变了19世纪的状况，真正有劳动能力的人不再返回济贫院。1913年，在官方文件中"《济贫法》机构"取代了"济贫院"这一术语，但这一机构仍存在了很多年。后来一些济贫院建筑被卖掉、拆毁或荒废。然而，许多济贫院建筑成为公共援助机构场所，并继续为老人、长期病人、未婚妈妈和流民提供食宿。即使到现在，官方废除济贫院制度已经多年，济贫院的影响仍然存在。

（二）济贫院管理与院内生活

济贫院的运行管理、院内生活和条件随着不同时代的立法、经济和社会状况而变化。1834年实施《新济贫法》之前，济贫和济贫院的管理和财政大多是在教区层面上进行，这一状况最初是由1601年《济贫法》规定的。

---

① Edward Royle，*Modern Britain：A Social History*，*1750-1985*，London：Arnold，1987，p.179.

1834年《新济贫法》颁布后，对济贫院的管理和制定政策就由《济贫法》委员会（Poor Law Commission）执行，每个联合济贫区靠济贫院作为提供救济的主要渠道。它遵守劣等处置原则和济贫院检验原则。劣等处置是指让享受救济的穷人的生活状况低于任何独立自由劳动者；济贫院检查则将享受救济的穷人放在济贫院中，并予以准监狱式的严格管理，以使穷人道德完善并使懒汉勤奋起来。① 1847年，由于安多弗丑闻和其他负面宣传以及关于其内部分裂争吵的报道，政府希望成立更直接对议会负责的《济贫法》管理部门，《新济贫法》委员会（New Poor Law Board）取代了《济贫法》委员会。1913年《济贫法》机构条例颁布，其中最重要的规定是不再使用济贫院名称，所有的济贫院设施一律改称为《济贫法》机构。1919年，《新济贫法》委员会被卫生部（Ministry of Health）取而代之。

为了对贫民进行威慑，济贫院内部的管理是十分严格的。1834年后，《济贫法》委员会颁布了管理联合济贫区和联合济贫院的具体条款，指导济贫院运行和管理。这些规章制度在济贫院中打印并张贴在显著位置，每周还大声宣读，因此那些不识字的居住者也没有理由不遵守，这些规章制度甚至详细到诸如：被允许临时外出的时候，必须在规定的时间内回来；不准任意违背济贫院内任何一位官员合法的命令；不准装病；不准玩扑克或其他赌博性质的游戏；不准在没有批准的情况下进入或试图进入其他贫民类型的房间或庭院等。而违背济贫院规章制度的行为将受到严惩。违反此规章将被认为是不合群的。济贫院的院长可以合法地惩罚扰乱秩序的贫民，可以在不超过48小时的时间内禁止他们吃饭，可以合法下令对任何难控制行为（Refractory Conduct）的贫民实施惩罚，把他们关禁闭，有时罚他们不准吃饭，目无法纪的人和不合群的人则须穿上不同于其他人的衣服，对其他贫民起到警示作用，在不超过48小时的时间内，禁止受惩罚的人吃饭会使他们牢牢地记住那些规定。②

---

① 陈晓律：《英国福利制度的由来与发展》，26页，南京，南京大学出版社，1996。
② Edited by George M. Young and W. D. Handcock, *English Historical Documents*, 1833-1874：Vol. 12, London：Routledge, 1956, pp. 724-726.

对待济贫院内成员的情况，随济贫区和委员会的不同而变化。一些济贫院的官员非常人道且有原则，另一些济贫院的官员则像《雾都孤儿》中好管闲事的班博先生一样。一些不道德的官员甚至挪用公款，将更少的钱花费在食物和燃料上，更多的钱则流入管理者的口袋。许多人对院内生活的了解主要来自于狄更斯著名小说《雾都孤儿》中的描写：《新济贫法》的监护人将奥列佛送入凄凉的济贫院，规定"每天发放三顿稀粥，每星期两次发一个葱头，星期天多发半个面包卷儿"。①

而实际情况是不同时期和不同地区的济贫院内生活存在很大差异。人们进入济贫院，通常是因为太穷、太老或者有病，不能养活自己。未婚怀孕妇女常常被家庭遗弃，济贫院成为她们生孩子期间和之后的唯一去处。19世纪中叶（或者更晚），在公共精神病院建立之前，精神病和精神障碍者也往往被安置在济贫院。济贫院不是监狱，人们凭自愿进入，但这常常是个痛苦的决定，新成员要经历一段艰苦磨难。例如，进入伯明翰联合济贫院，要经过在当地以"哭泣的拱道"著称的拱门。贫民欲进入济贫院，必须经过严格的财产审查，在得到确切的证实材料证明其确实贫困不堪、毫无生活保障时，才被允许进入。入院申请首先递交给监护人委员会，正式进入济贫院需要监护人委员会在周会议上决定。申请者将接受体检医生的检查，以确定他们的健康状况。如果申请人有孩子或父母等家属，一旦接受救济，整个家庭将进入济贫院。进入济贫院后，家庭私有财产将被没收，一些监护人在这项法规上比较宽松，例如，考虑到救济者可能离开救济院找到更有前途的工作，允许他保有自己的工具。②

进入济贫院的贫民会失去政治自由，其选举权被剥夺。不仅如此，还要脱下原来在家中穿的衣服，换上济贫院的统一服装。济贫院制服通常由很粗糙的布料缝制，《新济贫法》颁布初期，不同类型的院内居住者可以通过穿着或衣服的特殊颜色来区别。在一些联合济贫院，未婚妈妈被迫穿上黄色长袍，表明她们的放荡，有些还被剪成平头，并不许戴帽子。

---

① ［英］狄更斯：《雾都孤儿》，黄雨石译，11页，北京，人民文学出版社，2003。
② M. A. Crowther, *The Workhouse System, 1834-1929: The History of an English Social Institution*, London: Batsford Academic and Education Ltd, 1983, p.194.

济贫院的贫民被分为七种类型：（1）老年及体弱的男人；（2）健康的男子及13岁以上的青年男子；（3）7岁到13岁男孩；（4）老年和体弱的妇女；（5）健康的妇女和16岁以上的女孩；（6）7岁到16岁的女孩；（7）7岁以下的儿童。每种类型的人被安置在不同的房间或者建筑里。① 在这里，丈夫与妻子，孩子与父母都被拆散，隔离是济贫院体制的一个特征。②

在一些混合济贫院内，儿童与老人混住一起，男人和女人杂居一起，健康者与身患疾病者同室而居，品行端正与行为不轨者群居一处。20世纪初，赖德·哈格德对东部英格兰一座济贫院作了生动的描述："在用砖铺成的地面上到处是贫困的妇女和满脸肮脏四处乱爬的小孩。老妪躺在床上气喘吁吁、无法动弹，或围坐在火炉旁大声地咳着；老翁弓着背忙着活计，苟延残喘。"③居住者在被监视的情况下一周洗一次澡，男人一周刮一次脸。院内禁止抽烟和阅读，即使是《圣经》也在限制范围，外来者的参观也受到严密监视。

除了体弱多病者和7岁以下儿童，济贫院中贫民都必须干活。那些工作常常很折磨人，有时还很危险，包括砸石头、用手碾碎玉米、扯麻絮（旧绳子的纤维，用来填补船板间的缝隙）、碾碎骨头以用于施肥或制造业等。妇女还从事家务活动，如清扫、帮厨、洗衣和编织等。院内工作的劳动强度很高，但贫民的食物却很糟糕，数量也很少。

济贫院的饮食规定很细，每周的食谱几乎没有变化，院内居民吃饭时必须保持安静。男性居住者每星期中三天的日食谱包括1品脱半肉汤，1品脱半稀粥，5盎司煮肉，12盎司面包，8盎司土豆；另外三天每日提供的食物是12盎司面包，1品脱半肉汤，1品脱半汤和2盎司奶酪；每周五

---

① Sir George Nicholls, *A History of the English Poor Law*, Vol. Ⅱ, London: Frank Cass & Co Ltd, 1967, pp. 301-302.

② David Englander, *Poverty and Poor Law Reform in Britain: From Chadwick to Booth, 1834-1914*, Longman & New York: Addison Wesley Longman, 1998, p. 38.

③ M. A. Crowther, *The Workhouse System, 1834-1929: The History of an English Social Institution*, London: Batsford Academic and Education Ltd, 1983, p. 73.

提供12盎司面包，1品脱半稀粥，14盎司板油或大米布丁和2盎司奶酪。① 妇女得到的食物更少，9岁以下儿童的饮食由联合济贫院管理者料理。除了土豆外，食物里没有什么其他蔬菜、水果或鸡蛋，发放的稀粥是可以任意稀释的。

济贫院内严格的规章、惩罚性措施和院内的悲惨生活为新济贫院赢得了不好的绰号——穷人的"巴士底狱"。当然，也有一些济贫院，拥有相对较好的条件，也为它的一些机构赢得了"穷人宫殿"的称号。济贫院和监狱的一个重大不同在于，居住者只要愿意可以随时离开，但这需要复杂的程序。如果他有家庭，那么他的家人必须全部离开。济贫院允许有劳动能力者短期离开去寻找工作，然而，很多居住者成为济贫院的长期居民。1861年议会报告表明，全国范围内有20%的居住者在院内生活五年以上，他们大多是老人、病人和精神病人。②

济贫院还为居住者提供简单的医疗服务，几乎所有济贫院都拥有一个照料病人的小医院。然而，除了医疗官员外，济贫院早期护理大多是由院内女性居住者来完成的，她们有的甚至没有受过教育。19世纪60年代，改善济贫院医疗状况的压力增大，南丁格尔等严厉指责院内医疗状况，《柳叶刀》详细报道了一系列伦敦济贫院医院的糟糕条件。议会通过的《城市贫困法》要求济贫院医院立即从济贫院分离出来，城市精神病人委员会照顾伦敦的患有传染病和精神病的穷人。

19世纪80年代，人们对贫困问题，尤其是对待失业问题的态度发生了很大变化。经济长时间的繁荣后，19世纪70年代以后英国经济出现衰退趋势，国民经济增长速度减缓，在国际市场上的竞争力逐渐下降，世界工厂的地位正在丧失。经济萧条必然会使贫困问题加剧。1873年到1896年间，是

---

① Edited by George M. Young and W. D. Handcock, *English Historical Documents*, 1833-1874, Vol. 12, London: Routledge, 1956, p.710.

② Sandra Spencer, *The Victorian Poorhouse*, http://humwww.ucsc.edu/dickens/OMF/spencer.html.

英国历史上失业率较高的时期，但这时的失业常被描述成社会问题而非个人的失败。① 同时，随着工人运动的发展，工人游行示威不会再引起革命，反而会引来慈善的捐助。在这种背景之下，19世纪后期，《济贫法》当局不得不采取措施对院内济贫进行较大规模改革，济贫院很多惩戒性的苛刻限制被取消。所谓"巴士底狱"般的济贫院已不再是这一时期英国济贫院的全部特征。这些改革主要有几个方面。

第一，改善济贫院的环境，改变混合济贫院的传统，把院内贫民划分为值得救济者和不值得救济者。增加济贫院的床位，建造条件比较好的新济贫院，改善济贫院的伙食等。一些济贫院开始同意老年夫妻同室而居，有的济贫院还在院内增设了保暖设备。到19世纪90年代，大多数济贫院的条件已经得到一定程度的改善。从19世纪90年代开始，出现一些为年老贫民建立的新收容所，虽然到1908年才为不到1 000人提供住所。联合济贫院也为传染病人和流民提供单独的收容所，甚至在海滨胜地为康复病人提供住所。总的来说，联合济贫院越小，它就越不可能为各阶层穷人（除了孩子）提供专门的措施。②

第二，《济贫法》当局也开始逐步放松各项有关济贫院的规定，采取一定的措施改善济贫院的物质和精神娱乐。1891年后，济贫监督官开始给老年贫民购买书籍和报纸，并为儿童购买玩具；还开始给成年贫民购买烟草，甚至允许进行短途旅游。③ 1899年，曼彻斯特唱诗班给《音乐时代》主编的信中提到，不止一次想在帕特里罗夫附近的济贫院开展音乐服务。这也是济贫院管理者的传统，每年两次邀请唱诗班到济贫院提供全方位服务。④ 英国政府又对《新济贫法》做过几次修改和补充，地方政府也开始注意工人的住房、卫生等问题。济贫院不再以"巴士底狱"自诩，逐渐成

---

① M. A. Crowther, *The Workhouse System*, 1834-1929: *The History of an English Social Institution*, London: Batsford Academic and Education Ltd, 1983, p. 72.

② M. A. Crowther, "The Later Years of the Workhouse, 1890-1929," *The Origins of the British Social Policy*, London: Croom Helm Ltd, 1981, p. 41.

③ http://www.workhouses.org.uk.

④ "Musical Services in Workhouses," *The Musical Times and Singing Class circular*, Vol. 40, No. 672. (Feb. 1, 1899), p. 122.

为鳏寡孤独者的收容所，成了社会的慈善机构。但《新济贫法》废除院外救济，在济贫院内救济年老体弱丧失劳动能力的穷人的宗旨一直保留下来。

第三，提高济贫院内儿童待遇。自1834年以来，济贫院内儿童的命运一直为公众所关注。地方政府委员会敦促当地济贫监督官改善济贫院生活条件，因为在里边生活的还有儿童，他们更需要人性化的环境。19世纪中叶，一些济贫监督官进行了外宿儿童的试验：引入"家庭原则"，这些儿童受到寻常百姓人家的照顾，或者生活在"村舍小屋"这类相对较小的机构里，在这里维持着近似于正常家庭那样的成长氛围。1870年到1914年，地方管理者授权建立了将近200个这种类型的家庭。① 建设"村舍小屋"的同时，人们也在建设着"分散的家庭"。1893年，谢菲尔德地区的济贫监督官率先建立起"分散的家庭"。它糅合了"村舍小屋"和"外宿之家"两者的优点：济贫监督官在不同城区租赁一定数量工人居住的房子，每一处房子里分配一定数量的儿童；这些儿童共同生活在一位女性抚育员的照顾之下；在这座房子里，这位抚育员照顾、教育的还有邻近街坊的儿童，目的在于使济贫院儿童尽可能在一种健康的环境中成长。

第四，改革济贫院医疗设施。济贫院特有的医疗设施是《新济贫法》的基本特征之一。在《新济贫法》下，济贫院医疗官由济贫监督官来任命，是需要资格认证的，特别是在1858年医疗登记（Medical Register）公布之后更加确认了这一点。不过还是经常可以发现，一位有资质的人履行济贫院医疗官这一职责，而实际上是由他没有什么专业知识的助手来照顾贫民。19世纪中期以后，《济贫法》当局开始对济贫院进行医疗改革。1865年，当局拟定通知，着令各地济贫监督委员会改革当地的济贫院医院，特别指出，要任命受过训练的护士来代替那些之前担当看护责任的院内居住者。1864年到1865年，托马斯·沃辛顿在乔顿地区根

---

① Felix Driver, *Power and Pauperism: The Workhouse System, 1834-1884*, Cambridge: Cambridge University Press, 1993, p. 101.

据医院分馆式病房的原则,为独立的济贫院医院设计了新的模式。这一医院可以容纳 480 名病人,病人们每人拥有 1 350 立方英尺。佛罗伦斯·南丁格尔称赞这一设计"对于整个国家来说,都是个典范"。① 到 19 世纪末,一些大的济贫院医院在各地建立起来,如在曼斯菲尔德(1883)、利奇菲尔德地区(1890)、迪斯伯里(1890)、森德兰(1893)、沃尔索耳(1894)和怀特黑文(1894)。到 1896 年,大约有 58 500 名病人待在济贫院医院或病房中。在英国的一些地方,济贫院医院实际上就是综合性医院。1905 年,《济贫法》皇家委员会提到,坎伯威尔济贫院医院就相当于一所一流的综合医院,它拥有 160 名工作人员、5 名固定医生,可以容纳 800 名病人。②济贫院医疗设施得到较大改善。

经过改革,到 19 世纪 90 年代,大多数济贫院的条件已经得到一定程度的改善。一位济贫监督官在谈到改进后的济贫院情况时这样写道:济贫院的生活已经变得越来越舒适与富有吸引力,济贫院中的生活远没有外面的工作那么辛苦,伙食也变得可口起来,抽烟已经被允许,茶叶与烟草业已提供,暖气和热水设备也已经安装,报纸杂志和书籍也开始提供,如果有人需要还可以提供眼镜,圣诞节还有大聚餐,此外还有演奏会、魔术表演以及演讲等。③

当然,这位官员的记述可能有些夸张,并且也并不是所有济贫院都像他所讲的一样。但是 19 世纪 90 年代以后,英国济贫院的条件得到改善的确是事实,昔日所谓的"巴士底狱"般的济贫院已经并不多见了。

(三)济贫院的影响及评价

19 世纪《新济贫法》问世以来,人们对于济贫院制度评价的争论一直没有间断。

《泰晤士报》从开始就斥责苛刻的济贫院检验成为《济贫法》的核心

---

① Joan Lane, *A Social History of Medicine:Health, Healing and Disease in English, 1750-1950*, London: Routledge, 2001, pp. 61-63.
② Ibid., pp. 64-68.
③ Karel Williams, *From Pauperism to Poverty*, London: Routledge & K. Paul, 1981, p. 82.

政策。它在评论中斥责这一"消极"的政策,它的专栏中整篇描述济贫院内的鞭笞、污秽和道德败坏,管理者和救济官员对老人和病人无情的忽视。从1837年到1842年的《泰晤士报》成为《济贫法》罪行的汇编。这些年里,它用200多万字致力于阐述《新济贫法》的管理,列举了290个个人遭遇的特例。真实的和虚假的故事共同存在。一位评论员写道:"先生,当您发现每天的报纸上都有一条或者更多关于饿死的报道,这是不是很恐怖的事情呢?"①

1865年,《社会科学评论》发表了对济贫院的谴责——"英国的巴士底狱"。济贫院被认为没有其他机构的任何优点,而集所有短处于一身。评论中谴责济贫院是个无可挽回的失败。甚至作为地方权力所在地的济贫院官员们宽敞的房间,也被描述成"一个古老城堡的法庭、小教堂和三等铁路候车室的混合体"②。

和在同一时代的人中一样,英国很多历史学家对于济贫院评价不高。与监狱和医院相比,济贫院拥有的大多不是拥护者,而是强烈的抨击者。在维多利亚社会学家的批判中,济贫院太单一,并且不对人员加以区别,因此不能实现作为科学性、人道主义社会政策的目的。在对济贫院的普遍攻击方面,这些专家的抱怨更加一致。

济贫院在不同时期受到的评论也不尽相同。维多利亚后期的历史学家对济贫院的评价比较宽容,认为新制度并没有那么残酷,许多关于济贫院暴行的故事并不真实,济贫委员们希望院内居民在物质生活上比较舒服。如托马斯·麦凯认为报道的法律的暴行被夸大了;H. D. 特雷尔认为《新济贫法》对农村贫民所做的正如工厂法对工人所做的。③

20世纪的一些历史学家,认为济贫院是"异常残忍"和"可憎粗暴的",如詹姆斯·凯所说,《新济贫法》的委员想把济贫院变成监狱。随机

---

① David Roberts, "How Cruel Was the Victorian Poor Law?" *The Historical Journal*, Vol. 6, No. 1, 1963, p. 98.

② Ibid., pp. 195-197.

③ Ibid., pp. 97-107.

选取的72位历史学家中34位认为《济贫法》或其中部分内容是残忍的，26人认为是有益的，11人中立。在狄更斯充满同情心的故事和《泰晤士报》等杂志报纸关于《济贫法》罪恶的记述中，英国历史学家发现了《济贫法》暴行的鲜活证据。① 而这些修辞大多充斥在关于济贫院的画面中。济贫院成了福利机构中空前让人害怕的机构。历史学家普遍倾向于引用联合济贫院棘手的官僚作风的程序与其他如收容所等机构对比。因此，济贫院被认为是在通往理性社会政策道路上走的弯路。

笔者认为，对于济贫院作用的认识和评价，应放在时代背景中和根据它对后世的作用来公允地考察，不能被一些文学作品或者报纸的宣传所蒙蔽。

首先，19世纪上半叶的济贫院，条件确实不尽人意，但并不像狄更斯或者《泰晤士报》宣传的那样糟糕。19世纪末，济贫院内部状况有了很大改善。

济贫院内严格的纪律、拥挤的环境、粗糙的伙食都引起了人们强烈的不满，社会舆论不断予以谴责。毫无疑问，大众对济贫院的印象主要是19世纪40年代的济贫院。人们对济贫院的印象多是穷人遭到粗暴地对待。通俗印刷品，如单页报纸和中篇小说，常常用恐惧、怜悯之类的词语描述济贫院。到19世纪末，这种怜悯之情在中产阶级中得到更大范围的传播。尤其是狄更斯影响到对这一观点的形成：许多人对济贫院内生活的了解，大都来自于查尔斯·狄更斯著名小说《雾都孤儿》中的描写：新济贫法的监护人将奥列佛送入凄凉的济贫院，规定"每天发放三顿稀粥，每星期两次发一个葱头，星期天多发半个面包卷儿"。② 1841年，著名的《巴士底狱的书》(*The Book of the Bastiles*) 出版，收集了一些来自新闻报道、法院诉讼和通信中关于《新济贫法》和济贫院骇人听闻的故事。例如："本周在罗彻斯特，治安法官接到了对霍（Hoo）联合济贫院管理者詹姆士·迈尔-

---

① David Roberts, "How Cruel Was the Victorian Poor Law?" *The Historical Journal*, Vol. 6, No. 1, 1963, p. 101.

② ［英］狄更斯：《雾都孤儿》，黄雨石译，11页，北京，人民文学出版社，2003。

斯的几桩诉讼案，他粗暴地鞭打院内儿童……"① 再加上受经济萧条的刺激，反《济贫法》运动在英国南部兴起，英格兰北部组织起来的工人群众也从争取工厂立法改革迅速转到反对《济贫法》运动中来。在威尔士，特别是中部和东北部地区，人们强烈抵制建立济贫院。1837 年全国各地的反《济贫法》运动让北方的领导者充满了发动一场全国运动的信心。除了北方工业区外，1837 年其他地方都发生了反《济贫法》运动。威尔士也存在广泛的反《济贫法》对运动，北方工业区外也爆发了反《济贫法》运动，谢菲尔德的反对者召开大会，递交请愿书，还发生了暴乱。甚至伦敦也出现了监督人和教堂神父领导的反《济贫法》运动。南方的一些乡村选出了反《济贫法》的监护人理事会。

实际情况是不同时期和不同地区的济贫院内生活存在很大差异。有一些济贫院的官员非常人道且有原则。实际上像安多弗济贫院那样的丑闻，只是很罕见的例外。济贫院内的伙食也达到了英国一般的水平，只是食品有些单调而已。② 1837 年至 1842 年《泰晤士报》集结出版了关于济贫院的丑闻，其中 14 例家人分离，32 例被残酷虐待，14 例过度拥挤，24 例饭菜不适，10 例疾病，7 例济贫院谋杀。③

但是，1935 年以后的济贫委员会报告却呈现了与《泰晤士报》的报道完全不同的景象。认为济贫院不是巴士底狱，院内的食物营养丰富，住所舒适，和院外的工人平均水平相当。④ 根据议会《新济贫法》工作委员会的报告，济贫委员会对于一些特殊案件的调查等显示，许多济贫院残酷的故事都不真实，一些弊端则并非由于《济贫法》引起的。⑤

实际上，人们强烈反对《新济贫法》，并不是济贫院内缺衣少食，也

---

① M. A. Crowther, *The Workhouse System*, 1834-1929: *The History of an English Sociall Institution*, London: Batsford Academic and Education Ltd, 1983, p. 31.

② Eric J. Evans, *The Forging of the Modern State*: *Early Industrial Britain*, 1783-1870, London: Longman, 1983, p. 225.

③ David Roberts, "How Cruel Was the Victorian Poor Law?" *The Historical Journal*, Vol. 6, No. 1, 1963, p. 98.

④ Ibid., p. 101.

⑤ Ibid., p. 102.

不是济贫院内的居民受到多少虐待。《新济贫法》实施后期，济贫院的肉体性惩罚已大大减少，济贫委员会坚决否认肉体体罚是济贫院的官方政策。他们声称济贫院需要的是秩序而不是惩罚。① 1836年，济贫委员会公布了济贫院监护人可以选择的6道菜谱，这对大多数济贫院是适合的。对济贫院食品的抱怨大多是因为厨艺不精，食之难咽，而不是故意虐待。② 事实上，济贫委员会的官员们一直在试图提高济贫院内居民的生活水平。③

对于济贫院内居民人身自由的限制以及羞辱，才是人们强烈反对济贫院的根本原因。在济贫院内，人们必须穿统一的制服，按时起床、吃饭、工作、睡觉。这样做带有明显的人格侮辱与政治性惩罚，其目的是希望全体社会成员都依靠自助摆脱社会问题的困扰。正如迪格贝所说，"济贫院的残暴不在于物质的匮乏，而是心理的折磨。"④ 院内贫民失去政治自由，选举权被剥夺，不仅如此，还要脱下原来在家中穿的衣服，换上济贫院的统一服装。济贫院制服通常由很粗糙的布料缝制，《新济贫法》颁布初期，不同类型的院内居住者可以通过穿着或衣服的特殊颜色来区别。而穿上这身制服，实际上就是对外宣布这是一个穷人。而这种心理上的羞辱，对于具有根深蒂固的"生而自由"传统的英国人来说，是很难接受的。

19世纪中期，法国哲学家，批评家 H. 泰恩（H. Taine）参观了曼彻斯特一个模范济贫院，分析了多数人之所以宁愿接受条件较差的院外救济的原因。他认为，济贫院中一部分人是因为限制饮酒，一部分人是因为失

---

① Felix Driver, *Power and Pauperism: The Workhouse System, 1834-1884*, Cambridge: Cambridge University Press, 1993, p. 64.

② Peter Wood, *Poverty and the Workhouse in the Victorial Britain*, Wolfeboro Falls N. H.: Sutton Pub LTD, 1991, pp. 100-101.

③ Derek Fraser, *The Evolution of the British Welfare State: A History of Social Policy Since the Industrial Revolution*, New York: Palgrave Macmillan, 1985, p. 54.

④ Eric J. Evans, *The Forging of the Modern State: Early Industrial Britain, 1783-1870*, London: Longman, 1983, p. 146.

去自由和纪律约束。他得出结论:"济贫院被看成是监狱,穷人把不去济贫院看成是自己名誉的转折点。或许应当承认,这种管理制度是愚蠢的专制,令人担忧。这是每一项管理制度的缺陷,每一个人在这里成了机器,仿佛他们没有情感,总是无意识地受到侮辱。"[1]

当时,在济贫院内存在的对居住者的体罚,在家庭、学校和其他社会公共机构也普遍存在。对于犯罪率高和雇用童工成风的时代,济贫院让人震惊的拥挤并不是骇人听闻的。很多证据表明,《新济贫法》的集中管理减少了暴行的出现。这一事实使伦敦警察委员会委员理查德·梅恩得出结论:"在《新济贫法》下,紧急事件得到更加迅速和有效地解决。"

欧文·戈夫曼颇具影响的著作表明,所有住宿院舍(residential institution)不管目的如何,都具有很多共同点,特别是需要使居住者的活动适应一般准则。人们经常将济贫院与监狱作比较,这一体制的抑制作用不是《济贫法》特有的,在同时代的其他机构中也可以发现,否定济贫院不仅是对《济贫法》的否定,也是对这类住宿院舍的否定。[2]

实际上,19世纪末期,济贫院状况有了很大改善。1905年,英国官方组织了皇家《济贫法》调查委员会,目的是"调查在工业萧条时期国家《济贫法》的执行情况,以及在《济贫法》之外所采取的各种对付失业所导致的贫困的办法。"[3] 他们在近五年时间里前后共调查了200多个济贫区和联合济贫区、400多个济贫院。两派都发现各地的济贫院存在较大差异。他们指出:"我们访问了很多济贫院,发现它们之间的差别就像黑夜与白昼一样。这些济贫院之间的差别或者是因为济贫监督官员的兴趣不同而不同,或者因济贫院管理者的习惯不同而不同,或者因地方《济贫法》管理机构政策的不同而不同,或者由于地区之间特点的不同而不同。这种不同是如此之大,以至于

---

[1] Hippolyte Taine, *Notes on England*, Translated with and Introduction by Edward Hyams, London: Thames and Hudson, 1957, p. 241.

[2] M. A. Crowther, *The Workhouse System*, *1834-1929*: *The History of an English Sociall Institution*, London: Batsford Academic and Education Ltd, 1983, p. 4.

[3] B. S. Green, *Knowing the Poor*: *A Case-Study in Textual Reality Construction*, London: Routledge and Kegan Paul, 1983, p. 1.

对任何一个济贫院情况的阐述都不能适合全部的济贫院。"①

但是对工人阶级来说,济贫院最恐怖之处在于,近一个世纪里,无论由什么原因导致失败,它都成为对失败的惩罚。所有其他缓和的措施,例如友好协会、私人慈善、保险和养老金都没有完全消除这一机构的威胁。虽然很多工人运动都由工人阶级中那些不可能成为院内贫民的稳定部分发起,但对于正在兴起的工党来说,这是一个持续的当众侮辱。工人阶级社会地位的上升使这一体制越来越让人难以忍受。在国立学校中,强化了家庭生活的首要地位和工作的重要价值。与之相对的,济贫院体制通过家庭分裂来反映社会衰退,把工作作为一种惩罚。工人阶级的地位越得到改善,济贫院即使物质条件很舒适,也会看起来似乎越糟糕。②

其次,济贫院只是19世纪英国济贫模式很小的一部分,大部分贫民仍然接受着院外救济。

尽管《新济贫法》规定贫困者必须进入济贫院中才能得到救济,但是院内接受救济的贫民在整个贫民中所占的比例并不很大。

院内救济贫民的比例(%)

1840 年	14.30	1859 年	14.00
1844 年	15.70	1864 年	13.17
1849 年	12.26	1869 年	15.49
1854 年	12.91		

资料来源:济贫委员会年度报告,转引自: Derek Fraser, *The Evolution of the British Welfare State: A History of Social Policy Since the Industrial Revolution*, p.52

从上述表格可以看出,整个维多利亚中期,接受院外济贫的贫民占了绝大多数。济贫院并不代表英国的全部社会救济制度,它只是19世纪英国

---

① M. A. Crowther, "The Later Years of the Workhouse, 1890-1929," *The Origins of the British Social Policy*, London: Croom Helm Ltd, 1981, p.41.

② Ibid., pp.270-271.

济贫制度的一部分。对此，历史学家罗斯讲到："尽管1834年《济贫法》强烈谴责对能自食其力的健壮男子进行救济，但是（院外济贫）这种形式直到1860年还在北部工业城镇存在，在更多的乡村地区，则延续到20世纪。"① 地方对于济贫还负有相当大的行动责任。实际上，济贫委员会的报告就是在代表废除济贫和保留济贫之间的妥协。②

从另一方面来看，设立济贫院的一个宗旨就是要通过种种威慑和严格的纪律，促使贫民自食其力。济贫院"所有条件中首当其冲的就是，（贫民）总体上不应当比最底层的独立工人更好。"③ 从某种程度上，它确实达到了这个目的。

虽然院内救济的人均支出比院外救济至少高出50%，但《新济贫法》却多少实现了减少济贫税的目标，接受户外救济的人也从19世纪60年代的超过70万人降为80年代的15万人。④ 由于人们害怕进入济贫院，宁可接受低劣的条件到工厂去做工人。这样，起到了为工业资产阶级提供更多可供雇用的自由劳动力的作用，促进了工业的发展。另外，贫民为了不进入济贫院，尽量去工作，接受院内济贫的贫民人数在减少，这也使济贫开支大幅度减少。自1834年之后的10多年时间，济贫税一直保持在每年450万～500万英镑之间。⑤ 从中也看出，济贫委员会十分成功地建立了一种体制，这种体制并不是基于肉体的惩罚，而是基于心里的威慑，基于羞辱和恐惧。⑥

19世纪80年代后，英国政府为了降低济贫支出，严格限制院外救济，

---

① Michael E. Rose, "The Allowance System Under the New Poor Law," *Economic History Review*, 1966, p. 616.

② Peter Wood, *Poverty and the Workhouse in the Victorial Britain*, Wolfeboro Falls N. H.: Sutton Pub LTD, 1991, p. 187.

③ Edited by S. G. Checkland, *The Poor Law Report of 1834*, Harmondsworth: Penguin Book, 1974, p. 335.

④ Felix Driver, *Power an Pauperism: The Workhouse System, 1834-1884*, Cambridge: Cambridge University Press, 1993, pp. 170-171.

⑤ Derek Fraser, *The Evolution of the British Welfare State: A History of Social Policy Since the Industrial Revolution*, New York: Palgrave Macmillan, 1985, p. 49.

⑥ M. A. Crowther, *The Workhouse System, 1834-1929: The History of an English Sociall Institution*, London: Batsford Academic and Education Ltd, 1983, p. 271.

院内救济的贫民数迅速增长。院内贫民的增长速度不仅经常与英国人口增长速度保持平衡,而且时常超过人口增长速度。1870 年到 1914 年,院内贫民增长速度为 6‰ 到 8‰,从 156 800 人增加到 254 644 人,1910 年为 7.8‰,这还不包括临时收容所收容的流浪者以及疯人院中的贫民。①

最后,济贫院在英国,乃至西方存在了两个多世纪,尽管它仍有着种种弊端,但是毕竟为衣食无着的穷人,尤其是那些贫穷的老弱病残、孤儿乃至精神病人提供了基本的生活保障。济贫院是处于教区济贫和福利国家之间的过渡性制度,是机构照料(institutional care)的第一次国家试验,为 20 世纪西方福利国家的建设,提供了许多制度上的借鉴。

1834 年《新济贫法》的颁布是英国《济贫法》历史上的一个里程碑。之后的济贫院,虽然有意无意地制造了许多错误,犯下了一些罪行,但在试图改正这些错误和罪行的过程中,国家建立起专门机构取代了济贫院。如果将济贫院体制放在更大范围内考察,它作为初期社会服务机构的重要性也显而易见。济贫院为许多没有其他服务机构存在的乡村提供医疗,为没有依靠的弱者提供了一个避难所。在人口稠密的地方,它在 1929 年《地方政府法》颁布前已经专门化。19 世纪末,它甚至为无助者提供了比独立家庭提供的更高生活水平的照料。②

《济贫法》下的济贫为一部分贫困者尤其是老年贫困者以及别无其他生活依靠者提供了有用的帮助。根据 1905 年皇家《济贫法》调查委员会多数派的报告,截至 1907 年 9 月,83.7% 的院内贫民一年之中接受 1 次院内救济,13.5% 的院内贫民一年之中接受 2 到 4 次救济,2.8% 的院内贫民一年之中接受 5 次以上的救济。从时间上看,1/3 的院内贫民在济贫院内居住 4 周以上,18% 的院内贫民在济贫院中居住 13 周以上。③

许多年里,济贫院兼备学校、精神病院、医院和老人之家等功能,同

---

① Edward Royle, *Modern Britain: A Social History, 1750-1985*, London: Arnold, 1987, p. 179.

② M. A. Crowther, *The Workhouse System, 1834-1929: The History of an English Sociall Institution*, London: Batsford Academic and Education Ltd, 1983, p. 269.

③ Karel Williams, *From Pauperism to Poverty*, London: Routledge & K. Paul, 1981, p. 231.

时，它还是无依无靠的人的最后避难所。而济贫院对儿童的教育，引领了国家对学校的资助。在《新济贫法》实施的早期，济贫院学校的目的在于提高贫穷儿童的很强的适应能力，良好的教育可以使儿童在劳动力市场中有很强的竞争力，而不会成为济贫院的负担。一些济贫院在这方面取得了成功。①为了治疗济贫院的病人，许多济贫院还建立了医院。这些医院，为所有阶级提供服务，而不仅仅是穷人。因为当时还没有其他的公共卫生机构。因此，可以说20世纪英国国民健康体制直接起源于《济贫法》的医疗服务。②

尽管不能断言这些职责一般都能很好地执行，但济贫院为今天管理更加专门化的公共机构提供了经验，许多机构发源于其中，它为后来地方管理的公共机构制度奠定基础。济贫院具有连续性，即使在《济贫法》废除后，不仅济贫院建筑，19世纪的济贫院官员、管理者和许多习惯也在福利国家很好的存在。《1929年地方政府法》（*The Local Government Act of 1929*）想逐步结束普通的混合济贫院，将专门公共机构的居住者交由各郡管理。郡议会不能突然产生新的公共照料政策，郡议会的委员们往往是以前的监护人，济贫院管理者变成医院管理者，护士和其他职员继续以前的工作，旧建筑也仍然存在。

总之，济贫院制度的存在，为那些无依无靠、穷困潦倒的人提供了最后的栖息场所，为他们提供必要的生活条件。也为那些贫困老人、孤儿、精神病人提供了一个生活场所。尽管1834年《新济贫法》颁布后，由于济贫院数目急剧扩大，院内的贫民人数迅猛增加，使得19世纪三四十年代的济贫院出现了种种丑闻，遭到了民众的反对。但是19世纪下半叶后，济贫院制度经过不断改革，院内条件大大改善。因此它既不是穷人的"巴士底狱"，也谈不上穷人的"天堂"。济贫院制度是英国中世纪晚期以来最重要

---

① Anne Digby, *The Poor Law in Nineteenth-Century England and Wales*, London: Historical Association, 1982, p. 34.

② Ruth G. Hodgkinson, *The Origins of the National Health Service: The Medical Services of the New Poor Law, 1834-1871*, Berkeley: University of California Press, 1967, p. 696.

的济贫机构。20世纪英国福利国家建立后,济贫院被融入了福利国家制度。

济贫院救济的标准反映了它过分注重道德因素,而忽视了导致贫困的经济、社会因素。"整个维多利亚时期,《济贫法》是个'教育机器',希望借此塑造公众道德。"① 它试图通过惩治"懒惰"贫民的办法来根治贫穷,相信失业即使不是全部,也在很大程度上是自我堕落的结果,之后的经济萧条证明这一观点是错误的。

济贫院救济的根本缺点是,它以救济为主,而不是以预防贫困为主。《济贫法》下的任何救济都是在贫困成为一种事实后才提供的,而不是在可能出现济贫之前提供救济、防止贫困成为事实。因此从本质上说,它不能有效地解决贫困问题,尤其是随着工业社会的发展,社会问题越发复杂,贫困的原因更加多样化、社会化,这种制度显然无法满足社会发展和变化的需要。1867年利物浦慈善家威廉·拉斯博(William Rathbone)评论道:"(济贫院)确实成功的阻制了贫民向教区申请支持,消灭了贫困,有效地制止了在伊丽莎白旧《济贫法》之下的道德败坏的趋势,但是作为公共慈善制度,它是失败的。"②

四、从慈善机构到政府管理
——第一次世界大战期间英国士兵分居补贴制度研究

士兵分居补贴制度是英国政府在第一次世界大战期间实施的一项对参战士兵家属的战时补贴制度,其目的是为了保障参战士兵家属的生活。分居补贴的发放花掉了政府近五亿英镑的资金,这几乎与提供给士兵本人的薪酬总额一样多。这项分居补贴制度,几乎很少为历史学家所关注,本文

---

① M. Wiener, *Reconstructing the Criminal*, Cambridge: Cambridge University Press, 1990, p. 153.
② William Rathbone, *Social Duties: Considered with Reference to the Organization of Effort in Works of Benevolence and Public Utility*, London: Macmillan, 1867, pp. 48-49.

试图对第一次世界大战时期英国士兵分居补贴制度的发展、原因及特点加以论述。

(一) 第一次世界大战时期英国士兵分居补贴制度的发展

英国的分居补贴制度由来已久，早在维多利亚时期，英国就已经出现了给士兵家属的分居补贴。但是，这些补贴除了由英国战争部（War Office）提供给很少一部分士兵家属外，大多是由慈善机构提供的，其中最著名的慈善组织就是士兵和水手家庭协会（Soldiers' and Sailors' Families Association，简称SSFA）。战争部和慈善机构在士兵和水手服役之时为他们的家人提供分居补贴，以维持士兵家属的生活。第一次世界大战前对士兵家属补贴发放存在明显的局限性，除了由慈善机构代理提供补贴外，还受到军队中婚姻限制政策的影响。

1. 军队婚姻限制政策的取消

自维多利亚时期以来，军队中就存在着限制婚姻的严格规章制度，从而形成了极少数"列入编制的"（marriage on the strength）婚姻和大量"未列入编制的"婚姻。其中，这些"未列入编制的"婚姻一直未得到战争部的认可，无法得到分居补贴的发放。这种政策在第一次世界大战前夕受到了多方反对。面对种种取消婚姻限制政策的呼声，1913年，战争部授权梅·泰南德夫人（May Tennant）负责对"未列入编制的"士兵妻子和士兵状况进行调查。

梅·泰南德是前任工厂监督员和战争部副部长H.J.泰南德（H.J.Tennant）的妻子，她通过深入调查，向常年积极从事于军队慈善工作的"女士们"征求意见，于1913年12月3日在其调查报告中生动细致且满怀同情地披露了那些"未列入编制的"婚姻中固有的困境和缺乏战争部认可的状况。她指出，令人痛心的是："一些作战积极、表现不错的士兵没有能力提供给家人足够的津贴，只得常常放弃自己定量配给的口粮留给自己的家人。长此以往，导致士兵们的身体状况下降并影响他们的作战表现。"① 泰南德夫人的报告确信非官方认定的婚姻普遍存在，不利于士兵和

---

① *Report of an Enquiry by Mrs. Tennant Regarding the Conditions of Marriage off the Strength*, Parliamentary Paper, Vol.51, Cd.7441, 1914, p.743.

他们家人的健康和军队战斗力的提高。泰南德夫人赞成与慈善协会更多地加强军地合作。因为这些组织会对"未列入编制的"士兵妻子们进行刺绣、缝纫和儿童保育等培训,从而使她们能自给自立并更好地胜任母亲的角色。① 泰南德夫人对"未列入编制的"婚姻及其有害影响的揭露在国会下院赢得了良好的赞许和广泛的接受。

随着战争的一天天迫近,战争的动员和大量志愿兵应征入伍的热潮,使得后方众多士兵家属的生活陷入了巨大的灾难之中。对"列入编制"和"未列入编制"婚姻的种种区别和限制的政策再也无力维持,使得政府不得不开始有所反应。下院议员和征兵官员进一步确认:如果士兵的妻子和子女在他们当兵不在的期间能得到国家而非慈善机构的充分照料,那么相当数量的男性劳动者就会接受参军入伍了。②

1914年8月10日,首相H.H. 阿斯奎斯(H. H. Asquith)发表声明称"分居补贴会发放给所有士兵的妻子,包括那些'未列入编制的'士兵妻子们。"③ 阿斯奎斯的声明标志着限制婚姻的规章制度最终取消。这使得大量"未列入编制的"士兵妻子也可以得到与"列入编制的"士兵妻子同等的资助,大大改善了她们的生活状况。但是,婚姻限制政策的取消使得大量未作登记却待领补贴的人员难以核实,这就给分居补贴制度最初推行之时带来了诸多隐患。

2. 士兵分居补贴制度改革

第一次世界大战爆发后,政府宣布向所有士兵的妻子发放分居补贴。但军团婚姻登记制度的废除和战争开始后征募的巨大数量的新兵,使军队军需部难以应付数额庞大的补贴发放申请。④ 直到1914年,英国仍不存在令人满意的战时抚恤金制度。分居补贴、寡妇津贴和伤残津贴由许多独立

---

① *Report of an Enquiry by Mrs. Tennant Regarding the Conditions of Marriage off the Strength*, Parliamentary Paper, Vol. 51, Cd. 7441, 1914, p. 743.

② *The Times*, 1914-09-07.

③ *Parliament Debates* (H. C.), 5th ser., Vol. 65 (August, 10, 1914), col. 70.

④ Graham Wootton, *The Politics of Influence: British Ex-Servicemen, Cabinet Decisions and Cultural Change, 1917-1957*, Cambridge: Harvard University Press, 1963, p. 18.

的权力机构管理。① 而这种缺少集中的组织管理的状况，势必招致后来出现的补贴发放不能及时到位和组织管理效率低下等一系列问题。② 因此，分居补贴制度的实行经历了从慈善机构到政府管理逐渐转变的曲折过程。

1914年8月到1915年夏：这一阶段战争部授权士兵和水手家庭协会处理解决最初的混乱状况。

建立广泛的、以权利为基础的并且由国家以统一数额提供的分居补贴，成为当时形势发展的必然要求。战争爆发后，应获得分居补贴的妇女数量激增至50万人。③ 但由于缺少足够的机构来核实查证补贴申请和补贴发放的支付兑现工作，造成军需部被接踵而来的问题所困扰。面对存在的种种问题，管理补贴、预付款项和增加分居补贴数额等早期工作移交给慈善组织，其中最著名的就是士兵和水手家庭协会。

士兵薪酬的不足影响着分居补贴和安家费等的支出。1914年9月，战争部首次增加补贴数额，由最初的士兵妻子每周获得的7先令7便士增加至12先令6便士。士兵和水手家庭协会的职能就是弥补分居补贴增加前后的差额。④ 但是通过士兵和水手家庭协会提供的资金仍被认为是慈善资助。为回应这些意见分歧，政府最终决定通过邮局发放补贴。⑤ 1914年11月，政府签署了皇家授权状（Royal Warrant）。这项授权状规定，政府保证承担儿童抚养费，希望以此缓解士兵们紧张的经济状况。⑥

第一次世界大战初期，士兵和水手家庭协会一直扮演了战争部行政

---

① John A. Fairlie, *British War Administration*, New York: Oxford University Press, 1919, p. 146.
② Parry E. A. & Codrington A. E., *War Pensions: Past and Present*, London: Nisbet & Co., 1918; *Parliament Debates* (H.C.), 5th ser., Vol. 68 (November, 12, 1914), p. VII.
③ *Parliament Debates* (H.C.), 5th ser., Vol. 68 (November, 12, 1914), col. 70.
④ *The Times*, 1914-09-03.
⑤ E. Sylvia Pankhurst, *The Home Front: A Mirror to Life in England during the First World War*, London: Cresset Library, 1987, p. 79.
⑥ "Alowances and Pensions in Respect of Seamen, Marines, and Soldiers and Their Wives and Dependents," *Parliamentary Paper*, 1914-1916, xl., cd. 7662, pp. 15-21.

管理代理人的角色。工作内容主要包括：担任委托人（战争部）的辩护人；与士兵和水手家庭协会的"女士们"整顿混乱的管理和商讨补贴支付拖欠的问题。此外，他们也负责调查申请补贴的请求。这一过程通常包括"调查询问"家庭成员的生活和收入状况，这就使得家庭拜访者"声称战争爆发后留给他们的唯一工作就是会有资格成为一名'侦探'"。① 1914年10月之后补贴的发放主要通过邮局支付，但士兵和水手家庭协会继续管理和负责"友好拜访"这一系列的工作，并且支付增加的补贴。

1915年6月到1916年：这一阶段主要通过了一系列议案和法案。

1915年6月开始，政府陆续颁布了一系列的法案，根据法案，士兵和水手家庭协会的权利被交给了皇家爱国基金社团的法令委员会。为协助法令委员会开展工作，政府还建立了一套地方委员会的体制。在这一体制中，每个郡和市镇的地方委员会负责分发基金、征求及接受公众捐赠和调查法令委员会提及的案件。② 法令委员会和地方委员会的成立，形成了集中管理的模式，从而有效提高了现存制度的效率。1915年海军和陆军补贴（抚恤金）等法案的目的是集中和简化程序、授予法令委员会所有的管理执行权和财政权。③ 政府再次改善这一不完备的体制。1916年3月30日，政府通过海军和陆军抚恤金开支法案，这项法案授予法令委员会100万英镑拨款来补充在1915年基本法令中"任其支配的基金"。④但这是政府对待分居补贴态度转变的一个例证，具有象征意义。

1917年初到1918年：对士兵分居补贴的权力全部转交给了抚恤金部长任命成立的抚恤金部特别基金（拨款）委员会。其间，政府于1917年

---

① Susan Pedersen, "Gender, Welfare, and Citizenship in Britain during the Great War," *The American Historical Review*, Vol. 95, No. 4 (Oct., 1990), p. 993.

② Public General Acts, *Naval and Military Pensions*, *etc.* (*Expense*) *Act*, 1916. 6 George V, chap. 4, 1916, pp. 191-197.

③ Parry E. A. & Codrington A. E., *War Pensions: Past and Present*, London: Nisbet & Co., 1918, p. 53.

④ Public General Acts, *Naval and Military Pensions*, *etc.* (*Expense*) *Act*, 1916. 6 George V, chap. 4, 1916.

1月中旬和1918年两次增加补贴，最终使补贴达到了可接受的合理水平。

这一时期，尽管法令委员会依然存在，但是对补贴不足和法令委员会失职的种种抱怨声不绝于耳。在一封给《泰晤士报》编辑的信中，赫特福德郡（Herts）和米德尔塞克斯郡（Middlesex）海军和陆军战争抚恤金委员会的成员艾米·德贝汉（Amy Debenham），指出提供更多的补贴是很好的，"……为何在海军或陆军服役的士兵的家人比在国内从事战时工作挣钱者的家人情况更糟啊？"[1] 1917年1月，分居补贴再次增加，每个士兵妻子都增加了补贴，但是没有孩子的妻子除外。[2] 然而，投诉抱怨声依旧。政府在1917年的海军和陆军战争抚恤金等（权力更迭）法案中决定废除这个组织，其权力和职责都将转交给抚恤金部长。随即，抚恤金部长乔治·巴恩斯任命了12个成员组成特别基金（拨款）委员会，该委员会承担起以前由法令委员会承担的职责。到1917年年底，慈善事业管理部门基本被完全取代了。

（二）士兵分居补贴管理制度调整的原因

第一次世界大战爆发后，英国政府对士兵分居补贴在制度上进行了调整，英国的分居补贴制度的推行经历了从慈善机构管理到政府管理的转变过程，出现这种转变的原因有几个方面。

1. 社会思潮的影响

19世纪中期，新自由主义的理论体系逐渐形成。新自由主义的重要内容之一是重新认识国家的职能，强调国家对社会生活的干预，代表人物是L. T. 霍布豪斯（L. T. Hobhouse）。他将国家对其公民的责任总结为："国家的责任是为公民创造条件，使他们能够依靠本身的努力获得充分的公民效率所需的一切。"[3] 如果国家的责任扩充到从总体上对社会经济进行干预监督的话，那么可以肯定的是它也应该对它自己的"雇员"——它的士兵，负有特殊的责任。到1914年，霍布豪斯的观点已被议会中许多自

---

[1] The Times，1917-01-02.
[2] The Times，1917-01-11.
[3] 丁建定：《从济贫到社会保险——英国现代社会保障制度的建立（1870-1914）》，68页，北京，中国社会科学出版社，2000。

由党和工党成员所接受。议会中的工党成员乔治·罗伯茨(George Robers)也认为:一定社会和经济活动责任的履行——包括婚姻和维持家庭生计的问题,是男性公民的基本权利。因此,这就要求国家为提供这些环境、社会和经济活动的所有男子提供便利,这些男性公民可以充分履行作为士兵或工人等公民的基本职责。[①] 新自由主义的实践者——英国首相阿斯奎斯,随之在战争爆发后做出向所有服役士兵的妻子发放分居补贴的声明。在这种新自由主义社会思潮的影响下,英国政府逐渐改变对待士兵家属资助的态度,也影响着分居补贴制度管理权从慈善机构向政府管理的转变。

2. 英国慈善传统与公共行为思想观念的转变

慈善捐助是英国社会救助的重要方式之一。士兵的妻子和家属应优先出现在那些应得到中产阶级和上流社会慷慨捐赠善行的人的名单中。[②] 对士兵家人的慈善资助在这一时期种类很多:从全国性组织到地方慈善义卖等不同形式皆有。资助主要集中于士兵妻子、寡妇和子女。士兵的父母或其他亲戚可能会要求资助,但如果他们依赖的挣工资的劳动者等其他家庭成员不是服役的士兵,那么也被排除在外。[③]

19世纪60年代到第一次世界大战爆发前夕,英国人私人慈善和公共行为范畴的观念发生了巨大变化。战前,英国政府以新自由主义作为理论基础,实施养老金制、失业保险和健康保险等社会改革,基本奠定了"福利国家"的基础。因此,1914年以后,主要福利负担和责任都落在了国家身上,而且,私人慈善机构的作用日渐成为政府法制部门日益增长体系的补充。[④] 英国学者格雷厄姆·伍顿(Graham Wootton)曾指出:"思想文化是时常波动变化的,但是在特定的时期这种变化可能会异常显著。其中

---

① *Parliament Debates* (H.C.), 5th ser., Vol. 65 (August, 10, 1914), cols, 1518-1520.

② Derek Fraser, *The New Poor Law in the Nineteenth Century*, London: Macmillan, 1976, p. 163.

③ Myrna Trustram, *Women of the Regiment: Marriage and the Victorian Army*, Cambridge: Cambridge University Press, 1984, pp. 163-164.

④ David Owen, *English Philanthropy, 1660-1960*, Mass: Belknap Press of Harvard University Press, 1965, pp. 211-213.

一种情况就是出现一场大规模的战争。"① 英国在第一次世界大战这样"全面战争"的影响下，指导政府"适当"目标的价值理念也随之开始发生变化。因此，之前被忽视的一些特殊人群首次被置于政府关注的范畴之内。这种调整变化的一个重点即：政府开始承担对所有士兵和水手的妻子官方正式资助的新责任。②

3. 为了军队、国家的利益适应征募士兵的需要

第一次世界大战开始的数月，由于大量征募士兵，迫使政府随后不得不多次增加分居补贴并在征兵海报中有所体现，从而吸引更多的男子应征入伍。基钦纳勋爵的征兵海报的显著特征是突出强调了分居补贴费用等细节问题。薪酬补贴的变化表明征兵委员会对民众关心的补贴增加问题已有所反应。加入军队服役的人们也吐露了类似的心声，正如一名士兵在给他朋友的一封信中这样写道："我入伍绝不是因为爱国的原因……战争爆发前，我能够且确实做一些帮助维持生计的事情。现在我觉得如果参军入伍，那么我的母亲就可得到分居补贴了。"③

尽管不具有普遍性，但这些话语确实揭示了人们对分居补贴的渴望，也反映出在征兵过程中的影响力。大量士兵应征入伍，原因即使他们自己也不能完全确定，但做出这样的判断也是合理的。如果真是这样的话，具有吸引力的分居补贴可能恰恰正是吸引这些年轻人入伍的"诱饵"。原本政府主要关心的是前线军队士兵的作战士气情况，而非在国内后方士兵家人的福利问题。但当政府一旦意识到这两者之间的依存关系时，为了应对战争和维护军队、国家的利益，政府这一权力机构就会迅速做出了一系列相应的措施变化，将分居补贴的管理权收归政府管理手中，加强集中组织管理从而提高分居补贴的管理效率。

---

① Graham Wootton, *The Politics of Influence*: *British Ex-Servicemen, Cabinet Decisions and Cultural Change*, 1917-1957, Cambridge: Harvard University Press, 1963, p. 26.

② Ibid., p. 26.

③ Peter Vansittart, *Voices From the Great War*, London: Cape, 1981, p. 205.

4. 士兵和水手家庭协会存在诸多问题且未得到政治家的关注

第一次世界大战爆发后的头两年，战争部曾依赖士兵和水手家庭协会管理补贴事宜。阿斯奎斯政府的声明发表后，战争部让士兵和水手家庭协会负责处理全面发放补贴引起的混乱。于是，士兵和水手家庭协会迅速在全国成立地方分会，登记注册志愿社会工作者（到1915年约有50 000人），同时开始受理分居补贴申请。

但士兵和水手家庭协会存在诸多问题。首先，士兵和水手家庭协会"被允许在大英帝国的所有地区行使协会的职能"，然而它却没有有效地实施这些职能。一些重要的人口中心城市仍存在空缺。如在伯明翰士兵和水手家庭协会"实际上并不存在"。① 这里不得不成立一个市长领导下的特别市民救济委员会。士兵和水手家庭协会在1914年9月份和10月份的分居补贴发放过程中就出现拖欠和混乱的情况。

其次，士兵和水手家庭协会的工作与许多政治家提出的补贴与士兵权利的论调相违背。许多下院议员反对将补贴管理权赋予这些私人慈善机构。因为这些机构主要由中产阶级妇女组成，她们希望利用自己的社会地位"很不切实际"地承担"救助"工人阶级的责任。1915年下院抚恤金和基金调查委员会同意将管理权从士兵和水手家庭协会手中完全收回。对此女权主义者和社会改革家瑞斯博恩（E. Rathbone）严厉批评"下议院相当数量的那部分人，尤其是……工党"，斥责他们的"教条主义者厌恶任何形式的慈善努力"观点，认为他们关于国家机构有良好的接纳承载能力的观点是不切实际的。② 1916年和1917年，分居补贴的管理先是委托给了指定的法令委员会，之后委托给了新的抚恤金部。

---

① Graham Wootton, *The Politics of Influence: British Ex-Servicemen, Cabinet Decisions and Cultural Change, 1917-1957*, Cambridge: Harvard University Press, 1963, p. 21.

② Susan Pedersen, *Family, Dependence, and the Origins of the Welfare State, Britain and France, 1914-1945*, Cambridge: Cambridge University Press, 1993, pp. 110-111.

(三) 分居补贴制度的特点及影响

士兵分居补贴制度是第一次世界大战时期英国为应对战争需要，在慈善资助的基础上为士兵妻子及家属提供补贴的制度。是国家实行的一项新的、慷慨丰厚的和"以权利为基础"的补贴制度。这种制度在推行的过程中呈现出一些显著的特点。

1. 按士兵等级和家庭规模发放补贴

分居补贴属于士兵薪酬的一部分，补贴的发放是为了改善战时士兵妻子和家属的生活状况，战争部为士兵提供分居补贴主要依据士兵等级和家庭规模而定。这包括了"列入编制的"和"未列入编制的"士兵妻子。因此，分居补贴的发放也就变得比原来要复杂得多了。

分居补贴根据士兵等级和军事职业技术的不同而有所不同。一般来说，等级越高，补贴就相对越高。除此之外，补贴的发放还依据家庭的规模而定。家庭中妻子抚养的子女数量越多得到的补贴也就越高。如1914年有两名孩子的参战士兵妻子每周可得到14先令7便士，有4名孩子的参战士兵妻子每周可得到17先令6便士。补贴也随着战争时间的延长而不断提高。1915年到1916年，前者提高到每周21先令，后者提高到每周25先令。①

第一次世界大战期间，英国社会就已经把工资是否应该以工人的基本需要为标准作为主要问题进行了讨论、调查。调查表明：低收入者的生活需要往往与家庭规模的大小直接相关，子女较多的低收入者更容易陷于贫困之中。② 因而，分居补贴制度根据家庭规模发放补贴，从某种程度上就是考虑了贫困与家庭规模的关系。第一次世界大战后的各种社会调查使得社会的注意力更加集中于家庭补贴问题上，这为后来家庭补贴制度的确定奠定了一定的基础。

2. 临时性与延续性特点

第一次世界大战期间实行的分居补贴制度具有明显的临时性特点。这

---

① "Increased Rates of Separation Allowances for the Wives and Children of Soldiers," *Parliamentary Paper*, 1914-1916, xxxix, Cd. 7623.

② 丁建定：《从济贫到社会保险——英国现代社会保障制度的建立（1870—1914）》，118~119页，北京，中国社会科学出版社，2000。

一显著性特点主要是由于分居补贴的发放常常伴随着战争的到来而实行。

布尔战争时期,战争部就曾授权士兵和水手家庭协会负责管理国家基金,同时向士兵妻子发放分居补贴。第一次世界大战爆发后,议会下院议员倾向于维多利亚时期曾有过的补贴先例:要求为所有服役男子的妻子和孩子提供广泛、全面和充足的分居补贴。迫于战争及其所造成的后果,英国于1914年、1915年、1917年和1918年四次都增加过补贴数额。尽管最终发放的补贴不是太高,但是支付的补贴数额一定时期内也还算慷慨大方。

虽然分居补贴制度的规模是临时性的,但对英国社会政策的形成有重要影响。分居补贴是非常重要的,因为这一方式可以使国家致力于围绕保持男性公民家庭权利构建的社会公民资格的"逻辑"。对于士兵的妻子们,她们是补贴的最重要的接受者,国家成为了她们的"代理丈夫":国家支付给她们补贴是因为她们丈夫的士兵身份,而不是因为她们的工作和需要。此外,接受补贴当然还包括她们对远离家园去服役的丈夫的忠诚。

3. "以权利为基础"的补贴制度

第一次世界大战爆发后,英国议会下院议员倾向于男子拥有赡养妻子的合法权利,要求为所有服役士兵的妻子和子女提供广泛、全面和充足的分居补贴。这就形成了分居补贴制度一个显著的特点,即并非"以需要为基础的"慈善资助而是"以权利为基础的"。

由男性养家糊口和女性受其扶养组成家庭,这种观念出现于19世纪福音教派的复兴和为男性家庭工资而发起的工会运动之时。政治激进分子也强调男性工作者扶养妇女和孩子可作为他们更广泛公民权利价值体现的标准。① 然而,在第一次世界大战之前英国的社会政策表现为国家没有一个总体的规划来塑造家庭结构和公民性别职责。而且,对穷困救济的主要责任仍然掌握在地方《济贫法》机构和私人慈善机构手中,二者都倾向于提供资助而不提及"权利",并且看重受资助者在自助和道德改革中的努力

---

① Susan Pedersen, "Gender, Welfare, and Citizenship in Britain during the Great War," *The American Historical Review*, Vol. 95, No. 4 (Oct., 1990), p. 986.

情况。① 因此，战前"福利"不仅仅缺乏公民资格权利的地位，而且它也常常不掌握在国家的手中。

第一次世界大战以后这种情况发生了变化，到1917年，分居补贴已变为一种维持普遍生存线的应得权利，作为士兵的一种权利发放给士兵的妻子。分居补贴直接由财政部拨款，在议会监督之下由抚恤金部专门委员会管理。为了促进这一制度的推行，工党和自由党发言人以及服役士兵的军队拥护者超越了党派界限达成了一致意见。士兵的发言人坚持认为分居补贴的发放必须完全取消贞节调查和道德说教这些战前慈善资助和贫困救济标志性的特点。此外，当下院议员在1914年发现战争部和士兵和水手家庭协会发放补贴依据"节制和良好的行为"并试图利用警察监督使妻子们保持良好的秩序和规矩时，议会监督的压力明显增强。这些措施与一向被看作是公民权利的补贴发放是完全不相称的。② 许多评论家认为，补贴需求不应被看作是一种"施舍"（救济）而是"补偿士兵在部队服役的一种国家责任"。③

4. 对妇女的道德测试和监督

分居补贴制度在执行过程中，存在着对士兵妻子的道德测试和监督，以确定是否向她们发放补贴。战争部和士兵和水手家庭协会发放补贴就都曾依据"节制和良好的行为"并试图利用警察监督使士兵妻子们保持良好的言行和秩序。

第一次世界大战初期士兵和水手家庭协会发放补贴时就对士兵妻子进行道德"测试"和监督。一旦士兵的妻子在这些"测试"中不合格的话，分居补贴数额就可能被减少。④ 当时政府的一位副部长巴克先生（Barker），就曾在国会演讲中明确表示士兵妻子和母亲"如果有严重的行为不端的明确证据的话，例如：有明确证据表明做了不道德的事情、刑事指控宣

---

① C. L. Mowat, *The Charity Organisation Society*, 1869-1913: *Its Ideas and Works*, London: Methuen, 1961, p. 111.

② Ibid., p. 111.

③ Susan Pedersen, "Gender, Welfare, and Citizenship in Britain during the Great War," *The American Historical Review*, Vol. 95, No. 4 (Oct., 1990), p. 987.

④ E. Sylvia Pankhurst, *The Home Front*: *A Mirror to Life in England during the First World War*, London: Gresset Library, 1987, p. 80.

判有罪、严重忽视儿童或者持续酗酒、尤其是由于酗酒原因忽视对儿童的照顾，就可以取消分居补贴或抚恤金。"①

1914年10月，政府签署了一项名为《中止向不值得资助者提供分居补贴和安家费的备忘录》。这份陆军委员会备忘录要求警察署列出所有领取分居补贴家属的名单，并且与地方委员会充分合作以确保只有"值得资助者"才可领取补贴。因此，通过监督人（国家）与士兵和水手家庭协会合作的体系，士兵的妻子们处于不断被怀疑和监督审查之中。②

抚恤金部也认真扮演着妻子丈夫"性代理人"的角色，调查对士兵妻子故意失贞的指控。政府部门声明，由于妇女的失贞，那么就要没收由她们丈夫提供的资助。自从妻子的失贞可赋予丈夫有权要求离婚，政府部门要求做出任何努力去联系士兵并且询问他是否宽恕他们妻子的不正当行为。如果他不能宽恕的话，"即使妇女悔改和表现出好的品格"，他们也会停止发放补贴。1916年10月到1920年3月间，法令委员会和抚恤金部调查了至少40 000位有不同种类不正当行为的妇女（大约1%和2%之间）和剥夺了她们中超过13 000人的补贴。这本身不是一个很高的数字，但是这些数字有利于阻止其他妇女类似行为的发生。

总之，第一次世界大战期间，英国士兵分居补贴制度经历了从慈善机构到政府控制的转变过渡。士兵分居补贴制度是英国在第一次世界大战这种特殊时期为保障参战士兵妻子和家属的生活而授予的一项新的、数额较为丰厚且"以权利为基础"的战时补贴制度。士兵分居补贴还维护了妇女和没有收入的子女的生活水平。③ 到1918年，士兵分居补贴已帮助大量工

---

① *Parliamentary Debates*, *House of Commons*, *Session 1914-1915*, Hansard V. Lxx, Col. 268.

② Gail Braybon, *Out of the Cage: Women's Experiences in two World Wars*, London: Pandora, 1987, pp. 107-108.

③ Working Classes Cost of Living Committee, *Report*, 1918, pp. Ⅶ, Cd. 8980. 1918年，当时工人阶级生活消费委员会（Working Classes Cost of Living Committee）从231个服役士兵家庭中收集了家庭预算收支资料。每100个这样的家庭有90个挣工资的雇用劳动者。平均有5.24个家人的服役士兵家庭会仅在食品支出上花费32先令，超过了5个人的分居补贴费用的31先令。服役士兵家庭平均每人的收入低于其他家庭每人的收入水平。但是，并没有低多少。

人阶级家庭在这些年里渡过了艰难时期。补贴制度虽然随着战争的结束而消亡，但它对战时改善士兵家庭的生活状况确实做出了贡献，依靠士兵分居补贴的家庭经历了在第一次世界大战中工人阶级家庭生活水平普遍提高的过程。从慈善机构到政府控制的转变，使得政府在推行士兵分居补贴制度时，不自觉地充当了提高和改善妇女经济和社会地位的推动者。这是因为补贴虽为士兵薪酬的一部分，但是通过邮局领取补贴的方式使得补贴更像是士兵妻子"为人妻母"职责而获得的工资。第一次世界大战之后，家庭补贴协会利用一切机会和途径，力争建立起家庭补贴制度，该运动直到1945年家庭补贴法案通过而结束。

第二章 英帝国与英联邦问题

一、英国旧的殖民体制的特征及其瓦解的原因

从1607年英国在北美第一个永久殖民地的建立到18世纪中叶长达150多年的时间中,英国的殖民地不断扩大,建立了一个庞大的殖民帝国。在长期的殖民过程中,英国形成了一套殖民地管理体制。美国独立,宣布了旧帝国的崩溃,同时又开始了一个全新的帝国。本文将着重论述英国旧帝国的殖民统治体制的特征及其瓦解的内在原因。

(一) 英国旧的殖民体制的形成及其特征

17世纪到18世纪中叶是重商主义盛行时期,重商主义成了英国的国策。重商主义特别重视同殖民地的贸易,他们要求独占殖民地作为其销售市场及主要原料供给地,并且认为一旦母国控制了殖民地同母国的贸易联系,一个新的产品销售市场就产生了。整个第一英帝国就是在重商主义理论指导下产生、发展、壮大的,重商主义成了旧帝国最主要的特征。

重商主义追求的是贸易与财富,因而这一时期英国对殖民地统治的特点就表现为政治上控制松弛,经济上严格限制。

英国在政治上对殖民地控制松弛是由特定的历史环境决定的。第一英帝国与其他殖民国家不同,它的殖民地不是由政府组织拓殖的,而是由私人冒险公司或个人创建的。英国建立殖民地的最初动机是出于商业方面的考虑而非领土扩张。[①]所以,英国政府对于私人及冒险公司在海外的殖民活动并不直接干预。英国的殖民地从一开始就较少受到政府的干预,而较充分地发扬了英国地方自治的传统。直到1763年以前,英国政府由于在忙于

---

① A. Berriedale Keith, *Constitutional History of the First British Empire*, Oxford: Clarendon Press, 1930, p. 8.

殖民争霸战争，对殖民地的自治倾向一直是睁一只眼，闭一只眼。英国官员对殖民地事务的管理权实际上也相当薄弱。

英国对殖民地统治机构由国王任命的各殖民地总督、参事会和经选举产生的议会组成。从理论上讲，总督的权力范围很广，覆盖了殖民地政府各个部门，但在具体的操作中，总督由于受到参事会、议会、及英国国内三个方面的牵制，总督权力很难发挥，总督实际上成了有名无实的职位。对于英国国王的旨意，总督很难去认真执行，特别是由于殖民地议会控制着殖民地财政收支大权，连总督自己的年薪也要由殖民地议会表决决定，因而在总督与议会的斗争中，总督往往屈服。

值得注意的是，英国对如何管理殖民地并没有一个明确的思想，①英国对殖民地的管理十分混乱，没有一个专门的机构来全权负责殖民地事务。帝国对殖民地的控制是由许多不同的部门来行使的。在这样一套管理体制中，英王是殖民地最高统治者，也是所有未授人土地的主人；枢密院负责殖民地最高法律事务，发布命令；南方部大臣负责委派各殖民地总督；陆军部和海军部负责殖民地的防卫；议会负责制订有关法律。虽然1696年5月成立了贸易局，但它只是枢密院的咨询机构，不是一个行政主体，该委员会主席直到1768年才成为内阁成员。②因此，殖民地事务就成了谁都不管，谁都能管的事务。每一个部门都按照自己的利益来直接处理殖民地事务。③ 在这样多重管理体制下，各部门之间互不通气。如商务部只是一个咨询机构，其主要工作是接收各殖民地总督的所有来信和殖民地议会事务，并将有关法律送到相应的部门。涉及财政部和海军部的事务，商务部不能命令采取行动，而只能请求采取行动。④ 而海军部虽说负责殖民地防

---

① Martin Kitchen, *The British Empire and Commonwealth*: *A Short History*, London: Macmillan Press Ltd, 1996, p. 3.

② Ibid., p. 2.

③ D. K. Fieldhouse, *The Colonial Empire*: *A Comparative Survey from the Eighteenth Century*, London: Weidenfeld & Nicolson, 1996, p. 64.

④ [美] R. C. 西蒙斯：《美国早期史》，朱绛、常绍民等译，213页，北京，商务印书馆，1986。

务，却很少与商务部相互磋商。① 在英国，没有任何部门在殖民地事务上努力与其他部门采取共同行动。英国议会也从未为殖民地制订一部宪法，事实上也很少干涉殖民地事务。②

总之，英国统治殖民地的机构虽然很庞大，却是重叠和松懈的，各个不同的机构对于殖民地政策不能协调一致，因此命令出自多方，彼此常有抵触情形，使殖民地不服从命令有所借口。殖民地议会利用宗主国与殖民地之间路途遥远交通困难的有利条件，往往通过议案后，一面送呈英国政府有关部门批准，一面迅速执行，即使议案被英国政府否决后，他们将原来的法案稍加修改，仍可再送英王批准。所以，权力分散而造成的混乱、低效是造成英国对殖民地统治削弱的原因。

旧的殖民体制的特征体现在经济方面是英国对殖民地经济的严格限制，殖民地的一切经济活动，都必须服从于宗主国的利益。在这种政策指导之下，英国制定了一系列政策与法规，以保护英国对殖民地的掠夺和控制。1651年，英国颁布"航海条例"，确定了英国对其殖民地和本土全部贸易的实际垄断地位。这种政策的目的有两个：首先，殖民地应从母国输入工业品，而且只能从英国输入；其次，拓殖者应绝对将原材料输往英国。只有极少数商品可以自由贸易，这些货物还必须用他们自己的船或英国的船运送。③

英国政府希望把殖民地召集起来，形成一个庞大的商业帝国，帝国的每一个部分可以从事它所能干得最好的事情，为其共同利益作出贡献。④ 旧体制的基础正是帝国的每一部分都有某种功能，母国生产工业品，而美洲殖民地提供烟草、烟花、鱼、海军仓库，西印度种植蔗糖，印度做香料。⑤

---

① D. K. Fieldhouse, *The Colonial Empire: A Comparative Survey from the Eighteenth Century*, London: Weidenfeld, 1965, p. 65.

② Martin Kitchen, *The British Empire and Commonwealth: A Short History*, London: Macmillan Press Ltd, 1996, p. 3.

③ Ernest Barker, *The Ideas and Ideals of The British Empire*, Cambridge (Eng): The University Press, 1941, p. 41.

④ Martin Kitchen, *The British Empire and Commonwealth: A Short History*, London: Macmillan Press Ltd, 1996, p. 3.

⑤ W. A. Baker, *A General History of England, 1688-1852*, London: A & C. Black, 1963, p. 146.

对商业的控制是英帝国组织机构中最有效、最集权的领域。

英国不但控制殖民地的商业贸易,而且还采取了这样一条原则:殖民地不应在工业上与宗主国竞争。因而,英国禁止、限制殖民地某些产品的生产。1719年,英国下院的决议中指出:"在殖民地建立工厂会削弱其对母国的依赖。"①殖民地只可以生产英国不能生产的产品,并且专营此种产品。作为回报,英国保证其产品销售市场。②这样,英国不赞同在西印度群岛发展制糖业,不允许在新英格兰发展钢铁业。英国要求所有殖民地都得为英国利益服务,却不尊重殖民地自身的利益。

在这样一个经济体系之中,殖民地永远处于依附地位,受英国议会与政府的统治。殖民地的首创性受到严格限制。例如,美洲殖民地希望从英国得到大量工业品时,也试图开始发展其制帽业、冶铁业等。于是,英国于1732年通过《帽子法案》,禁止将帽子从一个殖民地输往另一个殖民地。1750年通过《钢铁法案》,鼓励为英国市场生产生铁,但禁止建设可能与英国工业竞争的钢厂及炼钢高炉。③

英国对于殖民地经济上的限制,其目的在于限制、扼杀北美殖民地工商业的发展,使之成为英国商品的销售市场和原料产地,保证英国掠取丰厚的利润。英国商人通过低价收进、高价卖出和倾销商品等手段,进一步加大了英国对北美殖民地的巨大贸易顺差,使北美殖民地负债累累。1760年,北美殖民地拖欠英国商人的债务已高达400万英镑之多。④

总之,第一英帝国是在重商主义理论指导下建立起来的,其殖民政策必然体现着浓厚的重商主义的色彩。由于英国政府开拓殖民地的动机是为了商业与财富,所以英国在政治上对殖民地的控制比较松弛,殖民地在成立之日起便具有较强的自治倾向。殖民地人民所享受到的自由甚至比在英

---

① James A. Williamson, *A Short History of British Expansion*, London: Macmillan, 1927, p. 345.

② Martin Kitchen, *The British Empire and Commonwealth: A Short History*, London: Macmillan Press Ltd, 1996, p. 3.

③ Ibid., p. 3.

④ John C. Miller, *Origins of the American Revolution*, Stanford: Stanford University Press, 1959, p. 15.

国国内所享受得还要多。而为了商业及财富，英国严格控制着殖民地的商业及贸易，对殖民地进行掠夺。政治上控制松弛与经济上严格限制构成了旧帝国统治体制的特征。

（二）旧的殖民体制长期稳定的原因

从第一英帝国的建立到1763年"七年战争"结束这一个半世纪多的时间里，英国与殖民地的关系比较融洽，旧的殖民体制其变化不大，其原因在于以下几点。

第一，美洲殖民地是由英国私人冒险公司开拓的，他们把英国古老的自由传统移植到了殖民地，以英国的政治与法律理念为指导建立了殖民地，殖民地议会拥有很大权力，殖民地具有较强的自治倾向。英国议会对此没有干预。

对于殖民地的自治倾向，英国政府并没有反对，因为殖民地的行为并没有偏离英国的法律，殖民地人被英国人看成是自己的兄弟。英王在1629年给马萨诸塞殖民地的特许状中授权该殖民地议会制定"一切健全和合理的命令、法律、法规、法令、指令、指示"，但条件是"不能违背英格兰国家的法律"。[①]殖民地的各方面人士都呼吁要遵守这一规定。而且殖民地的立法者由于知识范围的限制，除了一些次要的例外，实际上都是照搬英国的法律。他们处于殖民地地位，所以总是小心翼翼，避免按自己的想法创建新的制度。[②]

直到1763年止，英国政府对于殖民地的管理主要是在殖民地贸易政策方面，英国在政治方面对于殖民地的控制力较弱。并且在这150多年的时间里，英国一直在忙于与荷兰、法国等国家进行殖民争霸战争，在这些战争中，英国一方面需要殖民地的支持，另一方面也无暇顾及殖民地的自治倾向，对殖民地的自治行为也就半睁半闭。战争期间殖民地为英军提供"军需"物资，又促进了殖民地经济的发展。政治上的宽松与经济上的灵

---

① [美]丹尼尔·布尔斯廷：《美国人——开拓历程》，22页，北京，生活·读书·新知三联书店，1993。
② 同上书，23页。

活,消弭了殖民地人民对于英国的不满,维持了殖民地平和的局面,也正因为如此,英国旧的殖民统治体制才得以维持了150多年。

第二,作为第一英帝国的主体部分,美洲殖民地自建立之日起,一直需要英军的保护。

美洲殖民地开拓不久,殖民者便开始和印第安人发生冲突,他们在屠杀印第安人的同时,也经常遭到印第安人的袭击。英属美洲殖民地的一些地区断断续续还受到来自其他欧洲强国——法国、荷兰、西班牙的入侵威胁。弗吉尼亚殖民地早期定居者经常处在恐怖之中,他们担心西班牙人在佛罗里达的卡罗琳堡屠杀胡格诺新教徒的事件在他们那里重演。他们焦虑不安地注视着每一艘驶近的船只,害怕他们会带来入侵者。1643年一艘载有钟楼的140吨法国船只驶进波士顿时,曾引起波士顿人的惊恐。①

由于印第安人的袭击以及来自欧洲军队的入侵的威胁,使得美洲殖民地感到他们需要强大的英国的保护。直到美国独立战争爆发之前,英国为保卫殖民地也耗费了大量的人力、物力。在这些威胁解除之前,尽管英国在经济上对殖民地进行种种限制,但是为了他们自身的生存与安全,殖民地是不会与英国决裂的。

第三,英国对于殖民地的一系列立法,对殖民地并非是有害无益的。

在1763年之前,英国对殖民地所颁布的法案通常都被殖民地接受。因为对它们来说,置身于英帝国有序的商业系统中,在许多方面都是有利的。② 正是在英国《航海法》的保护之下,殖民地的造船业才极大发展。英国也大力鼓励许多种产品的生产。如烟草、帽、生丝、圆木、大麻、焦油、松脂等。英国对木材的需求对殖民地也极为有利。

所以,英国对于殖民地的经济管理政策对殖民地来说既有不平等的一面,又有有利的一面。殖民地烟草种植园主被排斥在利润丰厚的欧洲市场

---

① [美]丹尼尔·布尔斯廷:《美国人——开拓历程》,399页,北京,生活·读书·新知三联书店,1993。

② Ian R. Christie, *Crisis of Empire: Great Britain and the American Colonial 1754-1783*, London: Norton, 1966, p.13.

之外，但蔗糖种植园主却从特惠关税中大受裨益。①英国及殖民地的消费者都深受价格上涨之苦，而殖民地的商人却也和英国商人一样因为贸易专营而大发横财。②据统计，在18世纪70年代，英国从贸易垄断及对美洲转口贸易所征收的小额税款中所得为50万英镑到70万英镑之间，③而英国却不得不为殖民地管理及殖民地防卫付出大量金钱。

殖民地对此有同样的认识，他们对《航海法》本身很少抱怨，直到1774年，第一届大陆会议发表"美洲权利宣言"里还认为"这些法案对管理殖民地对外商业是个善意的限制，其目的是母国及整个帝国获取共同的优势，对帝国每一个成员都有益处。④

显然，英帝国内部广阔、繁荣的市场对殖民地是大有裨益的。英国旧的殖民体系在理论上是严格的，实践上是松弛的。整个体制都是为了支持英国商业及特权。⑤英国既未限制殖民地与英国贸易，也未将殖民地商船征入日常舰队。"七年战争"期间，英国对殖民地的控制更是松弛，殖民地的经济也得以进一步繁荣。自1766年，英国的政策进一步放松，甚至允许外国船只进入加勒比海殖民地一些特定的"自由港"进行贸易。而且，殖民地的走私贸易十分猖獗。尽管英国议会也颁布一系列严峻的法令，禁止殖民地走私贸易，但在1763年英国结束对法战争之前，这些法令并未认真执行。殖民地的商人积极从事走私贸易，以弥补贸易逆差。美国革命前夕，殖民地商人90%都是走私贸易者。

这样，在多种因素作用下，1763年之前英国旧的帝国统治体制尚能平稳运行，殖民地人民反英情绪不大，殖民地局势也相对平静。1763年之

---

① Martin Kitchen, *The British Empire and Commonwealth: A Short History*, London: Macmillan Press Ltd, 1996, p. 3.

② D. K. Fieldhouse, *The Colonial Empire: A Comparative Survey from the Eighteeth Century*, London: Weidenfeld & Nicolson, 1996, p. 68.

③ Ibid., p. 68.

④ Hugh Edward Egerton, *A Short History of British Colonial Policy*, London: Methuen & Co. 1924, pp. 218-219.

⑤ W. A. Baker, *A General History of England, 1688-1852*, London: A & C. Black, 1963, p. 146.

后，英国想加强对殖民地的控制，而此时殖民地则拼命要保护已有的自由，双方冲突不断加剧，从而最终导致了美国独立，第一英帝国解体。

（三）旧殖民体制的瓦解及其根源

1763年之前，在旧的殖民体制之下尽管已经潜伏着许多争吵的种子，但却没有爆发。英国由于一直在忙于进行一系列争霸战争，它对殖民地的管理并非十分有效。许多限制殖民地贸易的法律条文都只是死条文，殖民地的走私贸易使殖民地工业繁荣起来。当时殖民地所消费的90%的酒、水果、茶叶、蔗糖、蜂蜜都是靠走私而获得的。① 随着"七年战争"的结束，英国不但击败了法国这个长期的竞争对手，而且获得了加拿大等大片领土。英属北美殖民地一下子扩大了一倍多。② 英国成了世界上头号殖民强国。然而战争结束不久，蕴藏于旧的殖民体制之中的危机便已爆发。英国与美洲殖民地发生了激烈的冲突。英国与殖民地的冲突主要表现在两个方面。

第一，西部土地问题。1763年，英王公布"王室诏谕"，将位于阿巴拉契亚山与东、西佛罗里达，密西西比河和魁北克之间的广阔西部土地全部保留给印第安人。英国政府认为向西扩张会埋下与印第安人战争的种子，而这些战争却要英国纳税人出大部分钱。③ 因而英国政府禁止向西扩张，以安抚印第安人，但却引起殖民地人极大不满，使英国与殖民地之间出现了裂痕。1774年，英国颁布《魁北克法案》，将阿巴拉契亚山以西俄亥俄河以北的广大领地划归魁北克。这项规定对十三州殖民地来说是个沉重的打击，他们一向认为西部土地是属于他们的，"七年战争"期间，他们曾为之进行战斗，现在却落到了被击败的敌人手中，即从前的敌人法属天主教的加拿大人手中。所以，《魁北克法案》被北美殖民地人民视为英国最后的"不可容忍法案之一"。

---

① Lord Elton, *Imperial Commonwealth*, New York: Collins, 1546, pp.184-185.
② [美]塞缪尔、埃利奥特、莫里森等：《美利坚共和国的成长》（上）（中文版），159页，天津，天津人民出版社，1980。
③ T. O. Lloyd, *British Empire*, 1758-1983, Oxford: Oxford University Press, 1984, p.87.

第二，尝试对殖民地征税。"七年战争"之后上台的格伦维尔政府所关心的首要事情是英国国内的税收及经济。① 格伦维尔认为：从殖民地取得某些收入是必要而又正当的。②为此，他决定将英国的部分税收制度延伸到北美及西印度殖民地。③ 1764 年，格伦维尔向下院提出了一系列关于北美殖民地的法案，《印花税法》便是其中最著名的法案。

印花税是英国政府对北美殖民地第一次征收的直接税。它涉及面广，直接触犯了北美殖民地各阶层利益，他们担心此例一开，他们的一切财产将受到英国的搜刮。在殖民地，人们普遍认为：印花税是将美洲降为奴役地位上的第一步。④如果英国议会这种企图成功，它还会颁布其他法案，征收别的税。⑤所以，印花税的颁布遭到北美殖民地强烈反对。北美人民的激烈反对，使印花税法无法实行，英国政府被迫废除了《印花税法》。帝国危机暂时得以缓解，但其根源却并未消除。而且由于"七年战争"之后帝国出现的新情况，旧的帝国统治体制越来越难以维持，旧的帝国体制已经解决不了帝国的危机，导致这种局面的因素是多方面的。

首先，旧的殖民理论体系无法解决英国与殖民地新的矛盾。

长期以来，英国在重商主义理论指导下，制定了一系列关于殖民地的政策与法令，以保护其对殖民地的掠夺和控制，限制殖民地工业的发展。这些法令只有极少数在客观上曾一度有利于美洲殖民地运输业和造船业的发展，但大多数旨在限制甚至扼杀美洲殖民地工商业的发展，使之成为英国商品销售市场和原料供应地，保证英国获取丰厚的利润。对于英国经济上的压榨，殖民地早有怨言。在 17 世纪，殖民地人民便抱怨荷兰商人卖给

---

① John. C. Miller, *Origins of the American Revolution*, Stanford: Stanford University Press, 1959, p. 83.

② [美] 塞缪尔、埃利奥特、莫里森等：《美利坚共和国的成长》（上）（中文版），186 页，天津，天津人民出版社，1980。

③ T. O. Lloyd, *The British Empire, 1558-1983*, Oxford: Oxford University Press, 1984, p. 87.

④ John. C. Miller, *Origins of American Revolution*, Stanford: Stanford University Press, 1959, p. 121.

⑤ Bernard Bailyn, *The Ideological Origins of the American Revolution*, Cambridge: Harvard University Press, 1976, p. 101.

他们的商品的价格仅及英国商人卖价的 1/3。①但"七年战争"结束之前，英国和北美殖民地之间相互都需要对方的支持，尽管殖民地受到英国经济上的压榨，双方存在激烈的矛盾，但并未激化。

"七年战争"结束后，美洲十三个殖民地的经济已有很大发展，其木材业、酿酒业、制铁业和纺织业已经可以和英国一比高低。十三个殖民地到独立战争爆发时，其人口已达到 250 万人。②美洲殖民地已成了英国对外贸易中仅次于欧洲的重要的贸易对象。在美国独立战争爆发之前，英帝国 1/3 的船运从事美洲殖民地贸易，③纽约、波士顿、费城逐渐发展为殖民地的工业中心。美洲殖民地的成长壮大使美洲殖民地人民对于英国在经济上对殖民地的限制越来越不满，他们同英国在政治、经济上产生了越来越多的矛盾。同时，"七年战争"之后，英国夺取了法属加拿大，法国的威胁被解除，北美殖民地人民对于英军保护的依赖程度大大减弱，因而对于英国在"七年战争"之后加强对殖民地控制的政策越来越不满。这样，随着殖民地经济的发展，它们强烈要求英国放松对殖民地经济上的限制，而重商主义者为了获取更多的利润，则需要加强对殖民地的控制，双方的矛盾已无法消除。重商主义殖民理论已无法解决帝国出现的巨大矛盾。

其次，殖民地巨额的防卫费用，也是重商主义殖民理论难以解决的问题。

殖民地防卫费用问题在"七年战争"之后，成了困扰英国统治者的一个问题。按照重商主义殖民理论的观点，殖民地应支付其防卫费用，通过商业调控，殖民地应对母国有所贡献，占有殖民地应该获益而不应该担负债务。在他们看来，美洲殖民地在和平时期应该分担防卫印第安人的费用，战时应帮助母国，母国不应完全负担帝国防卫费用。④

---

① John C. Miller, *Origins of the American Revolution*, Stanford: Stanford University Press, 1959, p. 10.

② M. Smelser, *American Colonial and Revolutionary History*, New York: Barnes & Noble Books, 1969, p. 143.

③ John. C. Miller, *Origins of the American Revolution*, Stanford: Stanford University Press, 1959, p. 8.

④ J. Holland Rose, A. D. Newton, E. A. Benians, "The Cambridge History of British Empire," Vol. 1, *New York: Macmillan Company*, 1929, *pp*. 589-590.

"七年战争"的胜利固然使英国建立了一个空前庞大的殖民帝国,但也使英国债台高筑。英国的国债比战争前多了两倍,达1.5亿英镑,几乎和当时英国国民收入相等,仅利息每年就高达470万英镑。①而且,为了控制这些新占领的土地,英国还需派大批军队驻扎在北美。到1764年,单在北美维持各种行政管理及防卫方面每年的开支就由原来2万英镑增加到了35万英镑。②在这种情况下,英国最紧迫的事情是如何减轻在殖民地的负担。在英国的政治家们看来,要求英国纳税人偿还这些巨额的债务,支付英国在美洲殖民地政府日益增加的费用是不公平的。③美洲殖民地对于整个帝国,尤其是皇家海军无分文贡献。英国政府要求殖民地应为帝国防卫做出更多的贡献。为此,格伦维尔政府通过了几项法律,希望以此来加强对殖民地的统治。

这些法律一方面是为了增加收入,减轻英国在殖民地的负担;另一方面英国"希望议会具有向英国领地的任何地区征收任何税的权力和主权不致受到怀疑。"④而且这项税款全部收入将在英国议会指导下用于殖民地,并仅限于供殖民地之防卫、保护及安全之用。⑤但这些法令遭到美洲殖民地人民的强烈反对。殖民地反对英国的浪潮逐渐高涨。

英国颁布这些新的法令以及严格执行以前的法令与殖民地人民既有的传统发生了激烈的冲突:英国想要认真执行重商主义的一系列法令,限制殖民地工业的发展,减轻英国在殖民地的负担;而美洲殖民地人民则想保住已有的自由,摆脱英国对他们的经济束缚。在这种情况下,英国要么听任殖民地自由发展,坐视殖民地进行走私,继续承担巨额的殖民地防卫费

---

① T. O. Lloyd, *The British Empire*, 1558-1983, Oxford: Oxford University Press, 1984, p. 86.

② J. Holland Rose, A. D. Newton, E. A. Benians: *The Cambridge History of British Empire*, Vol. 1, New York: Macmillan Company, 1929, p. 645.

③ M. Smelser, *American Colonial and Revolutionary History*, New York: Barnes & Noble Books, 1963, p. 117.

④ [美] R. C. 西蒙斯:《美国早期史——从殖民建立到独立》(中文版),385页,北京,商务印书馆,1986。

⑤ [美] 塞缪尔、埃利奥特、莫里森等:《美利坚共和国的成长》(上)(中文版),188页,天津,天津人民出版社,1980。

用。这显然不符合英国的利益，也与重商主义殖民理论完全相悖，因为重商主义理论要求从殖民地取得贸易的好处。要么加强对殖民地的控制，对殖民地进行征税，减轻英国在殖民地的负担，然而这又遭到美洲殖民地的强烈反对。旧的理论显然无法解决帝国出现的危机，旧帝国的解体已无可挽回。

最后，美利坚民族的形成也使旧的殖民体制无法继续维持。

18世纪中叶，美利坚民族开始逐渐形成，他们有共同的语言——英语，居住在同一片土地上，北美13州殖民地已形成了一个统一的市场，他们具有共同的民族性格。在反对英国的斗争中，北美殖民地走向了联合，美利坚民族意识的形成，使殖民地人民对英国的认同感大大削弱。

美洲殖民地的居民大都是英国移民或英国人后裔。因而他们把英国人的自由传统完全继承过来。同时，由于美洲殖民地从一开始就具有较强的自治倾向，他们对于英国的高压政策反抗尤为强烈。"七年战争"之前，英国也对殖民地颁布了许多法令，但这些法令被殖民地看成调控帝国贸易的必要的措施。"七年战争"之后，英帝国的形势发生变化，殖民地人民对英国议会所颁布的法令开始反对。这一方面是因为这些法令将加重殖民地人民的负担，同时也将打破先例，开创英国议会向殖民地内部征税的先例，英国政府严厉打击殖民地走私的政策也使殖民地经济遭受巨大的损害。另一方面，由于美利坚民族的形成，他们否认英国议会对他们的征税权。美洲殖民地的居民一致认为，征税权与立法权两者之间大有区别。①"无代表权，不课税"的口号迅速在殖民地传开。

由于美利坚民族的形成，他们无法再接受英国议会所颁布的法令，重商主义殖民政策已经成为殖民地发展的巨大障碍。在这种形势下，英国却不明智地颁布了一系列的法令，试图加强对殖民地的统治，并且采取了高压政策，结果遭到了殖民地人民强烈的反抗，导致第一英帝国的瓦解。

---

① [美] J. 布卢姆，S. 摩根等：《美国的历程》（上），146页，北京，商务印书馆，1995。

二、美国革命后英帝国观念的变化

18世纪下半叶是英国社会剧烈动荡的时期。工业革命的迅猛发展、激进主义的兴起、福音教派运动的加强，都不可避免地对英国人的帝国观念留下深深的烙印，改变了人们对帝国的看法。1783年，美国独立宣告了第一英帝国的瓦解，解体后的英帝国，帝国版图大大缩小。美国革命以后，英国政府对其帝国政策进行了调整，英国国内民众的帝国观念也发生了很大变化，这对英国新的帝国的形成起了很大的作用。

（一）英帝国观念的变化

美国的独立，对英帝国来说是个沉重打击。许多人认为，失去美洲殖民地将会使英帝国终结，就像西班牙帝国与荷兰帝国一样，英国应该退居二流国家之列。[①]1783年，奥地利皇帝约瑟夫二世（Joseph Ⅱ）就曾宣布"英国已降为二流强国。"[②]甚至连乔治三世国王本人也认为英国决不会从这一次失败中恢复元气，他自己甚至想到了退位。[③]那些在本国及其殖民地仍然实行重商主义的其他欧洲国家对此甚感庆幸，他们认为，一旦他们可以在以前禁止的美洲殖民地做买卖，就会减少英国的出口，最终会导致英国破产。[④]然而，失去了美洲殖民地的英帝国没有就此垮掉，相反英帝国却变得更加强大，经过上百年发展，英国成了"日不落帝国"。其根本原因是英国工业革命的发展及英国人帝国观念的变化。

美国革命后，英国对于帝国的态度发生了变化。美国独立之前，英帝国的指导思想是重商主义殖民理论。在这种政策的指导下，英国通过拓殖

---

① Lord Elton, *Imperial Commonwealth*, New York: Reynal & Hitchcock, 1946, p. 238.

② Stanley Ayling, *George the Third*, Glassgow: Collins, 1977, p. 320.

③ P. J. Marshall, *The Cambridge Illustrated History of the British Empire*, Cambridge: Cambridge University Press, 1996, p. 16.

④ John Clarke, *British Diplomacy and Foreign Policy，1782-1865：The National Interest*, London: Boston Unwin Hyman, 1989, p. 5.

土地，独占殖民地的贸易，来增加母国的财富。这种情况在美国革命后有了很大变化。随着工业革命的发展，英国强调的是占据贸易商埠及战略基地而非像17世纪那样拓殖土地。①他们尽量避免拓殖那些可能会对母国造成竞争的殖民地。美国独立后，英国所占领的殖民地大都对英国的贸易及战略起着极其重要的作用。印度是英国重要的原料产地和巨大的产品销售市场，也是通向中国贸易的桥头堡；直布罗陀具有重要战略地位；西印度群岛殖民地盛产蔗糖，且位置重要；英国保留加拿大主要是把它作为英国对美洲中西部贸易的通道。② 对于英国来说，对外贸易要比统治殖民地更为重要，对于拓殖新的殖民地，英国已无多大的兴趣，这与第一英帝国时期英国的国策有很大不同。1782年谢尔本伯爵所宣称的"我们贸易优先于统治"的口号，便是第二英帝国所赖以建立的总的原则最好的阐述。③ 这是帝国解体后英国政府对于帝国政策及帝国观念的最大的变化。虽然帝国解体之际旧的重商主义殖民理论还没有彻底退出历史舞台，但是自由主义已经登上了历史舞台，并且逐渐占据了主导地位。英国政府的殖民政策也不可避免地受到这种趋势的影响。废除对殖民地的贸易垄断，实行自由贸易成了英国政府所要努力实现的目标。

曾几何时，英国朝野还有人对帝国的解体悲观异常。1775年10月，谢尔本在一封信中曾悲哀地说："政府同意美洲独立之日，便是大不列颠之太阳陨落之时，我们将不再是个大国和受尊敬的民族。"④ 但美国独立之后，这种悲观的思想迅速改变。英国虽然在美洲遭到了失败，英国在印度的势力却不断扩大。英国对于加拿大和新斯科舍的拓殖范围进一步扩大，地位进一步巩固。美洲殖民地的丢失并没有损害英国的海外贸易，英国仍是那些非欧洲产品如茶叶、蔗糖、丝绸、棉花等主要产品的经销商。美国

---

① W. D. Hussey, *The British Empire and Commmon-Wealth*, 1500-1960, Cambridge: Cambridge University Press, 1963, p. 38.

② Vincent T. Harlow, *The Founding of the Second British Empire*, 1763-1793, Vol. I, London: Longman, 1952, p. 4.

③ Ibid., p. 5.

④ Lord Fitzmaurice, *Life of William, Earl of Shelburne*, Vol. II, London: Macmillan, 1912, p. 14.

独立后的几年内,英国对美国出口完全超过了殖民地时期的最高水平。①所以,在英国国内,人们对于美洲殖民地的脱离并不悲观,英国的政治家及普通民众把旧帝国的解体看成是稳步发展充满希望的事情。人们普遍反对对殖民地的高压政策。在美国独立之后,亚当·斯密便提出了解放殖民地的思想,认为"在现今的经营管理下,英国从统治殖民地,毫无所得,只有损失"。②他主张对殖民地实行自由贸易。思想家艾德蒙·伯克就认为:"英国应当用殖民地对她的感情纽带来保持殖民地。如果他们想独立,英国应允许他们独立。"③

美国独立在英国引起巨大反响,广大民众对于大洋彼岸亲戚的反叛行为感到失望、遗憾,但他们对于美国独立并不感到懊悔。由于多年来英国在北美负担沉重,加上亚当·斯密自由贸易思想的影响,许多英国人认为美国独立使英国扔掉了一个包袱,对英国是件好事。尽管在1783年英国希望恢复她在欧洲失去的影响,保持其海上的贸易大国地位,大多数英国人可能既不理解,也不希望再次变成一个殖民大国。甚至几年过后,谢尔本仍说:"在经历了北美殖民地事件之后考虑殖民地有些疯狂。"④ 许多英国人认为,帝国的整个政策是错误的,帝国对加强英国国力贡献甚少,几代政治家的辛苦工作毫无结果,只是一个金色的梦。英国在美洲的失败表明,英国政治家们无法胜任将其最尊贵的殖民地团结在一起的使命,在付出了诸多的努力,花费了巨额钱财,仍遭到了可耻的失败之后,很少有人希望再次努力。⑤

第一英帝国时期,在重商主义殖民理论的指导下,英国一方面用详尽的《航海条例》限制殖民地的贸易,另一方面为保卫殖民地,英国每年都要在殖民地耗费大量的钱财,殖民地一直是英国的一个沉重负担。美国独

---

① P. J. Marshall, *The Cambridge Illustrated History of the British Empire*, Cambridge: Cambridge University Press, 2001, p. 16.

② [英]亚当·斯密:《国民财富的性质和原因的研究》(下)(中译本),186 页,北京,商务印书馆,1964。

③ T. O. Lloyd, *The British Empire, 1558-1983*, Oxford: Clarendon, 1984, p. 97.

④ J. H. Rose, A. P. Newton (ed), *The Cambridge History of The British Empire*, Vol. Ⅱ, Cambridge: Cambridge University Press, 1940, p. 1.

⑤ Ibid., p. 2.

立,英国国内民众对帝国的态度有很大变化,他们认为美国独立使英国丢掉了一个相当大的财政负担,"免除统治保护殖民地的费用是美国独立的一个有益的后果之一"。①一位叫乔治·查默斯(George Chalmers)的学者认为:"当这个国家每年节省了较多的军事和内政建设的费用之时,很难说他们也丧失了商业利润"。这些可估计到的益处是免除那些为鼓励美国的拓殖而给予的许多慷慨的补助。他还指出:大不列颠由于解放殖民地已获得了霸权。他说,"我曾一直认为,现在也认为,从1763年到叛乱的前奏,这些殖民地对英国霸权是种平衡力量,而不是英国力量的支柱……如果这是真的,那么我们的资源、我们的力量就在于联合王国的人民,通过几项放弃殖民地的条例,我们损失了什么?我们损失了人口吗?没有;我们损失了财物吗?没有;和平时期他们将是代价昂贵的建设吗?是的;在战争期间他们仍将是虚弱的源泉吗?是的。"②

美国独立对英国工商业的一个益处是对美贸易桎梏的取消。英国的造船业也失去一个强劲的竞争对手。因而有人对英国失去美洲贸易垄断权,美国船只从帝国贸易中清除出去而大为赞赏。他们认为:英国从美国独立所获得的"一个很重要的好处是恢复了有价值的造船贸易"。而在过去,"英国各个港口的大部分船只都是在美洲制造"。查默斯也得出结论:丢失殖民地给英国带来了"真正的好处"。他说:"我们所幸的是,法国人真的瞎了眼,他们极其慷慨地援助英国殖民地独立,就像没有看清他们干涉的价值何许,没有看清他们的援助给英国带来的真正好处。"③

美国独立,标志着第一英帝国的瓦解,在帝国瓦解的过程中,英国损失了大量的人力、物力。那种认为殖民地对母国有益的重商主义理论在理论上被击破,④新的自由贸易理论已经产生。这些都必将影响人们对殖民地附属国价值的认识,使人们对英国殖民统治进行反思。英国人对于殖民地

---

① Klaus E. Knorr, *British Colonial Theories, 1570-1850*, London: Frank Cass & Ltd, 1963, p. 200.

② Ibid., p. 208.

③ Ibid., p. 208.

④ Ibid., p. 210.

事务的认识也充满了"混乱"和"冷淡"。① 但是那些认为殖民地对英国毫无益处,主张英国放弃所有殖民地的主张却并未被政府采纳。伴随着这些混乱思想的是那些顽固地坚持占有、掠夺残余殖民地的思想。美国独立前未导致对残余帝国冷淡的思想在英国的传播,即使那些害怕所有的殖民地最终会希冀并取得独立的思想也未成为普遍的思想。可以说第一帝国的倒塌是与第二帝国的建立相伴而来的。美国独立后,英国开始对其帝国政策进行调整,从而使新帝国更具有灵活性,更具有生命力。

(二) 影响英帝国观念变化的因素

美国革命后,英国的帝国政策已经逐渐由重商主义殖民政策向自由主义殖民政策转变,英帝国观念发生了很大变化。促使英帝国观念变化的原因有四个方面。

1. 英国工业革命的发展

从18世纪中叶开始,英国工业革命开始迅速发展,社会生产力因而有了惊人的发展。英国工业革命的蓬勃发展,使英国深深卷入了世界经济发展潮流,作为"世界工厂",英国的原材料和生活资料供应以及产品的销售等方面越来越依赖于海外市场,对外贸易对英国工业起着至关重要的作用,成了英国工业增长的发动机。1740年,英国工业产值为2 420万英镑,其中出口额仅为630万英镑,1770年英国工业产值增为3 690万英镑,出口额为1 120万英镑,1800年英国工业产值增至6 820万英镑,出口额为2 350万英镑。② "七年战争"结束后,英国在世界贸易的海洋线路上都取得了霸主地位。相应的,英帝国政策的目标也由开拓殖民地,垄断殖民地的贸易,转移到扩大在全世界的贸易,控制战略基地,以此来保卫帝国贸易,英帝国的利益已从美洲转向东方。③ 新兴的工业资本家也迫切要求

---

① Hugh Edward Egerton, *A Short History of British Colonial Policy*, London: Methuen & Co., 1897, p. 258.

② Roderick Floud, Dorlald Maccloskey, *The Economic History of Britain Since 1700*, Vol. 1, *1700-1860*, Cambridge: Cambridge University Press, 1981, p. 40.

③ W. D. Hussey, *The British Empire and Commonwealth*, *1500-1960*, Cambridge: Cambridge University Press, 1963, p. 138.

废除对殖民地的贸易垄断，以便使英国可以到其他国家的殖民地进行贸易。在这种形势下，旧的重商主义殖民理论的根基已经发生动摇，废除对殖民地的贸易垄断，根除旧的重商主义殖民体系的弊端，实行自由贸易成了英国政府所要努力实现的目标。这对于英帝国观念的改变有很大影响。

2. 福音教派和人道主义运动的影响

18世纪下半叶，英国在经济上飞速发展之时，在宗教文化领域，兴起了福音教派及人道主义运动。这个运动受到中产阶级的大力支持，对于上层社会的人物也产生了很大的影响，当时许多政治领袖是该教派虔诚的信徒。福音教派特别强调个人拯救，强调个人的灵魂对上帝负责。他们坚信所有的人在上帝眼里都是平等的，所有的人必须对那些不幸的兄弟同情、理解，而不论他们的种族、肤色，因为这些人是人类大家族的成员。①

福音教派的复兴，极大地刺激了人道主义活动的发展。"人道主义"的理论基础是基督教那种"所有人在上帝面前是平等的"这种信念。开始于此时的人道主义运动，极大地影响了人们对殖民地的态度。首先，由于人道主义运动的发展，英国掀起了废除奴隶贸易运动。对奴隶贸易的攻击标志着对土著民族新的责任感出现，是对旧帝国那种只关心利润，为获取利润而不择手段的做法的否定。其次，由于福音教派和人道主义运动的传播，在英国人们开始考虑帝国责任问题，东印度公司在印度的种种腐败行为遭到了猛烈的攻击。一种新的帝国道德感在英国产生。这种道德感发展成为伯克的"殖民地托管"理论。他们认为帝国应该对它所统治的人民负责，为殖民地建立一个好的政府是大不列颠道德上的责任。② 福音教派及人道主义运动的传播大大影响了人们对帝国问题的看法。

3. 国内政治斗争的影响

18世纪中叶，英国工业革命已开始发展，工业资产阶级开始逐渐壮

---

① Ramsay Muir, "A Short History of The British Commonwealth," Vol. Ⅱ, *The Modern Commonwealth*, 1763-1915, London: George Philip & Son Ltd, 1927, p.130.

② W. D. Hussy, *The British Empire and Commonwealth*, 1500-1961, Cambridge: Cambridge University Press, 1963, pp.147-149.

大,他们强烈要求取得相应的政治权益。但是1760年上台的乔治三世国王在布特等人的参与之下,清除异己,培植君主势力,依靠那些"一贯以依附王权为唯一原则而行动的人们"进行统治,①组成所谓的"国王之友"内阁,企图重振王权,少数"国王之友"占据政府要职,滥用行政权力,在国内制造政治丑闻,如"威尔克斯事件",在国外激化英国同北美殖民地的矛盾。针对乔治三世国王倒行逆施,议会内外掀起了巨大的抗议声浪,以罗金厄姆为首的辉格党在资产阶级的支持下,在下院猛烈攻击政府的各项政策,尤其是政府对北美和印度两个殖民地的政策。伯克作为辉格党的干将起的作用更大。他在议会中发表了大量演讲,抨击"国王之友"内阁,主张改革政府对印度和北美殖民地政策。这种政治斗争的气氛也影响了人们的帝国观念。

4. 美国革命对于英帝国发展的影响

美国革命之前,英国政府在政治上对殖民地的控制十分松弛,殖民地享有极大的自由。英国对殖民地的统治主要体现在经济方面,旧帝国的政治家们在寻求国家财富时,完全将自己限制在商业这条线上,无法将帝国各个部分纳入到一个总的渠道里。结果殖民地不喜欢英国政府在经济方面的限制,这是引起美国革命的主要导火线。②美国独立后,英国政府进行深刻反思,他们认为对于英国所剩下的海外领地必须牢牢控制,其内部事务应严加调整。③在他们看来,美国革命最根本的原因是英国给了美国太多的自由。"我们曾经让旧的殖民地按照自己的愿望去发展,结果却失去了他们。"④

所以,美国革命之后,英帝国政策的一个基本的原则是抑制殖民地的自由,以防止再次发生类似灾难。对此英国大法官(Lord Chancellor)

---

① Lewis Namier, *The Structure of Political at the Accession of George Ⅲ*, London: Macmillan, 1957, p. 8.

② A. P. Newton & J. Ewing, *The British Empire since 1783: Its Political and Economic Development*, London: Methuen, 1929, p. 3.

③ Ibid., p. 7.

④ J. H, Rose, A. D. Newton, *The Cambridge History of the British Empire*, Vol. Ⅱ, New York: Macmillan Company, 1929, p. 22.

爱德华·瑟洛（Edward Thurlow）做了精辟的论述。他认为，殖民地在政治形式上对母国缺少依赖是英国在旧殖民地失败的根源，"我们给了他们政治自由，这些自由必然包括主权，其结果便是独立"。因而，他希望英国"在（殖民地）政府行政部门最大限度地存在影响。"[1]英国政府认为："正是因为美洲殖民地被无意中授予太多的自由，最终转变成了导致发生巨大灾难的许可证"，"平息骚动的殖民者的方法是少一点自由而不是多些。他们必须明白，服从国王的旨意是一个臣民的首要职责"。[2]当然这种自由实际上是殖民地议会的自由，并非普通意义的自由。

在这种思想的指导下，英国在美国独立之后便开始全面调整帝国政策，英国的帝国观念也发生了很大变化。他们认为，为防止民主思潮的泛滥和激进主义势力加强，最好的办法便是加强英国对殖民地的直接控制力，限制殖民地议会的权力，如果过多强调民主，必然会引起革命。这种思想成了美国独立之后，小皮特政府调整其殖民政策的出发点。

（三）英国不放弃帝国的原因

尽管此时英国对拓殖新的殖民地不感兴趣，尽管英国奉行"贸易优先于统治"的原则，逐渐放弃了重商主义殖民政策，对帝国的态度有很大的变化，但是这并不表明英国不想再要帝国，不想再要殖民地。对于英国所残余的殖民地，英国依然牢牢守住，决不放弃。1783年，小皮特在议会对《巴黎和约》条款进行辩论时说："我们要以勇敢、果断的勇气去审验我们所剩下的殖民地。我们要加强力量，反对干涉我们的敌人，抚慰我们旧的朋友。业已发生，经过真正智慧检验过的英国及个人的灾难，大半已改正"。[3]英国在经历了"美洲失利"这一耻辱之后，他们所必须做的是正视现实，吸取教训，治理好现有的殖民地。

---

[1] J. H. Rose, A. D. Newton, *The Cambridge History of the British Empire*, Vol. II. New York: Macmillan Company, 1929, p. 23.

[2] A. P. Thomton, *The Imperial Idea and Its Enemies: A Study in British Power*, New York: St. Martin Press, 1985, p. 7.

[3] *The Speeches of the Right Honourable William Pitt, in the House of Commons*, Vol. I, New York, 1973, p. 32.

英国之所以要保住残存的帝国，可以从两个方面来考虑。

首先，美国革命后英帝国所剩下的殖民地，大都具有重要战略地位，对帝国的贸易有巨大的作用，英国自然不会再放弃他们。而且，随着英国工业革命的发展，英国生产力开始飞速发展，英国也需要这些殖民地来充当英国工业品的销售市场和原料产地。在英美进行和平谈判之时，英国负责内政及殖民事务的大臣谢尔本勋爵便已形成了和谈政策。保有加拿大殖民地是一项基本的政策。1782年7月上台的谢尔本政府所执行的和谈政策实际上是捍卫帝国未来的政策。① 1782年8月9日，英国内阁会议作出决定：1774年《魁北克法案》扩大了的加拿大应该缩小，但不得小于1763年10月《王室诏谕》所规定的界线。② 1782年7月，加拿大总督卡莱顿收到谢尔本的指示说："法美将海陆并进、进攻加拿大的计划已传到伦敦。"谢尔本写道："我特别希望你尽一切可能注意新斯科舍以及加拿大的安全。你应该在你的职权范围内尽可能搜集一切情报，调动一切力量帮助我们保护所占领的北方领土。"③

美国独立以后的英属北美地区尽管人口稀少，面积不大，条件恶劣，但对英国来说仍然十分重要。1782年，曾任过马萨诸塞总督的托马斯·波纳尔曾论及英国保留加拿大的重要性。他说："只要英国保有其西印度的种植园，占有魁北克及新斯科舍对大不列颠来说是十分必要的，它可以为这些岛屿提供木材、鱼、生活用品等各种供应。""占有这些殖民地对巩固英国海上霸权是必需的，没有它，英国在北美海域就没有海军基地，而且也不能提供足够的物品，以抵挡一些北欧国家曾经努力建立的反英垄断"。他还认为："魁北克省地域广阔，物产丰饶，可以变成一个很大的贸易源泉。占有新斯科舍省的海军基地，对保护北美的渔民也是必需的"。④ 因而，他竭力主张英国保持对加拿大的占领。对于美国提出

---

① Vincent T. Harlow, *The Founding of the Second British Empire，1763-1793*, Vol. I, London: Longman, 1952, p. 234.

② Ibid., p. 299.

③ Ibid., pp. 299-300.

④ D. D. Hom & May Rammsome, *English Historical Documents，1714-1783*, Vol. X, London: Routledge, 1969, p. 202.

来的"要求英国自愿将加拿大、新斯科舍交给美国"这一要求则坚决不同意。①

其次，英国不放弃帝国，不放弃殖民地，与当时的国际斗争也有很大关系。

法国、西班牙都是各怀鬼胎参战的。1779年4月12日，法西《阿兰惠斯条例》中，双方都提出了"称心如意"地收复失地的要求。西班牙要收复直布罗陀、梅诺卡、牙买加、佛罗里达等地，将英国人从洪都拉斯赶出去，分享纽芬兰的捕鱼权。法国想恢复在印度的统治地位，把英国人从纽芬兰赶走，分享洪都拉斯的伐木场，收回塞内加尔和多米尼加岛。② 英国占领热带殖民地是和他们对法国、西班牙的仇视相连的，允许美国独立，并不意味着英国会对波旁王朝援助反叛者的行为奖赏。③

英国之所以将大片地区慷慨地划给美国，一方面是为了急于拆散美法同盟，以便在欧洲大陆继续与法国竞争；另一方面则是为了防止法国可能占有这一战略地区。④所以，英国外交大臣福克斯竭力反对法国外长韦尔热纳提出的英国放弃1763年所获取的大多数地方的要求。⑤法国人对印度仍抱有野心，法国人企图在印度半岛建立一系列法国的"保护国"。⑥为此，法国于1781年11月至1782年4月派德·比西率四艘战舰驶向印度，这使英国人感到十分震惊。谢尔本首相充分认识到，丢失美洲殖民地使得英国保住

---

① Vincent T. Harlow, *The Founding of the Second British Empire，1763-1793*, Vol. I, London: Longman, 1952, p. 233.

② Samuel F. Bemis, *The Diplomacy of the American Revolution*, Indiana: Indiana University Press, 1985, p. 85.

③ P. J. Marshall, *The Cambridge Illustrated History of the British Empire*, Cambridge: Cambridge University Press, 2001, p. 6.

④ 王绳祖主编：《国际关系史》，第1卷，273页，北京，世界知识出版社，1995。

⑤ P. J. Marshall, *The Cambridge Illustrated History of the British Empire*, Cambridge: Cambridge University Press, 2001, p. 61.

⑥ Vincent T. Harlow, *The Founding of the Second British Empire, 1763-1793*, Vol. I, London: Longman, 1952, p. 316.

其在印度洋的地位变得极其重要。①由于印度在东西方贸易中所处的位置极为重要，通向印度的航线成了英国经济的生命线之一。在此后一个多世纪，英国外交政策的一个重要目标就是保护印度、保护通向印度的航线。英属印度总督沃伦·黑斯廷斯的有效抵制，扩大了英国在印度的势力范围，使法国放弃了在印度恢复影响的企图。因而在谈判中，英国对于法国提出的"在孟加拉享有安全、自由、独立"的商业行动这一要求也予以拒绝。

对于那些将来有可能使英国陷入与列强的纠纷，使英国再次背上沉重的负担的殖民地，英国坚决放弃，这也是英帝国观念的变化之一。

在和平谈判中，英国对西班牙让步很大，将面积广阔的东西佛罗里达给了西班牙。1763年西班牙将佛罗里达转给英国后，英国将它分成东、西两个部分。西佛罗里达位于密西西比河与阿巴拉契亚河之间，那里人口稀少，几无防御。1781年西班牙参战后，占领了西佛罗里达。在和谈时，美国代表杰伊一再呼吁英国政府应重新占领西佛罗里达，并坦率地讲美国不喜欢西班牙控制这片广大的地区。②在杰伊看来，西班牙威胁了美国西进的希望，当务之急是尽快重新确立英国对西佛罗里达的占领。而当时英国有人则认为，如果西佛罗里达无法恢复，东佛罗里达也就不值得再占领，因为它将耗费英国大量的费用防御西班牙。③这样，经过慎重考虑，英国最后放弃了佛罗里达。但作为交换，英国占领了具有重要战略地位的直布罗陀。

因此，1780年到1783年是帝国政策演进的转折点，英帝国观念发生了很大变化。旧帝国时期那种大量拓取殖民地，掠取敌国所占领的殖民地并实行贸易垄断的重商主义的殖民政策，已被以拓展贸易为主，夺取战略要地，并长期占领、作为其海洋防卫系统的一部分的政策所取代。帝国此时的首要目标是为了促进英国贸易的发展。"贸易优先于统治"成

---

① Vincent T. Harlow, *The Founding of the Second British Empire, 1763-1793*, Vol. I, London: Longman, 1952, p.312.

② Ibid., p.305.

③ Ibid., p.204.

了第二英帝国赖以建立的总原则。在这种观念指导下，保卫欧洲与印度之间海上交通线成了英国政府考虑的首要问题，为了这一目的，英国首先将注意力集中到荷兰在锡兰和开普的海军基地。① 并且一直试图占有这两块通向印度的最重要的战略据点。到拿破仑战争时期，英国终于将这两块地方据为己有。

三、美国革命后英帝国政策的调整

1783年9月，英美签订《巴黎和约》，英国正式承认美国独立，第一英帝国宣告解体。美国独立后英国及时调整其帝国政策，放弃了旧的重商主义殖民政策，加强了对殖民地政治上的控制，逐步将第一帝国时期名分各异、管理混乱的殖民地置于国家的控制之下。

（一）英帝国政策调整的原因

促使英国政府对帝国政策进行改革的因素有以下几个方面。

1. 从美国革命吸取教训

美国革命对于英帝国的发展影响深远。美国革命之前，英国政府在政治上对殖民地的控制十分松弛，殖民地享有极大的自由。英国对殖民地的统治主要体现在经济方面。美国独立后，英国政府对其殖民政策进行反思。在他们看来，美国革命最根本的原因是英国给了美国太多的自由。"我们曾经让旧的殖民地按照自己的愿望去发展，结果却失去了他们。"② 所以，美国革命之后，英帝国政策的一个基本的原则是抑制殖民地的自由，以防止再次发生类似灾难。英国政府认为，"正是因为美洲殖民地被无意中授予太多的自由，最终转变成了导致发生巨大灾难的许可证"，"平息骚动的殖民者的方法是少一点自由而不是多些。他们必须明白，服从国王的

---

① Vincent T. Harlow, *The Founding of the Second British Empire, 1763-1793*, Vol. I, Londan: Longman, 1952, p. 103.

② J. H. Rose, A. P. Newton, *The Cambridge History of the British Empire*, Vol. II, Cambridge: Cambridge University Press, 1940, p. 22.

旨意是一个臣民的首要职责。"① 当然，这种自由实际上是殖民地议会的自由，并非普通意义的自由。

基于这种思想，英国政府在美国独立之后便开始全面调整帝国政策。他们认为，防止民主思潮的泛滥和激进主义势力加强的最好办法便是加强英国对殖民地的直接控制力，限制殖民地议会的权力，如果过多强调民主，必然会引起革命。这种思想成了美国独立之后，小皮特政府调整其殖民政策的出发点。

2. 美国革命引发的帝国效忠派问题迫使英国对其帝国政策进行调整

美国独立后，英帝国境内出现了一些新的情况，其中突出的问题便是美国引发的帝国效忠派问题，这也是促使英国认真考虑调整帝国政策的原因之一。

帝国效忠派问题起源于英美争吵。美国《独立宣言》发表之后，在美国那些希望通过渐进方法来解决帝国体制问题并仍对英王效忠的人就成了美国的叛徒，这些人在英国被称为"帝国效忠派"。他们在美国革命期间受到美国爱国者的围攻、迫害，其财产也被没收，受尽了屈辱。1783年签订的英美《巴黎和约》的第五、六条明文规定：禁止对"效忠派"分子进一步迫害，由美国政府恳劝各州发还他们在战争中被没收的财物。②实际上，在美国当时的邦联政治体制下，美国政府没有什么权力，因而这个条约对美国十三州并没有多大的约束力。对于美国政府的"恳劝"，绝大多数州政府没有采取实际行动，"效忠派"分子在美国受到了更严重的迫害。美国独立后为逃避迫害，大约有7万名"效忠派"分子逃离美国。③ 其中绝大多数逃到了英属北美殖民地。

效忠派分子移居加拿大，使英属北美殖民地人口结构发生了很大的变化，并引发了一个重要的政治矛盾。美国独立战争之前，加拿大仍是一个法裔居民占绝大多数的殖民地。在魁北克和蒙特利尔之间的圣·劳伦斯河

---

① A. P. Thomton, *The Imperial Idea and Its Enemies: A Study In British Power*, New York: St. Martin Press, 1985, p.7.

② Henry S. Commager, *Documents of American History*, Vol. Ⅰ, New York: Prentice-Hall Inc., 1963, p.119.

③ Margaret Conrad, *History of the Canadian Peoples*, Vol. Ⅰ, London: Longman, 1997, p.290.

谷，大约有 10 万名法裔居民。而新斯科舍和新不伦瑞克只有 14 000 名英裔居民，魁北克省只有 2 000 名英裔居民。① 在魁北克省，由于效忠派移入，加强了英裔居民的力量，他们强烈要求取消 1774 年通过的《魁北克法案》，实行英国法律。移居魁北克省的效忠派分子很快提出了与法裔的魁北克省相分离，建立一个以英裔居民为主的新省的要求。1784 年秋，该省英裔居民向英国国王请愿，呼吁建立代议制政府，选举产生议会，该议会有权征税，以维持必要的政府开支。英裔和非英裔欧洲居民混居在同一殖民地，这在以前是没有的。因而英国政府需要针对这一复杂的情况，制定出新的帝国政策，以适应帝国发展的需要。

美国独立后，加拿大的重要性大大增强，英国希望它在帝国经济中代替美国，② 希望将它作为一条走廊，英国制造商可以通过它迅速扩张到密西西比河流域。③ 为了保住加拿大殖民地，英国必须认真对待加拿大出现的新局势，为殖民地建立合适的政府，调整旧的帝国政策已成为必然。

3. 帝国重心转向东方及日益严重的印度局势，迫使英国承担起对殖民地的管理

工业革命的发展，使英国对于海外市场的依赖程度进一步加深，英帝国的利益也由美洲转到了东方。在这种政策指导之下，英国强调的是贸易货栈和战略基地，而非 17 世纪那样的殖民拓殖。④ 基于这种政策，美国独立以后，英国尽量避免建立新的殖民地，对于建立新的殖民地也不感兴趣。在当时的英国人看来，与那些新的、陌生的民族建立商业上的关系而避免那种会发生摩擦和非正义行为的殖民或征服，会产生愉快的"对双方

---

① Lord Elton, *Imperial Commonwealth*, New York: Reynal & Hitchcock, 1946, p. 281.

② Vincent T. Harlow, *The Founding of the Second British Empire*, Vol. II, London: Longman, 1952, P. 724.

③ Ibid., P. 725.

④ W. D. Hussy, *The British Empire and Commonwealth*, 1500-1961, Cambridge: Cambridge University Press, 1963, p. 138.

都有利的友好通商"。① "我们贸易优先于统治"② 实际上反映了这一时期英国政府所奉行的原则。

英帝国的重心转向东方,使得印度在英帝国中的地位越来越重要。英国对印度的侵略是通过东印度公司来进行的。"七年战争"后,法国的势力被挤出了印度,东印度公司董事会成了英国在印度的最高权力机构。东印度公司随之变成了压榨印度、征服印度的机器。美国独立战争爆发后,法国企图联合土著王公,恢复其在印度的统治。为应付这一危急的局面,英属印度大总督沃伦·黑斯廷斯(Warren Hastings,1732—1818)发动了一系列战争,以打击法国的势力及影响,结果使东印度公司的债务激增。到美国革命结束之时,东印度公司的债务已高达2 000万英镑,是当时英国国债的十分之一,远远超过任何私人债务。印度的重要性以及印度局势的紧迫性,迫使英国政府去认真考虑对印度的殖民政策,印度问题首次成了英国政治中最重要的话题。③

4. 福音教派和人道主义运动的影响

18世纪下半叶,英国经济飞速发展之时,在宗教文化领域,兴起了福音教派以及随之而来的人道主义运动。这个运动受到中产阶级的大力支持,对于上层社会的人物也产生了很大的影响,当时许多政治领袖是该教派虔诚的信徒。福音教派特别强调个人拯救,强调个人的灵魂对上帝负责。他们坚信所有的人在上帝眼里都是平等的,所有的人必须对那些不幸的兄弟同情、理解,而不论他们的种族、肤色,因为这些人是人类大家庭的成员。④

福音教派的复兴,极大地刺激了人道主义活动的发展,极大地影响了人们对殖民地的态度,影响了英国政府的殖民政策。"人道主义"的理论基础是基督教那种"上帝面前人人平等"的信念。开始于这时期的人道主

---

① Vincent T. Harlow, *The Founding of the Second British Empire*, 1763-1793, Vol. I, London: Longman, 1952, p. 62.

② Ibid., p. 6.

③ Percival Spear, *The Oxford History of Modern India*, Oxford: Oxford University Press, 1978, p. 77.

④ Ramsay Muir, *A Short History of the British Commonwealth*, Vol. II, London: George Philip & Son Ltd, 1927, p. 130.

义运动，极大地影响了人们对殖民地的态度。首先，由于人道主义运动的发展，英国掀起了废除奴隶贸易运动。对奴隶贸易的攻击标志着对土著民族新的责任感出现，是对旧帝国那种只关心利润，为获取利润而不择手段的做法的否定。它极大影响了英国对于土著殖民地的政策。其次，由于福音教派和人道主义运动的传播，使英国人开始考虑帝国责任问题。一种新的帝国道德感在英国产生。这种道德感发展成为伯克的"殖民地托管"理论。他们认为帝国应该对它所统治的人民负责，为殖民地建立一个好的政府是大不列颠道德上的责任。[①] 这种新的帝国道德的产生，对于英国调整对土著殖民地政策起了很大作用。在这些错综复杂的原因综合的作用下，英国政府对于其旧的帝国政策进行了大规模的调整，以适应帝国发展的需要。

（二）英帝国政策调整的措施

这一时期英帝国政策的调整实际上是对印度和加拿大这两个殖民地政策的调整。因为，此时英帝国主体部分就是这两个殖民地，但英国对这两个殖民地政策的调整却奠定了英国新的帝国政策的基础。

英国对印度统治政策的调整是旧帝国解体之后英国为拯救帝国所采取的第一个措施。东印度公司在征服印度的过程中，各种丑恶现象相继显露出来，这些丑恶现象，严重损害了英国政府的形象，损害了英国的利益。其中包括：(1) 掠夺国库、收受贿赂、敲诈勒索。(2) 英印富翁在国内收买议席，拉帮结派，影响国内政治。(3) 连年征战，债务累累。(4) 肆意掠夺，给印度人民带来了巨大灾难。

许多英国人认为英国在印度的制度是残忍的，不人道的，甚至于连公司董事会也觉得唯一有效的办法是采取直接占有的制度。[②] 18 世纪 70 年代以来，连年战争使东印度公司财政拮据，公司面临着破产的危险。公司请求政府贷款，就使议会有充分理由插手印度事务，对公司进行控制。

---

① W. D. Hussy, *The British Empire and Commonwealth*, 1500-1961, Cambridge: Cambridge University Press, 1963, pp. 147-149.
② ［印］恩·克·辛哈、阿·克·班纳吉：《印度通史》（中译本），520 页，北京，商务印书馆，1964。

1773年《调整法案》是英国议会插手印度事务的第一步行动。此前，公司董事会有关印度征服、统治的决策，英国议会是不过问的。《调整法案》规定：(1) 东印度公司寄给公司董事会一切信件，都要向英国内阁备案，供内阁审查。(2) 改革司法体制，在孟加拉设立最高法院，负责审理在印度的东印度公司职员和英国臣民的案件。①

《调整法案》的颁布标志着英国首次将东印度公司置于议会控制之下，将印度殖民地事务由公司行为变成政府行为。它标志着英国议会对印度人民的利益首次加以关照（至少在法律文字上如此）。同时也是工业革命开始之后，人们对帝国观念变化的反映。但是《调整法案》存在很大缺陷。实践表明，《调整法案》既未使国家明确地控制东印度公司，也未使公司董事会有效地控制公司职员，更未使总督控制他的参事会。② 东印度公司职员的种种腐败行为并没有得以消除。因而到18世纪70年代末，改革英属印度殖民地政府管理体制问题再次纳入英国议会议事日程，并成为政治斗争的焦点之一。

英国政府对印度事务进行控制是通过1784年《印度法案》来实现的。1784年《印度法案》规定：由国王任命一个议会监督局来监督、控制东印度公司的民政和军政。公司董事会下达的一切信件、指示、命令都必须首先向监督局报告，不取得同意不能下达。法案特别提出惩处公司雇员在印度的敲诈勒索、收礼受贿等行为。公司继续保有文武官员任命权，但一切雇员都必须由董事会造册呈报，由下院批准。这意味着虽然统治印度的各种政策由公司提出，但有关军事、政治的最高决策权已转到英国议会手中。法案还加强了总督的权力。③ 它也是继1773年《印度法案》后，英国政府采取的第二个行动。它结束了《调整法案》试验带来的灾难，将公司的政治行动置于英国政府政策指导之下，制止了东印度公司职员贪污受

---

① D. D. Hom & May Rammsome, *English Historical Documents*, 1714-1783, Vol. X, London: Routledge, 1969, p. 816.

② H. H. Dodwell, *The Cambridge History of The British Empire*, Vol. IV, Cambridge: Cambridge University Press, 1929, p. 194.

③ Frederick Madder, *Imperial Constitutional Document*, 1765-1965, Oxford: Oxford University Press, 1966, pp. 6-12.

贿、敲诈勒索等腐败行为，具有极其重要的意义。

1786年，英国议会通过补充法案，对1784年《印度法案》作了补充。其中最重要的一条是授予总督更大权力，在紧急情况下，总督可以凌驾于参事会之上，可以就任总司令。1786年法案只是1784年法案的逻辑发展。通过这两个法案，英国政府对印度殖民统治体制牢牢确立下来。初步完成了对东方及土著人地区殖民地的政策调整。

通过1773年《调整法案》和1784年《印度法案》及以后的补充法案，英国形成了对印度事务双重权力中心统治体制，议会监督局规定方针大计，公司董事会负责日常管理和任命官员，第一个中心高于第二个中心，但只能通过第二个中心起领导作用，这是东印度公司和英国议会共同管理体制。从此以后，东印度公司在印度的一切行为都在英国议会的控制之下，改变了旧的殖民统治体制下东印度公司为所欲为的局面。而且该法案禁止东印度公司主动发起战争，规定严惩公司职员的腐败行为，其目的就是为了从制度上在印度根除暴政。它试图给印度人民一个"好"的政府，英国也打起了关心"印度人民利益"的旗号，这是旧的殖民统治之下所没有的，标志着一个新时代的到来，开创了英帝国发展的新纪元。这种体制一直到1858年东印度公司统治被取消为止。

英国对加拿大政策的调整直到1791年才完成。

英国征服了魁北克之后，带来了一个棘手的问题。这块土地原来由其他欧洲人拓殖，居民以法裔居民为主，其语言、宗教、文化与英国人有很大差异。如何对新征服的殖民地进行统治，是英国面临的一个难题。英国政府最早想在魁北克实行英国化的政策，希望在加拿大实行传统的英国代议制政府，以英国法律取代法国法律。然而"英国化"的政策在魁北克省遭到了失败。

首先，魁北克殖民地悬殊的民族力量对比，使得"英国化"的政策很难推行。1760年之后，大约有6.7万名在殖民地土生土长的法裔居民留了下来。① 英国当局曾寄希望于英国移民的到来，但1760年之后，仅有少数英

---

① Margaret Conrad, *History of the Canadian Peoples*, Vol. I, London: Longman, 1997, p. 294.

国商人移居魁北克地区，詹姆士·默里（James Murray）和盖伊·卡莱顿（Guy Carleton）都反对英国当局"英国化"的政策，默里认为："地方（指魁北克）行政长官由微不足道的450名居民及商人组成，这是一个多么狭隘的想法。"① 卡莱顿则认为：立即贯彻实行"王室诏谕"是不可行的，他还认为如果不求助于加拿大上层领导，那么对魁北克殖民地的统治是不可能的。因此，他提议重建法国民法，认为加拿大不需要建立民选议会，所有立法权应在总督及其参事会手中。在卡莱顿看来，重要的问题是建立加拿大人与英国政权之间的信任。② 对英国政府的指示，他们也采取拖延政策。

其次，日益严重的英国与北美十三州殖民地冲突，迫使英国放弃了"英国化"的政策。随着北美十三州殖民地的革命日益临近，卡莱顿开始把魁北克看作是对付北美十三州革命的基地。他指出十三州革命风暴即将来临之际，强行实施英国化政策是不明智的，他力主改变英国的政策，以巩固英国在北美这个新的立足点，他甚至试图把加拿大当成对付南方不安分殖民地的武器。③ 在北美殖民地战争不可避免的情况下，保持在北美大陆上重要的战略位置，对于有可能成为潜在的反叛者地区的稳定与安全是十分重要的。④ 因而他抛弃了把这些殖民地吸收为英国式的殖民地的计划。当英国政府日益难以对付十三州殖民地的麻烦时，卡莱顿的观点得到了英国政府的支持，旨在同化魁北克的王室诏谕被搁在一边。英国政府在他的建议下，决定对其初期的殖民地政策进行调整。

1774年5月，英国议会通过《魁北克法案》。该法案规定魁北克殖民地政府将由总督和一个英王任命的参事会组成。给予罗马天主教完全自由，允许教士征收什一税，魁北克省并行英国刑法和法国民法，英语与法

---

① H. E. Egerton, *A Short History of Colonial Policy*, London: Methuen & co., 1897, p.239.

② R. Douglas Francis & Donald B. Smith, *Reading in Canadian History*, Pre-Confederation, Toronto Holt & Rinehart and Winston of Canada Limited, 1986, p.209.

③ J. H. Rose, A. P. Newton, *The Cambridge History of the British Empire*, Vol. Ⅵ, Cambridge: Cambridge University Press, 1930, p.159.

④ Margaret Conrad, *History of the Canadian Peoples*, Vol. Ⅰ, London: Longman, 1997, p.254.

语同为官方语言。① 此外，法案还重新划定了魁北克省的疆界，将原来划作印第安人的领地划给魁北克管辖，扩大了该省的范围。《魁北克法案》实施的目的在于加强殖民统治，以避免出现像北美十三州殖民地那样滑出英国之手的可能。《魁北克法案》没有在魁北克实行代议制政府，而由总督和由英王任命的参事会组成，这实际上表明英国政府已经放弃了在政治上对殖民地控制松弛的传统殖民政策，英国政府对殖民地的控制力大大加强。法案允许法裔魁北克居民保留其原有的宗教、文化、语言，并保留了法国民法，也显示出英国政府的灵活性。

但《魁北克法案》未能彻底解决魁北克问题。法案将魁北克省置于一个特殊的地位，原来法国人的社会基本被保留下来，这使得加拿大政府后来的发展复杂化，加拿大两大语言集团之间的合作由于该法案而变得更加困难。

美国革命之后，由于大批效忠派分子的涌入，使加拿大的局势更加复杂，英国被迫再次调整其对加拿大的政策。在美国独立之后的几年内，英国政府妥善安置了大批效忠派人士，不但授予其土地，补偿其损失，还为其提供食物、住所及一些必要的设备。但是，效忠派却不满足这些物质上的要求，他们在生活上安定之后，便马上和魁北克原有的英国人一道，坚决要求在政治上进行改革，要求建立代议制政府，取消《魁北克法案》，并且很快形成一股强大的政治力量。他们向英王请愿，要求立即废除《魁北克法案》，制定宪法，最终建成真正的英属殖民地。②

魁北克法裔居民中的中产阶级、职员也认识到了自由的价值，只要允许天主教保留其政治权力，他们也渴望在殖民地建立民选议会。因为自英国征服魁北克之后，这里的法裔人口翻了一番，到了1790年，已达到16万人。他们可以轻而易举地在议会中取得多数。庄园主及教士则担心失去

---

① Margaret Conrad, *History of the Canadian Peoples*, Vol. I, London: Longman, 1997, p. 294.

② R. Douglas Francis and Donald B. Smith, *Reading in Canadian History*, *Pre-Confederation*, Toronto: Holt Rinehart & Winston of Canada, Limited, 1986, p. 213.

他们的特权，主张保留任命的参事会。① 普通的法裔居民虽然原来对《魁北克法案》也批评过，但现在变成了法案的主要捍卫者。② 各种力量的请愿反请愿及活动连绵不断，使得局势更加复杂。

当时英国制定殖民政策的一个重要的出发点是如何在剩余的殖民地防止类似的革命，为此英国决定在加拿大引入英国式的宪法，以抑制日益增长的民主思潮。在英国人看来，美洲殖民地之所以丢失，是因为英国曾允许不加约束的民主到处蔓延，宪法的正常的平衡被破坏。伯克宣称："考虑殖民地政府的首要的原则是它不能是美国制度的翻版，也不能给加拿大驶去一条人权的航船。"③ 这其实也是当时英国所遵循的原则。对英国来说，他们既不能在加拿大实现法国正在其殖民地推行的自由与平等，也不能让效忠派主宰自己的生活，因为不久前北美大陆的另一部分便因此而独立。英国需要在殖民地建立"一个介于极端民主和暴政之间的安全的政府"。④ 在这种情况下，英国政府认为必须为加拿大制定宪法，加拿大不能由军队统治，必须按英国的政治传统授予殖民地民选的议会。

当时魁北克实际上已分为两个部分。这不是在法律意义上的分裂，而是由于其语言、文化、宗教的差异而进行的分裂，下加拿大都是法裔加拿大人，在魁北克、蒙特利尔等一些城市有小部分英裔居民，而在上加拿大则几乎全是效忠派。⑤ 面对这种局面，最好的办法是分而治之，满足双方的要求。对此格伦维尔作了精辟的论述。他说："在决定在加拿大各民族之间选择建立省级立法机构之时，制定政策要全面考虑，要使在上加拿大

---

① Margaret Conrad, *Hirtory of the Canadian Peoples*, Vol. I, London: Longman, 1997, p. 302.

② J. H. Rose, A. P. Newton, *The Cambridge History of the British Empire*, Vol. VI, Cambridge: Cambridge University Press, 1930, p. 194.

③ A. P. Thomton, *The Imperial Idea and Its Enemies: A Study in British Power*, New York: St. Martin Press, 1985, p. 25.

④ Margaret Conrad, *History of the Canadian Peoples*, Vol. I, London: Longman, 1997, p. 302.

⑤ Vincent T. Harlow & Frederic Madden, *British Colonial Developments, 1774-1834*, Oxford: Oxford University Press, 1953, p. 201.

占优势的国王旧的臣民的愿望及下加拿大地区占优势的法裔居民的愿望都能发挥影响,并各自独立操作立法机构,而不是使两个民族的人民混杂在一起,形成新的宪法。"①

综合各方面意见,英国政府决定将魁北克分成两个部分。分省而治、建立代议制机构、抑制民主成了英国对加拿大政策的三个核心。1791年英国议会通过《加拿大宪法》,其内容:(1)将魁北克省划分为以英裔居民为主的上加拿大和以法裔居民为主的下加拿大。(2)各省均建立代议制度,殖民地最高行政首脑是总督,总督之下设立由英王指定行政参事会和立法参事会,及由选举产生的议会。(3)各省实行何种法律可自行选定。(4)除魁北克省可以保留庄园制度外,其他各省均建立自耕农土地占有制。(5)重申《魁北克法案》中天主教会的权利,但同时鼓励传播英国国教,增加英国国教的权力。②

英国政府制定1791年《加拿大宪法》是煞费苦心的。把魁北克省一分为二,一方面满足了英裔居民对代议制政府、英国法律、自耕农土地占有制等方面的要求;另一方面也保留了魁北克法案中对法裔居民做出的让步。这既符合分而治之的原则,又缓和了英裔居民与法裔居民的矛盾。在政治制度方面,英国政府虽然基本沿用了旧的代议制政府的形式,但与之又有很大不同,英国政府对殖民地的控制大大加强。

根据法案,总督的权力大大增强,议会的权力受到很大的限制。行政参事会由总督任命,名义上是总督的咨询机构,但其成员都终身身居高位,对殖民政策影响很大。立法参事会成员也是由总督任命,且为终身任职,没有立法参事会赞同,任何法案均不得通过。③ 这两个参事会主要由获得土地授予的大地主组成,形成一种寡头政治。英国政府可以通过总督

---

① Adam Shortt and Arthur G. Doughty, *Documents Relating to the Constitutional History of Canadian*, 1759-1791, Vol. I, Ottaawa: J. de L. Taché, 1918, p. 986.

② Frederick Madder, *Imperial Constitutional Document*, 1765-1965, Oxbord: Oxford University Press, 1966, pp. 12-18.

③ Margaret Conrad, *History of the Canadian Peoples*, Vol. I, London: Longman, 1997, p. 302.

及两个参事会来影响殖民地。这和第一英帝国时期总督的权力形同虚设有很大不同。议会的作用减弱、总督及委员会权力增强这一现象表明英国在美国革命之后，希望加强对殖民地的控制，加强与殖民地的联系，改变旧帝国时期殖民地各自为政，与英国分庭抗礼，政府无力控制殖民地，最终导致美国独立的局面。

1791年《加拿大宪法》是英国几十年来对加拿大进行的第二次政策调整。通过宪法法案，英帝国完成了对其残存的北美殖民地进行的整顿、重组。英属北美殖民地和英属印度殖民地一起，构成了第二英帝国的核心。

总之，1783年至1791年是第二英帝国调整恢复时期。在这几年时间内，英国政府从美国革命中吸取教训，抛弃了旧的重商主义的殖民理论，及时调整殖民政策，采用灵活、现实的方针政策，从而使印度、加拿大这两个殖民地得以巩固、扩大。这两个殖民地构成了第二帝国的核心。

英国对印度统治政策的调整，为以后英国统治土著人殖民地提供了蓝本和依据。而英国对加拿大的新政策则确立了英国对于英裔和非英裔白人殖民地的统治机制。这一时期英帝国政策的调整，否定了旧的重商主义殖民政策，开始了新的自由主义殖民政策，奠定了英帝国发展的基础，使英帝国的政策更具有灵活性，使英帝国的发展更具有生命力。

四、亚当·斯密的帝国思想

18世纪下半叶是英国社会剧烈动荡的时期，工业革命的迅猛发展，激进主义的兴起，福音教派运动的加强，都不可避免地对英国人的帝国观念留下深深的烙印，改变了人们对帝国的看法。在人们对旧帝国猛烈抨击的过程中，产生了新的帝国思想。亚当·斯密的帝国思想便是当时最有影响的帝国理论之一。他的以自由主义为核心的帝国思想对英帝国的发展产生了十分深远的影响。国内学者对亚当·斯密思想的研究，主要集中在其经济思想，对于其帝国思想论述不多。本文试图对亚当·斯密的帝国思想做一全面论述。

亚当·斯密（1723—1790）是英国古典经济学的伟大代表，是自由贸易理论的始祖。1776年，他的代表作《国民财富的性质和原因的研究》出版，提出了自由贸易理论。由于亚当·斯密的这本书正好适合当时英国资产阶级的需要，为实现自由放任的经济政策提供了理论基础，因此受到资产阶级的重视和赞扬，连英国首相小皮特也宣称自己是斯密的学生。①

亚当·斯密的理论体系包括了资本主义最重要的经济理论，即自由贸易理论，其中也包括了帝国理论。他第一次系统地攻击了作为国家政策指导原则的重商主义理论，开创了自由贸易的新时代。他的《国民财富的性质和原因的研究》中有一章是专门研究殖民地的，其他的一些文章也涉及殖民地问题。

斯密的帝国理论从内容上看，有纵向的，即历史的；也有横向的，即现实的。"历史的"主要是指古典希腊和罗马两种不同类型的殖民地；"现实的"主要指以西印度为代表的殖民地，以及以东印度为代表的奴役土著殖民地，而斯密的目光更加注视现实的殖民地。斯密的帝国理论的核心部分是其殖民地自由贸易理论，即英国对殖民地不实行独占政策，任其同所有国家进行自由贸易。这种理论的提出是由于英国当时在航运、外贸和工业生产上都处于领先地位，他们认为与其耗费巨大的行政管理费用和军事占领费用来独占殖民地，倒不如放弃这种独占，省下这些费用，而用自由贸易的办法来取得更多的利润。具体地讲，亚当·斯密的殖民理论主要有三个方面的内容。

（一）母国对殖民地贸易垄断没有益处

在旧的殖民制度之下，由于受重商主义理论指导，各欧洲殖民国家大都对本国所拥有的殖民地实行贸易垄断，其他欧洲国家运往该国殖民地的货物，须经过该国商人之手，英国也不例外。斯密对此进行猛烈地批判。

第一英帝国是在重商主义理论指导下形成的，重商主义的目的在于创立一个自给自足的帝国。重商主义理论转化为国家法令则是英国议会于17

---

① Vincent T. Harlow, *The Founding of the Second British Empire*, 1763-1791, Vol.1, Oxford: Oxford University Press, 1953, p.199.

世纪到18世纪所颁布的有关贸易航海法令。所以,第一英帝国实际上是一个贸易帝国。18世纪历届辉格党政府的帝国政策实际上就是扩张贸易政策。① 按照重商主义理论,殖民地的作用在于为母国生产原材料,消费母国的工业品,促进母国航海业的发展。② 英国在《航海条例》之下,对殖民地贸易实行垄断,严格限制别国进入英属殖民地。在印度,这里的贸易则由东印度公司垄断。随着英国工业革命的发展,这种贸易垄断越来越受到英国工业资产阶级的攻击。斯密首先对这种贸易垄断进行批判,认为母国对殖民地实行贸易垄断没有益处。

首先,母国对殖民地贸易独占,对殖民地发展不利。

在重商主义理论指导下,欧洲各国为了获取巨额利润,不但对其殖民地的贸易进行严格限制,而且也限制殖民地产业的发展。比如英国在颁布了一系列航海条例之后,又颁布了诸如《制铁法令》《帽子法令》,严格限制殖民地产业的发展,以免对英国工业造成竞争,严重制约着殖民地经济的发展。斯密对此进行猛烈地批判。他明确指出:"殖民地贸易的独占,像重商主义其他有害的方案一样,阻抑其他一切国家的产业,但重要的是殖民地的产业,不但没有一点增加,反而减少那些为着本国利益而设立的产业"。③斯密说:"母国专营的贸易,会减少母国特别是美洲殖民地的享乐用品和产业,至少加以阻抑,使其不能照常发展。……这种专营贸易使殖民地产物在一切国家贵腾起来,这样就减少了殖民地产物的消费,因而缩减殖民地的和一切其他国家的享乐用品与产业。因为享乐用品须付较高价格,其销售便减少,生产所得的利润较低,生产便减少。……这就妨碍了一切其他国家的享乐用品与产业,而殖民地所受妨碍尤其大。④

当时欧洲国家对殖民地的贸易权有的是交给一个专营公司,有的则没

---

① Frank O'Gorman, *The Long Eighteenth Century*, *British Political and Social History*, *1688-1832*, New York: St. Martin's Press, 1991, p. 177.
② John C. Miller, *Origins of the American Revolution*, Stanford: Stanford University Press, 1959, p. 8.
③ [英]亚当·斯密:《国民财富的性质和原因的研究》(下)(中文版),181页,北京,商务印书馆,1974。
④ 同上书,163页。

有，斯密认为不论哪种形式，都对殖民地的产业不利。而在英国的殖民地，由于实行贸易垄断，殖民地的货物被迫转运到英国，然后再输往欧洲，其费用自然大大增加，而且由于英国所颁布的一系列限制殖民地工业发展的法令，严重阻碍殖民地经济的发展。解决的办法只有一条：废除对殖民地的贸易垄断。

其次，斯密认为，对殖民地贸易垄断，对母国的生产贸易也不利。

按照重商主义理论，为了获取更多的利润，母国应独占其殖民地的贸易。然而，18世纪中叶开始，英国工业革命开始迅速发展，工业革命使社会生产力有了惊人的发展。英国工业革命的蓬勃发展，使英国深深卷入了世界经济发展潮流，作为"世界工厂"，英国的原材料和生活资料供应以及产品的销售方面越来越严重地依赖于海外市场，对外贸易对英国工业起着至关重要的作用，成了英国工业增长的发动机。1740年，英国工业产值为2 420万英镑，其中出口额仅为630万英镑；1770年，英国工业产值增为3 690万英镑，出口额为1 120万英镑；1800年，英国工业产值增至6 820万英镑，出口额为2 350万英镑。[①]

"七年战争"结束后，英国在世界贸易的海洋线路上都取得了霸主地位。相应地，英帝国政策的目标也由开拓殖民地，垄断殖民地的贸易，转移到扩大在全世界的贸易，控制战略基地，以此来保卫帝国贸易，英帝国的利益已从美洲转向东方。新兴的工业资本家也迫切要求废除对殖民地的贸易垄断，以便使英国可以到其他国家的殖民地进行贸易。在这种形势下，旧的重商主义殖民理论的根基已经发生动摇，废除对殖民地的贸易垄断，根除旧的重商主义殖民体系的弊端，实行自由贸易成了英国政府所要努力实现的目标。在这种情况下，对殖民地的贸易垄断就变成了英国工业进一步发展的桎梏。亚当·斯密的理论正反映了正在崛起的新兴工业资产阶级的愿望。

因而，斯密对重商主义殖民理论进行了批判。在斯密看来，"自《航

---

① Roderick Floud, Dorlald Maccloskey, *The Economic History of Britain Since 1700*, Vol. 1, *1700-1860*, Cambridge: Cambridge Press, 1981, p. 40.

海条例》订立以来，英国财富虽有了很大的增加，但其增加，必定没和殖民地贸易的增加，保持同一的比例。"这是因为"一国的国外贸易，自然按其财富增加的比例而增加。其剩余生产物又自然按其全生产物增加的比例而增加。①具体地说，英国独占了几乎所有殖民地的贸易，所需的资本，只能从其他贸易部门中吸引过来，这样一来，英国对殖民地的贸易虽然增加了，但对欧洲其他国家的贸易却减少了，这只是贸易方向的改变，而贸易量并不因有殖民地贸易而增加。这种贸易方向的改变，只不过使英国以外销为目的制造品，不适合于有许多竞争者的市场，而适合于享有独占权的市场，②换句话说，这是不利于英国产业发展的。他说："殖民地贸易的独占，迫使大部分的英国资本，违反了自然趋势。英国的产业，不和多数小的市场相适应，而却主要和一个大市场适应；英国的贸易，不在多数小的商业系统中进行，而却主要被放到一个大的商业系统上去。这样，整个商业系统，亦变得比较不安全了，其政治组织的全部状态，也变得比较不健康了。"③

斯密还看到了对殖民地独占的其他一些不利因素。他认为，任何垄断，都不易改革，"这是重商主义一切法规不幸的结果，这一法规不仅给政治和组织造成了危险性很大的紊乱，而且这种紊乱，即使不引起更大紊乱，也往往难于矫正。"④

实际上，由于英国工业革命的迅猛发展，重商主义的经济基础已经开始动摇。英国新兴的资产阶级迫切要求进一步扩大产品销售市场，而欧洲列强对其殖民地贸易的垄断，对英国迅速发展的工业和贸易极为不利。因而他们强烈要求英国废除对殖民地的贸易垄断，以便使英国资产阶级能够同英国的殖民地自由贸易，进而能够同其他国家的殖民地进行自由贸易。这才是斯密的殖民理论的根本出发点。

---

① ［英］亚当·斯密：《国民财富的性质和原因的研究》（下）（中文版），167页，北京，商务印书馆，1974。
② 同上书，167页。
③ 同上书，175页。
④ 同上书，176页。

（二）欧洲各国的殖民地对母国毫无益处，是母国的负担

殖民地防卫费用问题在"七年战争"之后成为困扰英国统治者的一个问题。按照重商主义殖民理论的观点，殖民地应支付其防卫费用，通过商业调控，殖民地应对母国有所贡献。占有殖民地应该获益而不应该担负债务。在他们看来，美洲殖民地在和平时期应该分担防卫印第安人的费用，战时应帮助母国，母国不应完全负担帝国防卫费用。[1]但是这种情况在"七年战争"后发生了变化。

"七年战争"的胜利固然使英国建立了一个空前庞大的殖民帝国，但也使英国债台高筑。英国的国债比战争前多了两倍，达1.5亿英镑，几乎和当时英国国民收入相等，仅利息每年就高达470万英镑。[2] 而且，为了控制这些新占领的土地，英国还需派大批军队驻扎在北美。到1764年，单在北美维持各种行政管理及防卫方面每年的开支就由原来2万英镑增加到了35万英镑。[3] 在这种情况下，英国最紧迫的事情是如何减轻在殖民地的负担。在英国的政治家们看来，要求英国纳税人偿还这些巨额的债务，支付英国在美洲殖民地政府日益增加的费用是不公平的。[4] 美洲殖民地对于整个帝国，尤其是皇家海军无分文贡献。英国政府要求殖民地应为帝国防卫作出更多的贡献。

为此，格伦维尔政府通过了几项法律，希望以此来加强对殖民地的统治。这些法律一方面是为了增加收入，减轻英国在殖民地的负担；另一方面英国政府"希望议会具有向英国领地的任何地区征收任何税的权力和主权不

---

[1] J. Holland Rose, *The Cambridge History of British Empire*, Vol. 1, Cambridge: Cambridge University Press, 1929, pp. 589-590.

[2] T. O. Lloyd, *The British Empire, 1558-1983*, Oxford: Oxford University Press, 1984, p. 86.

[3] J. Holland Rose, *The Cambridge History of British Empire*, Vol. 1, Cambridge: Cambridge University Press, 1929, p. 645.

[4] M. Smelser, *American Colonial and Revolutionary History*, New York: Barnes & Noble Boohs, 1963, p. 117.

致受到怀疑"。①而且这项税款全部收入将在英国议会指导下用于殖民地,并仅限于供殖民地之防卫、保护及安全之用。② 但是,这些法令,特别是《印花税法》遭到美洲殖民地人民的强烈反对。殖民地反对英国的浪潮逐渐高涨。重商主义殖民理论已经不能适应帝国出现的新问题,亚当·斯密明确地阐明了这一点。

斯密认为:殖民地的防卫问题是重商主义殖民理论未曾预料的问题。通过颁布《航海条例》等一系列法令,英国对殖民地征收了一些关税,除此之外,英国未能从殖民地获取更多的收入。然而英国"对殖民地所征的税,能与平时所付的费用相等,已属罕见,若要支付战时殖民地所增加的费用,那就无论如何也是不够的"。③"七年战争"结束之后,英国每年用于北美殖民地高达35万英镑的费用中,其中有一大部分是用于殖民地的防卫,殖民地巨额的防卫及行政管理费用成了英国沉重的负担。这与重商主义殖民理论的初衷完全相左。英国政府为了解决这一难题,曾尝试对殖民地征税;却遭到殖民地人民的强烈反对,引起英国与北美殖民地的剧烈的冲突。因而斯密指出:"英国移民,对于母国的国防和行政费用,从来没有什么贡献。反之,迄今卫护他们所需的费用,几乎全部由母国支付。"④这样的殖民地,对其母国,只是负担,不是财源。

从维持帝国所需经费来讲,斯密认为母国统治、保卫殖民地,使母国的财政受到损害。他说:"英国统治殖民地的主要目的,或更确切地说唯一目的,一向就是维持独占,殖民地不曾提供任何收入来维持母国的内政,亦不曾提供任何兵力来维持母国的国防"。⑤接着,斯密分析了英国平时所用于殖民地防卫的费用。在英美冲突之前,殖民地按平时编制的一般

---

① [美] R.C. 西蒙斯:《美国早期史——从殖民建立到独立》(中文版),385页,北京,商务印书馆,1994。
② [美] 塞缪尔、埃利奥特、莫里森等:《美利坚共和国的成长》(上),南开大学历史系美国史研究室译,188页,天津,天津人民出版社,1980。
③ [英] 亚当·斯密:《国民财富的性质和原因的研究》(下)(中文版),164页,北京,商务印书馆,1974。
④ 同上书,145页。
⑤ 同上书,185页。

军费，为二十联队步兵的给养，以及炮兵队、海军所需的军需品的费用。斯密认为，"这平时编制的军费全部，是英国收入上的一个负担，但同时也只是殖民地统治所费于母国的极小部分。如果我们要知道费用全部数，我们必须在这平时编制每年军事费用之外，加上英国在各个时期为防卫殖民地所花费的款项利息"。不但如此，还应加上为殖民地而进行的战争所用的费用。这些费用总数达9 000万英镑以上。"① 这些费用显然远远大于英国从殖民地所获得的利益。因而斯密得出结论：欧洲占有的殖民地，对母国是一种负担。他认为"在现今的经营管理下，英国从统治殖民地毫无所得，只有损失"。②

（三）主张改革英国对殖民地的统治政策，实行自由贸易

在论述了旧的重商主义殖民政策的种种弊端之后，斯密提出了自己的殖民地改革方案，主张"逐渐放松殖民地贸易"，进而实行自由贸易。这是其殖民理论的精华所在。

斯密认为：将来无论什么时候，要把英国从这种危险中拯救出来，唯一的政策，似乎就是适度地、逐渐地放宽那给英国以殖民地贸易独占权的法律，一直到很大自由为止。"立即开放殖民地贸易，使一切国家都可以进行经营，那不仅会引起一些暂时的困难，而且现今以劳动与资本经营这种贸易的人，有大部分人将蒙受巨大的永久损失。……所以殖民地贸易应逐渐放开，什么限制应首先撤除，什么限制应最后撤除，这些问题，留给未来的政治家和立法者用智慧去解决吧。"③

从这段文字中，我们可以看出，亚当·斯密的最终目的是建立殖民地自由贸易。长期以来重商主义者认为，一个国家的繁荣依赖于与其他国家的贸易，因此国家政策的目标应是最大限度地打击其贸易对手。④ 因而扩大出口，限制进口，对殖民地的贸易进行垄断成了重商主义殖民政策的核

---

① ［英］亚当·斯密：《国民财富的性质和原因的研究》（下）（中文版），186页，北京，商务印书馆，1974。
② 同上书，186页。
③ 同上书，176～177页。
④ Ramsay Muir, *A Short History of the British Commonwealth*, Vol. 2, p. 127.

心。亚当·斯密对此进行了猛烈的抨击。斯密认为,财富的传播越广泛,对所有的国家好处越大,贸易交换对双边都有好处。因此,国家的政策应该是尽可能消除障碍,允许国与国之间的贸易按照自然的渠道自由地进行。① 也就是说要实行自由贸易的原则。这是一个革命性的思想,是对欧洲各国长期奉行的重商主义的致命的打击。斯密的殖民理论对于新帝国的影响主要体现在殖民地自由贸易这一理论上。

对于对殖民地实行自由贸易的好处,斯密也作了阐述,提出了自己的方案。他说:"建议英国自动放弃它对殖民地的一切统治权,让它们自己选举地方长官,自己制定法律,自己决定对外绥靖和宣战,就等于提出一个从来不曾为世界上任何国家采纳亦永远不会为世界上任何国家采纳的议案。没有一个国家自动放弃过任何地方的统治权。"② 但是这些建议"若真的被采纳,那么英国不仅能立即摆脱掉殖民地平时每年全部军事费用,而且可与殖民地订立商约,使英国能够有效地确保自由贸易。这样,殖民地与母国,就像好朋友的分离,那么几乎为近来的不和所消失的殖民地对母国的自然感情,就会很快地恢复,他们不仅会从此尊重和我们分离时所决定的商约,而且将在战争上、贸易上赞助我们,不再做骚扰捣乱的人民,都将成为我们最忠实、最亲切、最宽宏的同盟"。③

实际上斯密本人并不主张放弃帝国,不主张北美殖民地与母国分离。他所期望的殖民地与母国的关系是"古希腊与其所从属的城市,一方面有一种父母之爱,一方面有一种孝敬之心"。④ 他认为,母国和附属国只要能够互相谅解,愿意结合在一起,就没有理由一定要分开,并且在帝国范围内实行自由贸易。但他十分清楚,英国不会自动放弃对殖民地的统治。也就是说,亚当·斯密希望在自由贸易的基础以及联邦的基础上

---

① Ramsay Muir, *A Short History of the British Commonwealth*, Vol.2, p.127.
② [英]亚当·斯密:《国民财富的性质和原因的研究》(下)(中文版),186页,北京,商务印书馆,1974。
③ 同上书,187页。
④ 同上书,187页。

重建帝国。因而有人认为亚当·斯密是"自由帝国主义者"①。为此，斯密提出了自己的帝国改革方案。斯密的帝国改革方案是他为避免帝国分裂而提出的补救方案。他的方案实际上主要是出于财政上的考虑。斯密认为，为使殖民地对于帝国真正的优势能发挥出来，在和平时期殖民地不但应当支付其全部的和平建设费用，而且还应当按比例分摊整个帝国政府的费用。

但是由于英国议会对殖民地缺乏足够的权威，英国未能从殖民地获得税款，为此斯密提出了按纳税比例来确定殖民地代表在英国议会中的人数。他说："英国的国会主张对殖民地课税，而殖民地则拒绝这种课税，因为他们未曾派代表出席国会。假若对要脱离联盟的各殖民地，英国都许其按所纳国税的比例选举代表，而且由于纳税，允其自由贸易，使其代表人数与之相应，并随其纳税的增加而比例增加，那么各殖民地领导人物，就有了一种夺取重要地位的新方法，一个新的更迷人的野心对象了。"这段话可以看出斯密关于帝国改革的方案，实际上就是让殖民地按比例选举出自己的代表，参加英国议会，这样，殖民地所谓的"无代表，不课税"的口号便没有根据。这个方案的目的无非是为了使北美殖民地能够自愿地承担殖民地的防务及管理费用。但是，亚当·斯密的划时代的巨著发表之时，英美双方已经兵戎相见，"代表权"的问题已经成为过时的论调，这个方案不可能被英国政府采纳。

斯密的帝国思想，反映了工业革命中日益壮大的资产阶级要求废除殖民地贸易垄断的要求。他猛烈抨击对殖民地的贸易垄断，认为殖民地是母国的负担，主张放弃对殖民地的贸易垄断，击中了旧的殖民制度的要害，因为旧的殖民制度最显著的特征便是贸易垄断及经济功能的互补性。② 斯密的帝国思想，尤其是殖民地是母国的负担的思想，在美国革命之后将近

---

① C. R. Fay, *Great Britain from Adam Smith to the Present Day*, New York: Gree and Co., Ltd, 1928. p. 3.

② Klaus E. Knorr, *British Colonial Theories, 1570-1850*, London: Frank Cass & LTD, 1965, p. 128.

一百年的时间内,对英国社会产生巨大影响,保留殖民地还是放弃殖民地成了英国国内长盛不衰的争论话题。然而,尽管斯密不懈地努力,急切地想改革帝国,但无论是英国的统治者,还是英国的人民,都未从这种金色的梦想中清醒过来。① 自由贸易原则是资产阶级追求的目标,但英国却不可能自动放弃殖民地。因为这通常不符合其统治阶级的私人利益,"因为他们对于许多有责任有利润的位置的处分权将从此被剥夺,他们那许多获取财富与荣誉的机会,亦将因此被剥夺"②。

亚当·斯密《国民财富的性质和原因的研究》一书对英国政治也产生了很大影响。他的自由贸易理论在美国革命之后,实际上已被政府接受。他的殖民理论深深地影响了英国政府新的殖民政策的制定,影响了谢尔本、小皮特等政界要人,产生了很大的影响。1786年英法所签订的《英法商约》,实际上就是在斯密的自由贸易理论指导下签订的。

斯密的殖民理论是新帝国的理论指导思想。这倒不是说斯密提出的帝国改革方案对当时英国政府的帝国政策有多大影响,现代研究表明,亚当·斯密关于殖民及殖民地作用的结论,在当时并没有得到英国人较好地理解。③ 而是说斯密提出的自由贸易的原则已经成为历史发展的趋势,代表了历史发展的方向。自由主义原则代替重商主义的原则已经成为不可阻挡的历史潮流,重商主义殖民理论的基础已经彻底动摇。这必然深深影响到英国政府殖民政策的制定,影响英国人民对于殖民地的看法,影响英帝国的发展。《国民财富的性质和原因的研究》发表45年之后,曼彻斯特学派(Manehester School)不遗余力地为在英帝国范围内实现自由贸易而努力。英帝国的发展又进入一个新的历史阶段。

---

① Klaus E. Knorr, *British Colonial Theories, 1570-1850*, London: Frank Cass & LTD, 1965, p.197.

② [英]亚当·斯密:《国民财富的性质和原因的研究》(下)(中文版),187页,北京,商务印书馆,1974。

③ Klaus E. Knorr, *British Colonial Theories, 1570-1850*, London: Frank Cass & LTD, 1965, p.175.

五、艾德蒙·伯克的帝国思想

艾德蒙·伯克（1729—1792）是英国18世纪最伟大的政治思想家之一，早年投奔辉格党，当过辉格党党魁罗金厄姆的私人秘书，是该党得力的理论家，是英国保守主义集大成者，对英国宪政，英国政党政治的发展作出过巨大贡献，他的帝国思想是其政治思想的重要内容之一。18世纪末，伯克对北美、印度问题发表了大量的演说，他不遗余力地发起弹劾前印度大总督黑斯廷斯的运动，形成了新的帝国思想。他所阐述的帝国的统治原则，成了英国对土著殖民地的统治原则，为英国在印度新的统治机制的建立作出了巨大贡献，对英帝国的发展产生了巨大的影响。

伯克的帝国思想体现在他发表的一系列有关殖民地的演讲之中，其核心内容有两个方面：（1）制定"帝国宪法"，对殖民地采取抚慰政策，以感情、挚爱的信念为纽带统治帝国；（2）以"人道和正义"的原则统治印度，对土著殖民地承担更多的道义上的责任。伯克所阐述的帝国的统治原则，成了新帝国乃至后来英联邦的统治原则。对英帝国的发展产生了巨大的影响。

（一）提出"帝国宪法"的概念，描绘帝国前景

对未来帝国政治体制的构想是伯克帝国思想的重要内容之一。这个思想主要从伯克关于北美殖民地的演说与通信中表达出来。和当时许多人一样，伯克相信帝国对于英国财富和霸权贡献巨大。他盛赞美洲殖民地对英国财富的增长作出了巨大贡献，相信"印度同样对于大不列颠如此广阔的地区的繁荣"负有责任。

伯克对于帝国问题有独到的见解和超前意识。在旧的殖民制度下，英国议会对殖民地的管理仅仅限于控制帝国贸易，英国议会从未颁布过向殖民地征税的法令，殖民地也不承认英国议会对殖民地有征税权，英国与殖民地的冲突主要是由征税引起的。伯克认为英国与殖民地的关系应该保持原来的水平。他反对当时的诺思政府对北美殖民地征税，主张取消《印花税法案》。他在下院发表的题为《论关系法》演说中，主张议会本身应该

满足于矢志维护议会拥有最高立法权的原则,避免通过任何新的立法或征税来任意扩张这种最高权力,改变母国同殖民地的关系。他认为,不顾及时间、观念、局势以及风俗等具体情况的那些人,他们的统治是不明智的。同样的道理,对于北美殖民地,"他们的宪法的法则必出自他们的具体情况,不能用一个沉重的、垂死的躯体去压迫他们。"①

伯克在批评英国的殖民政策的同时,提出了其改革意见,为此他提出了"帝国宪法"的概念。伯克认为"就整个帝国而言,英国也只是其中一部分,在最高立法权之下,帝国的任何一部分都有自主权,而假如某个部分篡取了帝国的权利,那就破坏了整个帝国的美妙安排。"②实际上,伯克的"帝国宪法"的构想的精髓就是自由的原则,依据这一原则,从英国自身的利益和法律出发对殖民地进行征税,就变成了横征暴敛,是不合乎公理的。

美国独立战争爆发后,伯克寻求妥协,反对战争,反对政府的武力镇压政策,一再敦促与北美殖民地和解,希望把北美殖民地留在大英帝国内,他并不赞同北美殖民地和英国分离。但他越来越清楚地看到最后的胜利将属于美洲殖民地,因为"美利坚的精神是不可思议的"③,所以他一再敦促与北美殖民地和解。实际上,伯克是坚定维护大英帝国的利益的。

在此期间,伯克关于帝国未来政治体制的设想也日臻成熟。伯克在批评英国的殖民地政策的同时,提出了帝国思想。1775年3月,伯克在下院作了《论与殖民地和解》的演讲,开宗明义提出了未来帝国的政治安排,阐述了他的帝国思想,提出了"帝国宪法"概念。他认为:"在我看来,一个帝国和一个单一国家是有区别的。帝国是许多国家在一个共同首脑下的集合,不管这个首脑是君主,还是共和国总统。""在这个宪法体制下,附属国常常用许多本国特权和豁免。这些特权与它的共同的最高权威之间

---

① 转引自陈志瑞博士论文:《自由与保守——艾德蒙·伯克的政治思想》。

② "To Sir Charles Bnigham-so," October, 1773, *Correspondence of Edmund Burke*, Vol. Ⅱ, p. 475.

③ "To Charles O'Hara 17," August, 1775, *Correspondence of Edmund Burke*, Vol. Ⅳ, p. 187.

的联系极其微妙。"① 伯克认为在这样的体制之下，英国是首脑，但它又非首脑，也只是其中的一员。伯克认为就整个帝国而言，英国也只是其中一部分，在最高立法权之下，帝国的任何一部分都有自主权，而假如某个部分篡取了帝国的权利，那就破坏了整个帝国的美妙安排。这样从英国自身的利益和法律出发对殖民地征税，就变成了横征暴敛，是不合乎公理的。

美国宣布独立后，伯克又主张采取谨慎的步骤承认美国，这样虽然领土的自然纽带中断了，但还可以继续维持在血缘和传统友情之上的和平友好关系，不给英国的宿敌法国以可乘之机。在伯克看来，维系帝国统一的纽带是那共同的称谓、血肉之情、相似的特权、平等贸易保护制度以及相同的文化。"这些纽带，尽管轻如空气，但却坚如钢铁。"② 也就是说，伯克主张用殖民地对母国的感情和挚爱的信念作为帝国联系的纽带。如果他们想独立，就应该让他们独立。他反对对殖民地实行高压政策，主张在宪法中承认殖民地人民的利益。他说："别梦想你们的官方文书、你们的指令、你们的悬而未决的案件能把这个神奇的整体聚合在一起。"③

对于殖民地政府形式，伯克认为应在自由原则上，由殖民地人民根据他们的性格和实际情况决定哪一种政府更适合于他们。他认为，政府是一回事，其特权是另一回事，这两种事情的存在并无共同的联系。"只要你们有智慧使你们统治的这个国家成为自由的庇护所，成为汇集共同信念的圣殿，无论何处，崇拜自由的种族及英国之子，就会聚向你们。他们越热爱自由，他们越会表达他们的忠心。"④伯克认为僵硬的指示只是被动的工具，正是英国人共有的精神给了他们生气和功效，"正是英国宪法的精神贯注给广大群众，熏陶、哺育、团结、激励并活跃了英帝国的各个部分，

---

① George Bennete, *The Concept of Empire: Burke to Attlee*, 1774-1947, London: A & C Black, 1967, p. 40.

② Ibid., p. 41.

③ Ibid., p. 42.

④ Ibid., p. 42.

以至眷顾最微末的成员"。①

伯克的这种自由的帝国思想，实际上是一种以联邦分权为特点的思想。这是与当时重商主义殖民理论背道而驰的，是与以集权为特点的乔治三世个人统治格格不入的，违背了当时英国舆论的主流。当时的英国，对于北美殖民地，上至国王和大多数议员，下至普通老百姓，他们的观点基本一致，指导他们的仍然是重商主义的殖民理论，他们仍把北美殖民地当作一个在议会里没有代表权的英国公司来统治。而"无代表，不纳税"，北美殖民地人民正是在这一点上找到了脱离英国统治的法理依据。伯克等人的声音不足以动员英国民众，更不能改变乔治三世国王等人的顽固立场。其结果便是英国顽固坚持强硬政策，拒绝同北美殖民地人民和解，镇压北美殖民地的反抗运动，英国与北美殖民地的矛盾与冲突愈演愈烈，其最终结果是走向战争，第一英帝国解体。

伯克的这种帝国思想与当时英国工业革命的发展有很大关系。18世纪中叶开始，英国工业革命开始迅速发展，工业革命使社会生产力有了惊人的发展。英国工业革命的蓬勃发展，使英国深深卷入了世界经济发展潮流，作为"世界工厂"，英国的原材料和生活资料供应以及产品的销售方面越来越严重地依赖于海外市场，对外贸易对英国工业起着至关重要的作用，成为英国工业增长的发动机。1740年，英国工业产值为2 420万英镑，其中出口额仅为630万英镑；1770年，英国工业产值增为3 690万英镑，出口1 120万英镑，1800年，英国工业产值增至6 820万英镑，出口额为2 350万英镑。②"七年战争"结束后，英国在世界贸易的海洋线路上取得了霸主地位。相应的，英帝国政策的目标也由开拓殖民地，垄断殖民地的贸易，转移到扩大在全世界的贸易，控制战略基地，以此来保卫帝国

---

① George Bennete, *The concept of Empire: Burke to Attlee, 1774-1947*, London: A & C Black, 1967, p. 42.

② Roderick Floud, Dorland Macclosey, *The Economic History of Britain since 1700*, Vol. 1, *1700-1860*, Cambridge: Cambridge University Press, 1981, p. 40.

贸易，英帝国的利益已从美洲转向东方。① 新兴的工业资本家也迫切要求废除对殖民地的贸易垄断，以便使英国可以到其他国家的殖民地进行贸易。在这种形势下，旧的重商主义殖民理论的根基已经发生动摇，废除对殖民地的贸易垄断，根除旧的重商主义殖民体系的弊端，实行自由贸易成了英国政府所要努力实现的目标。伯克关于帝国问题的种种演讲，实际上代表了工业资产阶级的观点。伯克不但关心"帝国的安宁与繁荣"，而且也关注它的自由，使英国宪法的全部福祉恩泽国王陛下的所有臣民。他不仅仅对维护大英帝国感兴趣，也为维护殖民地人民的利益而斗争。伯克制定"帝国宪法"的目的实际上就是要建立一个松散的联邦，在这个联邦中，英王是大英帝国共同的首脑，英国也是其中一个成员。同时，这个帝国也是建立在正义的基础上，为了共同的利益而存在。任何以损害英国的附属国为代价，为英国谋取利益的行为都是完全错误的。② 尽管当时这种思想未被英国政府接受，但是伯克的关于制定"帝国宪法"的思想对未来英帝国的发展产生了巨大影响。19 世纪 70 年代殖民地自治政府的建立及 20 世纪英联邦的建立，都体现了伯克"帝国宪法"的思想。

（二）主张以"人道和正义"原则统治印度，提出了"殖民地托管"理论

在伯克的帝国思想中，对新帝国的形成产生重大影响的是其"殖民地托管"理论。

所谓"托管"即在法律上将某物持有，辉格党人将此应用到帝国统治上。"殖民地托管"理论的形成与发展是 18 世纪末英帝国观念重大变化的反映。

第一英帝国本质上是商业帝国，它主要关心的是利润。为此它可以用一切手段来获取利润，比如详尽的帝国贸易法律，使用奴隶，而很少考虑为英帝国的臣民做些什么事情。③ 因而过去英国东印度公司在印度的掠夺

---

① W. D. Hussey, *The British Empire and Commonwealth*, 1500-1961, Cambridge: Cambridge University Press, 1963, p. 138.

② Stephen Taylor, *Hanoverian Britain and Empire Burke to Attlee*, London: A & C Black, 1967, p. 296.

③ W. D. Hussey, *The British Empire and Commonwealth*, 1500-1960, Cambridge: Cambridge University Press, 1963, p. 146.

抢劫行为未受到人们的指责。但这种情况到18世纪末由于"福音教派"及"人道主义"运动的发展而发生了变化。

18世纪下半叶,英国在经济上飞速发展之时,在宗教文化领域,兴起了福音教派以及随之而来的人道主义运动。这个运动受到中产阶级的大力支持,对于上层社会人物也产生了很大的影响,当时许多政治领袖是该教派虔诚的信徒。福音教派特别强调个人拯救,强调个人的灵魂对上帝负责。他们坚信所有的人在上帝眼里都是平等的,所有的人必须对那些不幸的兄弟同情、理解,而不论他们的种族、肤色,因为这些人是人类大家庭的成员。①

福音教派的兴起,极大地刺激了"人道主义"活动的发展。"人道主义"的理论基础是基督教那种"上帝面前人人平等"的信念。开始于这时期的人道主义运动,极大地影响了人们对殖民地的态度。首先,由于人道主义运动的发展,英国掀起了废除奴隶贸易运动。对奴隶贸易的攻击标志着对土著民族新的责任感出现,是对旧帝国那种只关心利润,为获取利润而不择手段的做法的否定。其次,由于福音教派和人道主义运动的传播,在英国人们开始考虑帝国责任问题,东印度公司在印度的种种腐败行为遭到了猛烈的攻击。这种思想渐渐由以伯克为代表的辉格党人发展成"殖民地托管"理论。

按照伯克的"殖民地托管"理论,那些拥有帝国的国家应对其统治的臣民负责,因而给殖民地一个好的政府是大不列颠道德上的责任。帝国的统治应当公正,永远不出现暴政。② 在伯克关于印度事务的一系列演讲中,在伯克不遗余力所发起的弹劾印度大总督黑斯廷斯的运动中都体现了这样一个原则。正如伯克在弹劾黑斯廷斯的一次演讲中宣称:"我们呼吁平等精神、正义精神、保护精神、慈悲精神,这些应当成为每一个英国统治的地方的特征。"③ 这与第一次世界大战后国联的殖民地托管不同。伯克从政不久,便注

---

① Ramsay Muir, *A Short History of the British Commonwealth*, Vol. II, London: G. Philip and Son, 1927, p.130.

② W. D. Hussey, *The British Empire and Commonwealth, 1500-1960*, Cambridge: Cambridge University Press, 1963, p.147.

③ George Bennete, *The Concept of Empire: Burke to Attlee, 1774-1947*, London: A & C Black, 1967, p.50.

意到了印度问题。美国独立之后，他认为国内主要政治问题来自"在印度的阴谋和错误行径的持续混乱"，①他把几乎全部精力投入到英印当局的改革中。

"殖民地托管"理论是在对英国政府对印度的政策的猛烈抨击中形成的。18世纪80年代，伯克大部分精力都用在对东印度公司的口诛笔伐上，他坚信英国在印度的统治是腐败的，必须通过议会立法来对它进行全面、彻底的改革。1781年，伯克出任英国议会成立的"关于印度事务的小型调查委员会"主席，准备了一系列著名的报告，这些报告开始向国民不断灌输对殖民地的责任感。这深深影响了英国同殖民地非欧洲裔臣民的关系。②

"殖民地托管"理论的核心是为殖民地建立一个好的政府，杜绝腐败现象的出现。为此伯克主张把东印度公司置于英国议会的控制之下，规范他们对印度的统治，消除他们对国内政治的腐败现象。1783年12月，伯克在下院发表《关于福克斯先生的东印度法案》的演说，这是他关于印度问题的一个重要文献。在这篇演说中，伯克列举了大量事实和证据，说明以黑斯廷斯总督为首的英印当局和东印度公司的横暴统治给印度人民造成了深重的灾难，力主对印度进行改革，并开始总结他的"殖民地托管"理论。伯克声称如无止境勒索殖民地，只会导致冲突。③他说："20年之后，我们在印度的征服像当初一样残酷，土著人很少了解他们所看到的灰头发的英国人，一帮年轻人（几乎是小男孩）统治着那里，他们之间没有友谊、他们对土著人不同情。……英国没有修建教堂、医院、学校、宫殿；英国没有修筑桥梁、公路、灌渠、水库。假如我们今天被赶出印度，那么我们留在印度的东西将说明，在我们统治的这一不光彩的时期自己的所作所为不亚于一只猩猩或老虎。"④

---

① George Bennete, *The Concept of Empire: Burke to Attlee*, 1774-1947, London: A & C Black, 1967, p. 50.

② Vincent T. Harlow, *The Founding of the Second British Empire*, 1763-1793, Vol. II, Oxford: Oxford University Press, 1953, p. 113.

③ [英] 布赖恩·拉平：《帝国斜阳》（中文版），钱乘旦等译，29页，上海，上海人民出版社，1996。

④ D. D. Horn & May Ransome, *English Historical Documents*, 1714-1783, Vol. X, Oxford: Oxford University Press, 1969, p. 821.

针对东印度公司在印度滥用职权、营私舞弊、腐败暴虐给印度人民带来巨大灾难这一现象，伯克认为，英国在印度滥用权力，臭名昭著，已到了非常严重的地步。① 伯克有关印度的演讲，让人明显感到：他深信在帝国政府中，英国国家应当关注它的声望和名誉，而不应只关心其利益和权利。这些利益都只是暂时的。"只增加其商业利益而没有相应的声望和名誉"对英国来说是一个不好的交易。② 东印度公司的特许状是建立垄断、制造特权的特许状。③ 如果滥用职权属实，则契约就被破坏。他认为，东印度公司已经背离了它的真正的目的，"已经完全不可改正，而因为他们在行为和体制上是不可改正的就应该把权力从他们手中去掉。"正如东印度公司的权威是一种托管的分支一样，我们的权威则是托管的源头。④

对殖民地实行托管的保证是在殖民地实行法制，以此来根除腐败的影响。伯克讲道："在你们面前的这个法案要剪除这种影响之源。其设想和主要的目的是要在法律的诸原则上规定对印度的管理。"⑤ 1786年之后，伯克持久不懈地在议会下院发起弹劾印度大总督黑斯廷斯的运动。伯克认为，黑斯廷斯是腐败的旧制度代表。在长达10年时间中，无论出现什么情况，伯克始终不改初衷。他在弹劾黑斯廷斯开场演说中讲道："今天的事情不是这个人的事情，它不单单是要在法庭上确认这个被告有罪与否，而且是数百万人将沦为悲苦或得到幸福问题……这个决定不仅关系到现在大英帝国最大部分的印度的利益，而且将决定英国本身的信誉，我们要通过这一审判决定个人犯罪是否会被转变成公共的罪行和民族的耻辱，或者这个国家是否将把给其政府投上短暂阴影的这类罪犯改造成反映这个王国的

---

① George Bennete, *The Concept of Empie: Burke to Attlee*, 1774-1947, London: A & C Black, 1967, p.50.

② Stephen Taylor, *Hanoverian Britain and Empire Burke to Attlee*, London: A & C Black, 1967, p.297.

③ George Bennete, *The Concept of Empire: Burke to Attlee*, 1774-1947, London: A & C Black, 1967, p.51.

④ Ibid., p.53.

⑤ Hampsher-Monk, *The Political Philosophy of Edmund Burke*, London: Longman, 1987, p.155.

荣誉、正义和人道的永恒光辉的东西"。①

对印度大总督黑斯廷斯的弹劾实质上不是对黑斯廷斯个人的弹劾，而是对英国旧的腐败的殖民制度的弹劾，是对"人道和正义"原则的呼唤。纵观伯克所有的关于殖民地问题的演讲，我们可以看出，伯克并不反对英国的殖民统治，更无意把英国的权威从印度完全撤出，而是希望改变英国对印度腐败的殖民统治。以巩固英国在印度的殖民统治，进而把印度当作英国工业的原料产地及产品销售市场。但不能否认，伯克是真心实意地想以"正义和人道"为原则，对英国的殖民政策进行改革的。他对印度殖民地人民深重苦难抱以同情，遍览伯克关于印度的演说和书信，对以黑斯廷斯为首的英印当局和东印度公司在印度的专横统治和肆意掠夺的义愤比比皆是，同时也就充满了对印度人民的悲悯。

伯克在批评黑斯廷斯的同时，也提出了自己的意见。他认为"黑斯廷斯作为英国派去的一名总督，应该用英国的原则，而非英国的形式去统治印度"，②而所谓英国的原则就是"人道和正义"的原则。当时曾有人认为不能用欧洲的道德标准来衡量黑斯廷斯等人在印度的所作所为，伯克对此驳斥道："我们反对地理道德论……道德的法则到处都是相同的，没有什么行动在英国视为折磨、掠夺、贿赂以及压迫的行为，在欧洲、亚洲、非洲和整个世界就不是这样了"。③

伯克在弹劾黑斯廷斯时总结道："我以英吉利民族的名义弹劾他，它的古老的名誉受到了玷污；我以印度人民的名义弹劾他，他们的权利被他践踏在脚下，他们的国家被他变成荒漠；最后，以人类本身的名义，以每一个时代每一个阶段的名义，我弹劾共同的敌人及所有的压迫者"。最后英国议会宣布对黑斯廷斯所有的指责不成立。伯克对此写道："我们来这

---

① 转引自陈志瑞博士论文：《自由与保守——埃德蒙·伯克的政治思想》。
② George Bennete, *Concept of Empire: Burke to Attlee, 1774-1947*, London: A & C Blade, 1967, p. 54.
③ Ibid., p. 55.

里不是解决问题,而是呼唤正义"。①他还说:"为人制定的政治权力,必须最大限度地为人谋利。"② 这样看来,"殖民地托管"理论的原则就是"人道和正义"的原则,英国在殖民地的统治也应用英国的原则去统治,英国应当关心印度人民的疾苦。

为保证"人道和正义"的原则能在印度实行,伯克还为东印度公司设计了一套政府制度,使东印度公司在伦敦公开地对其在印度体面的政府公开负责,同时又不使它变成国王及其大臣的荫庇的另一源泉。为此他起草了一系列印度议案,目的是要建立一个类似现代公共机构的组织,一个独立于政府但受章程约束的为公众利益服务的组织。③ 这样就可以最大限度地根除东印度公司的腐败行为。

伯克的"殖民地托管"理论实际上也是对旧的重商主义只关心利润的殖民政策的否定。其目的是给那些仍未充分发展的地区的人民一个公正、稳定的政府,④ 是为了改变过去这种不关心土著殖民地人民生死的不人道的做法。通过为殖民地建立一个良好的政府,改变英国在土著人地区殖民地的残暴的统治,杜绝东印度公司在印度的腐败行为,缓和英国与殖民地的矛盾,以利于英国在印度的持久统治。

"殖民地托管"理论在弹劾印度大总督黑斯廷斯运动中日渐成熟。这种新的殖民思想一经形成,便极大地影响了英国新的殖民政策的制定。在此之后,英国人开始关心土著殖民地人民的生活、教育等方面的事务。他们开始在印度修筑道路,兴办学校,革除殖民地落后的陋习。英国人开始为殖民地的建设做一些实实在在的事情。

伯克的"殖民地托管"理论在19世纪英国对于落后地区殖民地政府政

---

① H. H. Dodwell, *The Cambridge History of the British Empire*, Vol. IV, 1497-1858, Cambridge: Cambridge University Press, 1929, p. 312.

② W. D. Hussey, *The British Empire and Commonwealth*, 1500-1960, Cambridge: Cambridge University Press, 1963, p. 147.

③ [英] 布赖恩·拉平:《帝国斜阳》(中文版),钱乘旦等译,29页,上海,上海人民出版社,1996。

④ W. D. Hussey, *The British Empire and Commonwealth*, 1500-1960, Cambridge: Cambridge University Press, 1963, p. 147.

策有很大影响。第一英帝国解体后，第二英帝国之所以能迅速扩大，最终形成了遍及全世界的"日不落帝国"，甚至这些殖民地在独立以后仍然留在英联邦之内，与英国政府采纳这种新的殖民统治理论，实行新的殖民统治政策，注意改善英国的殖民统治形象有很大的联系。

伯克的帝国思想与旧的重商主义殖民理论有很大不同，其"殖民地托管"理论实际上也是对旧的重商主义只关心利润的殖民理论的否定。第一英帝国是在重商主义理论指导下建立起来的，其殖民政策必然体现着浓厚的重商主义的色彩。由于英国政府开拓殖民地的动机是为了商业与财富，所以英国在政治上对殖民地的控制比较松弛，而为了商业及财富，英国严格控制着殖民地的商业及贸易，对殖民地进行掠夺。政治上控制松弛与经济上严格限制构成了旧帝国统治体制的特征。在白人殖民地，由于其居民大都是英国移民，他们把英国的自由传统也移植到了殖民地，所以那里没有腐败滋生的土壤。而在印度等土著人居住的殖民地，东印度公司为了获取更多的利润，在那里不断挑起战争，大肆抢掠殖民地的财富，给殖民地人民带来深重的灾难。通过为殖民地建立一个良好的政府，改变英国在土著人地区殖民地的统治，杜绝东印度公司在印度的腐败行为，缓和英国与殖民地的矛盾，以利于英国在印度的持久统治。

伯克的帝国思想与同期的理论家亚当·斯密的殖民理论也有所不同。亚当·斯密的殖民地理论的核心部分是其殖民地自由贸易理论，即英国对殖民地不实行独占政策，任其同所有国家进行自由贸易。他认为与其耗费巨大的行政管理费用和军事占领费用来独占殖民地，倒不如放弃这种独占，省下这些费用，而用自由贸易的办法来取得更多的利润。主张给北美殖民地以议会代表权，使之自动服从于英国。[①] 伯克的帝国思想的着重点在政治方面，主张用联邦的方式对帝国进行统治，用感情、挚爱的纽带来维系帝国的统一。当然，他们二人的帝国思想本质上都是自由主义帝国思想，代表了英帝国的发展方向。

---

① ［英］亚当·斯密：《国民财富的性质和原因的研究》（下），192页，北京，商务印书馆，1981。

伯克的帝国思想是英帝国从旧帝国向新帝国过渡时期产生的新的帝国思想，是对旧的重商主义殖民理论的否定，对于英帝国新的帝国政策的制定，特别是英国对印度殖民地及其他土著殖民地的政策的制定，对于英帝国新的帝国体制的形成有很大影响，有助于英国殖民统治的稳定，在英帝国发展史上有重要地位。

六、英国对印度殖民统治体制的形成及影响

从美国独立到拿破仑战争结束这32年时间内，是英国的帝国思想、帝国政策的大调整时期，也是英国对印度殖民统治体制的形成时期。英国对印度殖民地新的统治体制的形成是新帝国与旧帝国最大的区别之一，它对于英帝国的发展壮大，对于英国对土著殖民地的统治产生了巨大影响。

（一）英国对印度殖民统治政策的调整

印度殖民地是由东印度公司按照英国国王授予的特许状而建立的，东印度公司征服孟加拉后，就由公司建立政权，伦敦的东印度公司董事会成了英国在印度的最高权力机构，从方针政策的制定到殖民地政府文职官员的任命，都由东印度公司行使权力，在印度的殖民政府是它的执行机构。不过英王颁布的公司特许状也规定：如果公司行为违背国家利益，国王可以给予其两年的警示期，直至收回特许状。① 所以在1773年议会颁布《调整法案》之前，英国政府并没有一套统治印度殖民地的政策。但是，18世纪末期，英帝国局势的发展，英国被迫对印度殖民地的统治进行改革。

首先，东印度公司在征服印度的过程中，各种丑恶现象也相继显露出来，严重损害了英国政府的形象，损害了英国的利益。

"七年战争"是英国侵略印度的转折点，至1765年，东印度公司已驱

---

① James A. Williamson, *A Short History of British Expansion*, London: Macmillan, 1927, p. 215.

逐了其他欧洲国家在印度的竞争对手。① 然而各种丑恶现象也显露了出来。其中包括以下几点。

（1）收受贿赂，敲诈勒索。东印度公司一旦政权在握，便迫不及待地利用它来实现最大限度的掠夺。公司每征服一地，最方便、最现成的办法莫过于掠夺国库、敲诈王公贵族。公司职员贪得无厌，四处敲诈勒索，积聚了大量的钱财。英国议会的一项报告表明，1757—1766年间，东印度公司职员收到的礼物高达2 169 665英镑。②

（2）英印富翁在国内收买议席，拉帮结派，影响国内政治。在印度的东印度公司职员回国时大都变成富翁。这些英印富翁回到英国后通常大量购买地产，并用自己的在印度掠夺的不义之财来贿买议会席位，这又增加了印度利益集团在国内政治中的重要性。③ 这样在18世纪六七十年代，英国政府对东印度公司的政策便受到错综复杂利益的牵制。一方面，公司的股东们想尽可能得到分红，这就意味着必须改变东印度公司的体制，以阻止钱财流入公司职员的口袋。另一方面，那些仍旧有朋友、亲戚在印度做事的董事，在印度有一定利益，他们允许旧制度继续存在，"纳波布"成了议会中臭名昭著，不得人心的角色。而且随着公司财力枯竭，人们对他们的厌恶之情也逐渐加重。

（3）连年征战，债务累累。在多种因素驱使下，东印度公司为了获取更多的利润，不断进行扩张战争，通过一系列的扩张战争，英国在印度的统治地区不断扩大，地位也进一步巩固。公司的职员也掠夺了大量钱财，而东印度公司却为此背上了沉重的债务。1771年东印度公司的债务高达

---

① J. Steven Watson, *The Reign of George Ⅲ*, 1760-1815, Oxford：Clarendon Press, 1960, p.157.

② Percival Spear, *The Oxford History of Modern India*, 1740-1975, Oxford：Oxford University Press, 1978, p.75.

③ J. Steven Watson, *The Reign of George Ⅲ*, 1760-1815, Oxford：Clarendon Press, 1960, p.163.

150万英镑。① 东印度公司连年征战，公司职员的巧取豪夺，不但影响了公司的分红，而且也影响了国内政治的稳定。公司在印度如何统治的问题很快又成了议会辩论的热门话题。

（4）肆意掠夺，给印度人民带来了巨大灾难。东印度公司的大肆掠夺，使原本美丽富饶的印度变得一片凋零。1769年到1770年，孟加拉发生最为严重的大饥荒，饿死人数达1 000万人，占该省总人数1/3的人口被饿死，另外使1/3的耕地荒芜。② 尽管如此，东印度公司对印度的掠夺并未减少，对东印度公司在印度的腐败统治，英国国内早就有人进行了猛烈批判。东印度公司残暴的殖民统治成了旧的殖民制度堡垒，要改变这些腐败现象，必须改变原有的殖民政策，限制东印度公司的行动，由英国政府承担起对印度的统治，用英国的法律，来惩治东印度公司的腐败行为。

其次，英帝国重心转向东方以及日益严重的印度殖民地局势，迫使英国政府承担起对殖民地的管理。

随着英国工业革命的迅猛发展，生产力大大提高，英国经济对于海外市场的依赖程度进一步加深，英帝国的利益也由美洲转到了东方。在这种政策指导之下，英国强调的是贸易货栈和战略基地，而非17世纪那样的殖民拓殖。③ 谢尔本勋爵1782年所讲的"我们贸易优先于统治"，实际上反映了这一时期英国政府所奉行的原则。随着与东方贸易的发展，英国同中国及印度的贸易在英国贸易中的地位越来越重要，印度则连接了中国及欧洲大市场。英帝国的重心转向了东方，这使得印度殖民地在英帝国中的地位越来越重要。然而自美国革命以来印度殖民地日益严重的局势，迫使英国政府调整对印度政策。

最后，福音教派（Evangelical）的人道主义（Humanitarian）运动的

---

① J. Steven Watson, *The Reign of George Ⅲ*, 1760-1815, Oxford： Clarendon Press, 1960, p. 166.

② Percival Spear, *The Oxford History of Modern India*, 1740-1975, Oxford, Oxford University Press, 1978, p. 57.

③ W. D. Hussy, *The British Empire and Commonwealth*, 1500-1961, Cambridge：Cambridge University Press, 1963, p. 138.

发展，也影响了英国对印度殖民地的政策。

18世纪下半叶，英国在经济上飞速发展之时，宗教文化领域兴起了福音教派以及随之而来的人道主义运动。人们的思想观念发生了巨大变化，公众道德标准也发生了很大变化，由此人们对待帝国的责任心也发生了变化。如何对待附属国人民的问题，在国内已不再是无关紧要的事了。在克莱夫时代能容忍的事情，现在已变得无法容忍。这种观念的变化，影响了帝国政策制定。

1773年英国议会颁布的《调整法案》是英国议会插手印度事务的第一步行动，该法案规定"公司董事会此后要向财政部交出印度寄来的有关税收的一切信件，并把有关民政或军政的一切函件上交国务大臣。"① 英国内阁第一次获得了控制印度事务的权力。它标志着英国首次将东印度公司置于议会控制之下，将印度殖民地事务由公司行为变成政府行为。法案还规定设立孟加拉最高法院，其目的是为了取代腐败的、效率低下的加尔各答法庭，是为了强制执行法案，防止东印度公司职员滥用法律，是为了给土著居民反抗压迫提供有效的保护。② 它表明英国议会对印度人民的利益首次加以关照，至少在法律文字上如此。法案实际上建立了英属印度中央政府，虽然它的权力是不完全的，但既然总督及参事会的任命权归国王，英国政府就可借此影响公司的统治。

虽然如此，东印度公司职员的种种腐败行为并没有得以消除。到18世纪70年代末，改革英属印度殖民地政府管理体制问题再次纳入英国议会议事日程，并成为政治斗争的焦点之一。英国的政治家们希望在印度建立起一种新的机制，真正实现国家对东印度公司的控制。曾参与制订改革方案的鲁滨逊也强烈呼吁"如果一种体制不能尽快确定、建立并且不断完善，我担心我们会失掉那个最有价值的国家。"③

---

① D. B. Horn, Mary Ransome, *English Historical Documents*, Vol. 7, *1714-1783*, London: Routledge, 1969, p. 813.
② Vincent T. Harlow, *The Founding of the Second British Empire*, Vol. II, London: Longman, 1964, p. 65.
③ Ibid., p. 113.

美国革命极大地影响了英国对印度的统治政策。美国革命期间，法国试图恢复其在印度的势力范围。如果任何一届东印度公司殖民政府在外交上采取一些错误措施，都会使英国在印度的利益有遭到毁灭的危险。第一英帝国①瓦解之后，英国在印度的统治问题就成了英国政府的头等大事，英国政府必须采取决定性行动，制止东印度公司的贪污腐败、穷兵黩武的行为。因而1783年美国独立之后，英国两党都同意英属印度政府体制必须有重大改变。② 东印度公司的财政困难则为英国改革东印度公司提供了契机。1783年，东印度公司被迫再度向英国政府借债，这迫使英国政府尽快采取行动。伯克的"对公司的援助和改革必须同步进行"的主张，也为国家大体上接受。③ 在这种情况下，1783年12月，福克斯提出了两项印度法案，目的在于建立一个七人委员会来控制公司事务，并且试图解散公司董事会。《福克斯法案》是英国政府控制东印度事务的又一次尝试。但是法案完全取消东印度公司特权，撤销董事会，显然有些激进，因而遭到许多人强烈反对。国王乔治三世甚至对上院威胁道："谁投票赞成福克斯，谁就是国王的敌人"。④ 结果福克斯法案虽在下院通过，但却被上院否决，福克斯—诺思联合政府也因此而倒台。

英国政府对印度事务进行控制是通过1784年《印度法案》来实现的。它也是继1773年印度法案后，英国政府采取的第二个行动。

1784年《印度法案》规定：由国王任命一个议会监督局来监督、控制东印度公司的民政和军政。公司董事会下达的一切信件、指示、命令都必须首先向监督局报告，不取得同意不能下达。法案特别提出惩处公司雇员在印度的敲诈勒索、收礼受贿等行为。英属印度总督、省督及各级参事会

---

① 美国独立之前建立的英帝国被称为第一英帝国，美国独立之后建立的英帝国被称为第二英帝国。——作者注

② Ramsay Muir, *A Short of History of the British Commonwealth*, Vol. Ⅱ, London：George Philip & Son, 1927, p. 66.

③ H. H. Dodwell, *The Cambridge History of The British Empire*, Vol. Ⅳ, Cambridge：Cambridge Uniersity Press, 1929. p. 194

④ Asa Briggs, *The Age of Improvement*, 1783-1867, New York：Longman, 1984，p. 78.

由议会任命，文武官员仍由公司任命，但一切雇员都必须由董事会造册呈报，由下院批准。这意味着虽然统治印度的各种政策由公司提出，但有关军事、政治的最高决策权已转到英国议会手中，法案还加强了总督的权力。[①] 从法案内容上我们可以看出，监督局并非一个独立的行政主体，它与当时的政府相联系，而且监督局没有官职任命权，因而公司董事们对此法案比较满意，因为它们仍保留了官职任命权及解雇职员的权力。小皮特本人也宣称："给予国王指导印度政治的权力，而尽可能减少腐败的影响，这正是有关印度计划的真谛，也正是这个法案的灵魂所在。"

小皮特的《印度法案》是自1773年《调整法案》颁布以来，英国政府控制印度事务所采取的第二个措施，是旧帝国解体之后英国政府为拯救帝国所采取的重大行动。它结束了《调整法案》试验带来的灾难，将公司的政治行动置于英国政府政策指导之下，制止了东印度公司职员贪污受贿、敲诈勒索等腐败行为，具有极其重要的意义。由于法案保留了公司的官职任命权，所以伦敦及东印度公司的大部分人也支持小皮特。

这样，通过一系列改革，英国形成了对印度事务双重权力中心统治体制，议会监督局规定方针大计，公司董事会负责日常管理和任命官员，第一个中心高于第二个中心，但只能通过第二个中心起领导作用，这是东印度公司和英国议会共同管理体制，从此以后，东印度公司在印度的一切行为都在英国议会的控制之下，改变了旧的殖民统治体制下东印度公司为所欲为的局面。而且该法案禁止东印度公司主动发起战争，规定严惩公司职员的腐败行为，其目的就是为了在制度上在印度根除暴政。它试图给印度人民一个"好"的政府，英国也打起了关心"印度人民利益"的旗号，这是旧的殖民统治之下所没有的。

（二）英国对印度殖民统治体制的形成

对印度及其他土著殖民地统治方式的变化是新帝国与旧帝国最大的区

---

① Frederick Madder, *Imperial Constitutional Document*, 1765-1965, Oxford: Oxford University Press, 1966, pp. 6-12.

别之一。由于基督教福音教派及人道主义运动的传播，英国形成了对土著人地区"殖民托管"理论英国政府改变了过去那种赤裸裸的殖民掠夺、殖民压迫政策，而在表面上代之以为土著人殖民地建立良好的政府，消除暴政、杜绝腐败、发展教育，这在一定程度上促进了殖民地经济文化的发展，从而"充当了历史的不自觉的工具"①。1784年《印度法案》将印度置于英国议会和东印度公司共同管制之下，大大削减了东印度公司的权力，英国对印度的殖民统治体制逐渐形成，从而开始了英国对印度统治的新纪元。

对英国统治印度新机制形成起重大作用的是长达10年的弹劾前印度大总督黑斯廷斯事件。黑斯廷斯是《调整法案》颁布后英印首任总督，他上任之后，横征暴敛、收受贿赂，不断通过战争扩大公司的领地，受到英国国内舆论猛烈抨击。从1786年开始，英国议会对黑斯廷斯进行长达10年的弹劾。弹劾者紧紧抓住黑斯廷斯横征暴敛、激起内战，武装抢劫王公贵妇金库，贪污腐化、收礼受贿这几个方面的罪行。这几个方面的罪行曾经是东印度公司职员常用的手法。然而时过境迁，随着英国工业革命的发展，英国人的价值观念发生了很大变化，过去流行的手法现在变成了罪行。

弹劾黑斯廷斯事件影响深远。

首先，弹劾黑斯廷斯是英国在印度历史的一个转折点，此后派往印度的高级官员都是忠实于英国议会而不是忠实于东印度公司的人。印度大总督的职位从此也由声名显赫和门第高贵的人担任。这些人大都有贵族头衔，他们有一定的责任心，对伦敦政府的盲目指挥感到厌烦。②他们在印度进行了一些必要的改革，洗刷了一些旧的殖民政府的弊端，部分地开放了印度市场。1794—1813年，英国输往印度的棉织品从156磅增至108824

---

① 《不列颠在印度的统治》，见《马克思恩格斯文集》，第2卷，683页，北京，人民出版社，2009。

② ［英］温斯顿·丘吉尔：《英语国家史略》（下）（中译本），188页，北京，新华出版社，1985。

磅，20年内增长了700倍。①东印度公司在印度的垄断地位被动摇，1813年特许状法颁布后，东印度公司对印度的垄断地位便被彻底取消。

其次，弹劾黑斯廷斯事件所造成的巨大的社会舆论，迫使英国政府不得不进一步改革其殖民地政策。对黑斯廷斯的弹劾也警示着东印度公司职员掠夺、压榨行为将不再被容忍。②同时也向世人宣告了英国人民拥护伯克这一主张：印度应根据"在欧洲、非洲和亚洲及全世界均可发现的法律加以统治，即根据我们内心所珍视的，一切有判断力的人所了解的平等和人道主义原则加以统治。"③这种强大的社会舆论使得垄断商业资本代表人物无力再进行反扑，旧的殖民主义政策也被逐渐抛弃，新的思想逐渐为人们所接受。它开始了英国改革印度殖民地统治方式的新纪元。

拿破仑战争结束之后，英国对印度殖民统治的新机制基本形成。主要表现在以下几方面。

第一，英国议会完全掌握了对印度殖民地的控制权，英属印度殖民统治机构进一步健全。

1784年《印度法案》确立了英国议会对印度殖民统治的控制权，确立了英国对印度的新的统治体制，这一体制在印度持续了70年之久。根据这一法案，由内阁任命一个监督局，监督、控制东印度公司的民政和军政，并任命一个直属于监督局的机密委员会。这样印度管理方面的一些最重要的问题，从此基本上从东印度公司手里转入到议会监督局手里，议会监督局逐步变成了一个主管印度事务的机关，形成了英国对印度事务的双重权力中心的统治体制，第一个中心高于第二个中心。尽管印度的日常管理仍由公司负责，但是公司的作用越来越小。1784年到1832年间，英国政府对于东印度公司的控制日益增强，而英国议会中东印度公司董事及股东利

---

① Ramkirshna Mukherjee, *The Rise and Fall of the East India Company*, *A Sociological Appraisal*, Berlin: Deutscher Verlagder Wissenschaften, 1958, pp. 402-403.

② W. D. Hussy, *The British Empire and Commonwealth*, *1500-1961*, Cambridge: Cambridge University Press, 1963, p. 115.

③ [英] 温斯顿·丘吉尔：《英语国家史略》（下）（中译本），187页，北京，新华出版社，1985。

益集团的势力不断缩小，其在议会中的席位从1760年的103席，降至1834年45席。① 这表明，随着英国工业革命的发展，工业资产阶级力量壮大。康沃利斯担任印度大总督后，总督便成了印度最高统治者，总督由英国议会委派，对英国议会负责，东印度公司对于印度的统治权被取消。1813年法案取消了东印度公司的贸易垄断权，监督局的主席成了负责印度事务的内阁成员，并规定英国议会派专人去印度，负责印度立法。这是保证推行新的殖民政策的一项重要措施。

第二，英属印度殖民政府的文官实现了职业化，东印度公司职员的腐败行为得到遏制。

印度殖民地政府官员是从东印度公司职员中任命的。最初，公司职员和殖民地政府官员常常是一身二任，黑斯廷斯任总督后，他把公司职员分为商业职员和行政职员，一人不能身兼二任，行政职员就成了殖民地政府官员，负责税收、司法、行政，他们按资历逐级晋升，这就是印度文官制度的起始。1784年《印度法案》颁布后，公司职员仍由公司董事会荐任，这样，公司的职能分为商业和政治两部分：商人仍然为自己的利益做生意，而行政官员领取高薪忠实地从事管理。英国又在印度建立起独立法院，有权审判政府官员，执行的刑律比在英国的法院都要人道。②

在印度的文官大都是东印度公司的董事们送来的要升官发财的贵族子弟，当时英属印度的一些官职薪水都十分优厚。18世纪末，让子弟到东印度公司军队中就职已成为许多中产阶级一个额外收入来源，③ 由这些人构成官员队伍，则东印度公司早期政权的极端专横暴戾就可想而知了。1786年，康沃利斯到印度担任总督，他一上任就立即着手实行在印度的改革，

---

① C. H. Phillips, *The East India Company*, *1784-1834*, Manchester：Manchester University Press, 1940, p. 299.

② [英] 布赖恩·拉平：《帝国斜阳》，钱乘旦等译，27页，上海，上海人民出版社，1996。

③ Lawrence James, *The Rise and Fall of the British Empire*, London：Little, Brown & Co., 1994, pp. 130-131.

禁止私人贸易，限制公司职员的抢劫行为；为所有公司职员发放适当的薪水，包括固定的薪金及部分佣金；一个最低职务的职员可得年薪500英镑。①他还开始对印度的管理进行改革，主要有：改革刑事审判制度，将之转到英国人控制之下；将民事审判从税收管理中分离，建立各级地方法庭制度。②

应该说，这些改革措施，对于改进印度殖民地管理体制具有很大作用。特别是给东印度公司职员固定的高薪，有助于形成一支职业化的官员队伍。在此基础上采取强有力措施，查禁已被禁止但仍在实行的私人贸易。③从制度上杜绝公司职员腐败现象，这是英国对印度殖民统治新机制形成的标志之一。

第三，东印度公司年轻职员的思想发生了巨大变化。

比英国议会控制印度殖民地管理更重要的事情是，18世纪末进入东印度公司就职的年轻职员使人们对东印度公司看法根本性的改变。东印度公司曾排斥英国人所认定的自由及政治权利进入印度，英国自由主义思想家认为专制形式的政府是腐败的，他们认为东印度公司正在变得日益强大，足以颠覆英国的机构。④18世纪80年代，福音教派在中上层阶层中广为传播，并取得了相当大的发展。福音教派强调通过信仰上帝，使个人灵魂得以新生，强调按基督教人道主义原则，为人类提供有效的服务，康沃利斯总督曾是较早受福音教派影响的人之一。18世纪80年代早期即已进入印度的约翰·马考莱坚信：英国的权力根源于英国军队勇猛及其管理者高尚的道德标准，特别是他们真诚与团结。而如果英国人继续采用他们所统

---

① 李文业：《印度史——从莫卧尔帝国到印度独立》，81页，沈阳，辽宁大学出版社，1988。
② Ramsay Muir, *The Making of British India, 1756-1858, Described in a Series of Dispatches, Treaties, Statutes and Other Documents*, Manchester: Manchester University Press, 1929, pp. 192-193.
③ Percival Spear, *The Oxford History of Modern India, 1740-1975*, Oxford: Oxford University Press, 1978, p. 88.
④ Lawrence James, *The Rise and Fall of the British Empire*, London: Little, Brown & Co., 1994, p. 136.

治的人民的价值观,他们将完蛋。①在福音教派影响下,东印度公司的年轻职员开始强调在印度管理中道德上的责任,进而1813年的《特许状法案》规定"促进在英国统治下的印度人民的利益与幸福是英国人民的责任。"②这种观念进而推广到英国所有的土著人殖民地。

第四,英国对印度殖民统治新机制还表现在文化教育的实施。

在英国人征服印度之后的大约半个世纪里,英国人没有试图把自己的文化强加于印度,英国人在印度统治的早期阶段,东印度公司的统治者在社会文化方面几乎没有采取任何改变现状的措施。作为一个商人政权,它关心的只是横征暴敛,没有更多长远的考虑。他们忙于做出行政、财政和司法等方面的安排,原有的教育制度没有受到干扰。英国最初对在殖民地教育并不很关心。黑斯廷斯曾鼓励复兴印度学,他于1781年创办了加尔各答宗教学院。他还鼓励东印度公司年轻的职员学习印度古典语言。其目的在于创立一个可以在有效控制印度社会时利用的知识群体。③ 在同一精神的鼓舞下,驻扎官乔纳森·邓肯在贝拿勒斯创办文学院,但是没有人建议建立一种由政府管理或监督的教育制度。

韦尔斯利任总督时,针对英国在印度的文官素质低劣的情况,强调文官要有行政能力和广博的知识,要熟悉印度语言和风土人情。他说:"帝国的稳定……必须由内部秩序的持久的原则来保证;由一种纯洁、正直而始终如一的公平的行政制度来保证;由一种慎重而稳健的税收制度来保证。"④为保证这种制度的实行,1800年,他在加尔各答开办了威廉堡学院;1806年,英国又建立了海利伯锐学院,作为培训未来印度文官的基地,其主要课程有东方语言、宗教、历史等。学院开办后,英印文官素质

---

① Lawrence James, *The Rise and Fall of the British Empire*, London: Little, Brown & Co., 1994, p. 137.

② H. H. Dodwell, *The Cambridge History of the British Empire*, Vol. IV, Cambridge: Cambridge University Press, 1929, p. 313.

③ Bernard S. Cohn, *Colonialism and Its Forms of Knowledge: The British in India*, Priceton: Princeton University Press, 1996, p. 61.

④ [印]恩·克·辛哈等:《印度通史》(中译本),573页,北京,商务印书馆,1964。

才略有变化。

英国政府逐渐认识到教育的重要性。1813年，英国议会颁布《东印度公司特许状法》，取消了东印度公司贸易的垄断权，同时还规定：印度总督每年应从公司税收中拨出不少于10万卢比的经费"用于文学的复兴，鼓励印度本地的学者，以及在英属印度领地的居民中介绍和提倡科学知识"。① 同时法案还授权议会监督局对未来担任印度文官的人员进行必要的训练，还规定只有在海利伯锐学院受过训练并取得毕业证书的人才能被董事会推荐为文官，这是英国议会干预印度文官任命的开始。

如果说1784年《印度法案》奠定了英国统治印度新体制基础的话，1813年，《特许状法案》则进一步完善了这种体制。从1784—1813年这20年时间内，英属印度发生了根本性变化。首先在领土上，英国已将印度大部分土地征服，英属印度领土大大扩大。其次，英国议会控制印度这一机制得以确立，这有利于遏制公司职员的腐败行为。最后，英国开始关注"印度人民的利益"，1813年《特许状法案》明确宣布："促进维护印度人民幸福与利益是英属印度政府的职责"。② 所有这些都与东印度公司统治印度时期截然不同，是新帝国形成的标志，也是英国在土著人地区殖民地的统治能够稳固的原因之一。

当然，殖民地科学教育的发展，实际上是一把双刃剑，它既培养了为英国殖民者服务的印度人，又培养了殖民者的掘墓人。近代学校培养了大批近代知识分子，他们把近代知识和资产阶级观念（功利主义、利润导向、自由平等观念、个人主义等）带到了社会各个领域，为印度知识和观念上的变革准备了条件。

（三）英国对印度殖民统治体制的影响

英属印度新的统治机制的形成，成功地化解了英国与印度殖民地的冲

---

① Ramsay Muir, *The Making of British India*, *1756-1858*, *Described in A Series of Dispatches*, *Treaties*, *Statutes and Other Documents*, Manchester: Manchester University Press, 1915, p. 209.

② C. H. Phillips, *The East India Company*, *1784-1834*, Manchester: Manchester University Press, 1940, p. 191.

突,巩固了英国在印度的殖民统治,成为英国统治土著人地区殖民地相仿的典范,对英帝国的发展产生了重要的影响。后来,英国对于其他土著殖民地的统治体制,大都按照印度殖民地的统治模式。印度作为巨大的销售市场及原料产地,成了英帝国最重要的组成部分,成了英王皇冠上的明珠。从此,保卫印度殖民地的安全,成了英国外交政策最重要的任务之一。

英国在征服印度,改善对印度殖民统治,确立新的统治机制时,也破坏了印度原有的社会结构,给印度人民带来了深重的灾难。对此马克思讲道:"不列颠人给印度斯坦带来的灾难,与印度斯坦过去所遭受的一切灾难比较起来,毫无疑问在本质上属于另一种,在程度上要深重的多。"① 英国在印度殖民地兴办教育,改革管理,修建公共工程,客观上促进了印度经济社会的发展,但实际上这只是为了更好地统治它。"贵族只是想征服它,金融寡头只是想掠夺它,工业巨头只是想通过廉价销售商品来压垮它。但是现在情势改变了。工业巨头们发现,使印度变成一个生产国对他们大有好处,而为了达到这个目的,首先就要供给印度水利设备和国内交通工具。"②

英国在印度所造成的种种进步实际上只不过是充当了历史不自觉的工具,马克思说:"英国在印度要完成双重的使命:一个是破坏的使命,即消灭旧的亚洲式的社会;另一个是重建的使命,即在亚洲为西方式的社会奠定物质基础。"③实际上,英国在印度的殖民统治在破坏印度原有的社会经济结构的同时,也改变了印度历史发展的方向,铁路的铺设、水利的兴修、工厂的建立,使印度经济的发展有了质的变化,印度告别了手工生产时代,开始了现代化大生产。但是"你一旦把机器应用于一个有铁有煤的国家的交通运输,你就无法阻止这个国家自己去制造这些机器了。"④由铁路产生的现代工业,必然会瓦解印度种姓制度所凭借的分工方式,而种姓

---

① 《不列颠在印度统治的未来结果》,见《马克思恩格斯文集》,第2卷,678页,北京,人民出版社,2009。
② 同上书,687页。
③ 同上书,686页。
④ 同上书,689页。

制度则是印度进步和强盛道路上的基本障碍。殖民者在印度引进西方式的民主政体的一些因素，如逐步扩大立法会议，吸收印度人参与立法，实行文官考试选拔制度，让越来越多的印度人参与行政管理，通过选举，实行多数党组织政府的省自治等，这些做法为印度独立后走上宪政民主道路奠定了基础。所以，英国在印度殖民统治的结果便是把印度纳入了世界资本主义体系，英国资本家的投资，使印度现代工业体系逐渐建立，印度从此开始了其现代化进程。

令英国统治者预料不到的是英国在印度的殖民统治促成了印度的统一，铸就了印度现代民族与现代国家。

在印度历史上，不但存在着印度教与伊斯兰教之间的冲突，而且也存在着部落之间、种姓之间的冲突。在英国征服印度之前，印度从来就没有实现过统一，也没有一个印度民族。莫卧尔帝国最强盛时，也只是占领了印度的中部和北部。英国殖民者征服印度全境之后，印度才开始实现统一，在此基础上形成了印度民族。印度政治上的统一是印度实现复兴的首要前提。而"不列颠的教官组织和训练出来的印度人军队，是印度自己解放自己和不再一遇到外国入侵就成为战利品的必要条件。在第一次被引进亚洲社会并且主要由印度人和欧洲人的共同子孙所领导的自由报刊，是改建这个社会的一个新的和强有力的因素……从那些在英国人监督下在加尔各答勉强受到一些很不充分的教育的印度当地人中间，正在崛起一个具有管理国家的必要知识并且熟悉欧洲科学的新的阶级。"[1] 印度政治上的统一，经济上的发展，促进了印度民族国家的形成，促进了印度民族的形成。英国人在印度大力推行西方教育，培养了大批近代知识分子，他们把近代知识和资产阶级观念带到社会的各个方面，为印度知识和观念上的变革准备了条件。正是在英国人所办的教育机构里受过教育的印度人，最终成了反抗英国殖民统治的领导力量，英国在印度所建立的现代教育机构，为英国的殖民统治培养了掘墓人，这一切都是英国殖民者当初没有预料到的。

---

[1] 《不列颠在印度统治的未来结果》，见《马克思恩格斯文集》，第2卷，686页，北京，人民出版社，2009。

总之，美国独立之后，英帝国观念、帝国政策发生了很大变化。英国对印度殖民地的殖民统治机制，正是在这一大的背景下形成的。印度殖民地新的殖民统治机制的形成，缓解了印度殖民地的冲突，维护了帝国的稳定，也为英属土著殖民地的统治提供了蓝本。英国殖民统治，在给印度人民带来深重灾难的同时，客观上也促进了殖民地经济文化的发展。

七、拿破仑战争对英帝国的影响

法国大革命——拿破仑战争时期是英帝国发展史上最为重要的一段时期，从1793年到1815年，英国同法国进行了长达12年的战争。拿破仑战争对于英帝国的发展产生了极大的影响。战争期间，由于英国把很大一部分精力用在争夺敌人殖民地上，帝国的版图大大扩大，英国政府新的帝国政策逐步成熟，英国民族主义和新帝国主义也完全成熟。① 本文试图论述拿破仑战争对英帝国发展的影响。

（一）拿破仑战争期间英帝国的发展战略与帝国版图的扩大

1789年7月14日，巴黎人民攻陷了巴士底狱，从此法国开始了轰轰烈烈的资产阶级革命。法国革命对整个欧洲都产生了强烈的震动，同样在英国也引起了剧烈反响。此时，英国工业革命正在进行之中，社会阶级结构发生了巨大变化，阶级矛盾日趋尖锐，激进主义者和保守派的斗争也在不断发展。法国革命使英国国内已存在的矛盾更加激化，一方面，激进主义者从法国大革命中受到很大鼓舞，他们对法国革命予以热烈支持，并更加积极地展开活动，希望彻底检查议会和国教，以便跟得上巴黎的议会。而另一方面，保守派人士则对法国革命的影响惶惶不安，为保卫他们既得利益免受革命的冲击，他们采取对策，在政治上和宗教问题上更加保守。

当法国革命的消息刚刚传入英国时，英国人最初的反应是普遍的欢

---

① C. A. Bayly, *Imperial Meridian：The British Empire and World*，1780-1830，London，New York：Longman, 1989，p. 100.

欣、快慰。除了乔治三世和统治集团中极少数人立刻对法国革命加以谴责外，国内各个阶层大多数人民对它都抱着同情观望的态度。① 对绝大多数英国人来说，法国一向被看作欧洲大陆最强大的专制君主制国家之一，在政治上是和立宪君主制的英国不相容的，在国际关系上是英国在殖民扩张道路上的主要敌人。现在突如其来的革命，推翻了波旁王朝，无疑使英国在争夺欧洲霸权和海外商业扩张的道路上，扫除了一个障碍。在英国政府的领导人看来，法国国内已被革命斗争弄得天翻地覆、秩序大乱，它必然抵御不了对它抱敌视态度的奥地利和普鲁士的干涉，无需英国出面。因而战争一开始英国采取了隔岸观火、严守中立的政策。②

英国国内民众对于法国大革命的反响，随着法国革命的不断深入、发展发生了很大变化，反映在政治上就是两极分化的倾向日益明显。当大多数英国人对法国革命抱着肯定的态度，而一些保守分子还在观望的时候，英国著名的保守主义者埃德蒙·伯克却于1790年11月发表了《对法国革命的感想》，对法国革命进行了攻击，并谴责了英国那些主张改革的人士，他把这篇著作作为对英国的警告，以防止英国走上法国革命的道路。然而当法军在对外战争中节节胜利，法国革命的浪潮步步深入，英国在低地国家的利益受到严重威胁。英国有产阶级人士的畏惧情绪日益增长起来。赞成伯克的观点的人也越来越多。当时执政的托利党人及其他保守党人士开始准备采取措施镇压民主派运动。

但是法国称霸欧洲，打破了欧洲大陆力量均衡，直接威胁到英国的安全，英国当然不能也无法袖手旁观了。当法军越过了莱茵河，控制了奥属尼德兰的大部地区时，英国政府才感到欧洲局势不可等闲视之。1792年2月，英国政府公开表示愿意联合欧洲各国抵抗法国革命。2月1日，法国向英国宣战。英国政府则联合普鲁士、奥地利、俄国、荷兰以及西班牙和

---

① Ramsay Muri, *A Short History of the British Commonwealth*, Vol. Ⅱ, London: George Philip & Son, 1927, p. 161.

② Sir A. W. Ward, G. P. Grooch, *The Cambridge History of British Foreign Policy*, Vol. Ⅰ, *1789-1815*, Cambridge: Cambridge University Press, 1922, p. 216.

德意志一些诸侯国组成第一次反法同盟,从而开始了长达 22 年的英国反对法国的战争。

　　法国大革命及拿破仑战争期间是英帝国发展的重要时期。拿破仑战争期间,英国政府采取了重点发展海军,攻击敌人殖民地,占领具有战略意义的地区的政策。在大多数情况下英国避免卷入欧洲大陆的冲突之中,而只向其盟国提供物资援助。自己却在海上和殖民地与法国进行争夺。结果,使英帝国的版图大大扩大。英法开战之初,英国军队能派出的远征军只有 10 000 人左右,这支远征军除了 1799 年在荷兰遭到惨败之外,在 1794 年到 1807 年间只是在殖民地作战。① 直到 1811 年和 1814 年英国派遣军队到伊比利亚半岛时,它的军队才在欧洲大陆上发挥了作用。格伦维尔坦白承认:他宁可资助大陆各国也不愿给他们增派援军,因为后者"将会剥夺英国工业上的人力。"② 整个战争中,英国用以资助其盟国的钱款就达 6 000 万英镑,为英国整个战争开支的 5%③。

　　这一时期法国也一心想夺取英国的殖民地,他们认为殖民地是英国财富的源泉,进攻英国或进行殖民和商业战争是拿破仑战争中法国对英国政策所必须做出的选择。④ 1798 年拿破仑率军远征埃及,其目的就是为了切断英国同印度的联系,推翻英国在印度的统治。⑤ 在印度,为了威胁英国,法国和印度一些土邦结成联盟,鼓动他们反击英国。英国在西印度群岛殖民地也受到巨大威胁。

　　因此,为了对付法国的威胁,英国一方面资助欧洲大陆上的盟国抗击法国,另一方面则把大部分精力用在争夺海上及殖民地霸权之上。在

---

① [法] 乔治·勒费弗尔:《拿破仑时代》(上),36 页,北京,商务印书馆,1978。
② 同上书,34 页。
③ T. O. Lloyd, *The British Empire, 1558-1985*, Oxford: Oxford University Press, 1985, p. 114.
④ J. H. Rose, A. P. Newton, E. A. Berians, *The Cambridge History of the British Empire*, Vol. II, Cambridge: Cambridge University Press, 1940, p. 38.
⑤ Larry H. Addington, *The Patterns of War since the Eighteenth Century*, Bloomington Indian University Press, 1984, p. 22.

帝国问题上，英国采取了攻击、掠取敌人殖民地，攻占具有重要战略意义的据点的政策。"通过削弱法国经济来削弱法国是自战争爆发后英国战略核心。回顾'七年战争'胜利的经验，英国政府把称霸海洋作为削弱法国、加强自身力量的手段。"① 在英国人看来，如果法国的殖民地被剥夺，其海外贸易及经济定会相继萧条，这便可能会导致内部叛乱，就会迫使法国从德国及其他地区撤军。英国的行为将会摧毁业已危急的法国政府的财政局势，削弱其战争能力。1801年3月，战争国务大臣邓达斯在下院对此作了解释，他说："我们所关注的重要目标应该是通过什么手段能最有效地增加那些我们海上霸权可依赖的资源，同时我们要消灭或者占有那些可能使敌人在这一方面同我们竞争的资源。因此，必须切断敌人的商业资源，这样，我们便切实可靠地削弱，摧毁他们的海军力量"。②

拿破仑战争期间，这种政策取得了很大成功。战争一开始，英国便派兵攻占法国西印度群岛殖民地。邓达斯曾经指示："法国海军遭到沉重打击后，占领这些西印度殖民地将会阻止法国海军恢复。"③ 实际上，英国占领敌人殖民地的战略也得到英国国内大多数人的认可。西印度殖民地对法国经济也至关重要，法属西印度殖民地占法国对外贸易总额的2/5、海外商船总吨位的2/3。人们有理由相信如果丢失了这些殖民地，法国的经济和海军实力会遭到沉重打击。④ 当然，英国也为占领这些殖民地付出了沉重的代价，远征西印度的英军和水手伤亡惨重，死亡率达70%，其中绝大多数人是因黄热病和疟疾而死亡。⑤

在这种政策的指导下，法国大革命及拿破仑战争期间，英帝国的版图大大扩大。英国从法国、荷兰、西班牙等国手中夺取了大量的殖民地。英

---

① Lawrence James, *The Rise and Fall of the British Empire*, London: Little Brown & Co., 1994, p. 153.
② Ibid., p. 153.
③ P. J. Marshall, *The Oxford History of the British Empire*, Vol. 2, Oxford: Oxford University Press, 1998, p. 187.
④ Ibid., p. 187.
⑤ Lawrence James, *The Rise and Fall of the British Empire*, London: Little, Brown & Co., 1994, p. 154.

国占领了南非、斯里兰卡、马耳他、南美洲的埃斯奎博、德梅拉拉、伯比斯（今圭亚那境内），西印度的特立尼达以及非洲的毛里求斯岛，使其版图迅速扩大。战争结束之际，根据维也纳会议签署的"最后文件"，英国虽然放弃了一些它所征服的殖民地，但那些具有重要战略意义的殖民地，则被英国永久占领。在这一时期，英国在印度的领地也大大扩大，第二英帝国基本定型。

英国政府采取攻击、掠取敌人殖民地的政策主要是由英国所处的具体环境所决定的。

首先，从经济方面讲，这一时期英国所采取的帝国政策，是英国经济发展的需要。

18世纪中叶开始，英国工业革命开始迅速发展，英国主要工业部门相继以机器生产代替手工生产，以工厂制代替作坊制和手工工场制，结果这些工业部门的生产量和劳动生产率均有较快增长，社会生产力有了惊人的发展。英国工业革命的蓬勃发展，使英国深深卷入了世界经济发展潮流，作为"世界工厂"，英国的原材料和生活资料供应以及产品的销售方面越来越严重地依赖于海外市场，对外贸易对英国工业起着至关重要的作用，成了英国工业增长的发动机。1740年，英国工业产值为2 420万英镑，其中出口额仅为630万英镑；1770年英国工业产值增为3 690万英镑，出口1 120万英镑；1800年英国工业产值增至6 820万英镑，出口额为2 350万英镑。[①] 随着工业革命的发展，英国对外贸易结构也发生了变化。虽然还存在着一些商品的再出口，但英国对外贸易已变成主要关心销售商品，对外贸易成了英国经济发展的生命线。以实际价值计算，英国所出口的货物从1789年的4 260万英镑增加到5 230万英镑。离港船只增加了1/3，几乎达到200万吨。[②] 而殖民地作为英国原料产地和产品销售市场，对英国经济的作用越来越大。英国为了自身经济的发展，必然要保护原有殖民地，尤其是要保住印度这块东方巨大的

[①] Roderick Floud, Dorlald Macclosckey, *The Economic History of Britain since 1700*, Vol. 1, *1700-1860*, Cambridge：Cambridge University Press, 1981, p.40.

[②] ［法］乔治・勒费弗尔：《拿破仑时代》（上），56页，北京，商务印书馆，1978。

殖民地，并确保通向印度航道的畅通。英国占领地中海诸岛，占领前荷兰殖民地如开普殖民地、锡兰等，都是为了保护通向印度的航路。随着英国经济的飞速发展，英国资产阶级也强烈要求英国政府放弃对殖民地的贸易垄断，实行自由贸易。

而且，夺取敌人殖民地也是打击敌人的一个有效的手段。随着战争的深入，英法两国斗争进入胶着状态。英国首相小皮特及国务大臣邓达斯都认为：持久的战争只有靠经济力量来取胜，如果法国丢失其海外殖民地，法国经济就会枯竭、崩溃。① 因为法国大革命以前，对殖民地贸易在法国对外贸易中所占的比例很大。1789 年，法国对殖民地的贸易占其进口贸易的 1/5。② 英国经济也从战时夺取的殖民地中受益匪浅。1806 年 11 月，拿破仑颁布《柏林敕令》(Berlin Decree)，实行大陆封锁政策之后，英国征服敌人殖民地便具有反击法国大陆封锁体制的目的。通过征服敌人殖民地，还可以割断敌人的商业资源，削弱、摧毁敌人的海军资源。英国从战时夺取的殖民地中受益匪浅。英国通过占领敌人殖民地，控制了殖民地原料的供应，欧洲要么从英国进口这些原材料，要么什么也得不到。同时，通过占领这些殖民地，英国又为兰开夏郡的棉纺织商品及英国其他工业产品开辟了新的市场。③ 进而粉碎了拿破仑大陆封锁体制。

其次，从战略方面讲，英国占领敌人殖民地，是为了确保通向印度的航路畅通无阻。

1793 年到 1815 年间英法之间的战争，对英国来讲，既是为生存而战，也是为保卫其殖民地而战。英国担心法国一旦取胜，不但会危及英国自身的安全，而且，也会成为英国争夺商业及殖民霸权的劲敌。因而 1795 年荷兰成为法国的仆从国后，英国随即派兵攻占荷属开普殖民地，

---

① J. Steven Watson, *The Reign of George Ⅲ*, 1760-1815, Oxford: Clarendon Press, 1960, p. 370.
② [法]乔治·勒费弗尔:《拿破仑时代》(上), 47 页, 北京, 商务印书馆, 1978。
③ Ramsay Muir, *A Short History of the British Commonwealth*, Vol. Ⅱ, p. 253.

东印度公司也派兵攻占了印度的外围据点锡兰,因为这两个地方对保护印度至关重要。开普殖民地地处非洲大陆最南端,是欧洲通往印度的中转站。占领开普、锡兰是英国保护印度的重要措施,对英国具有重要的战略意义。这些殖民地除开普、锡兰、特里尼达、圭亚那之、马耳他外,大都返还给了法国、荷兰、西班牙等国。① 因而英国对于扩张新的殖民地并不是太感兴趣。

最后,从实际情况看,英国采取夺取敌人殖民地战略也是比较现实的。英法开战之际,英国的陆军力量非常弱小,小皮特刚把军队人数削减到18 000人。②这些军队既要维护秩序,又要抵御敌人入侵,根本不可能抽出兵力支援大陆盟国。而英国海军当时则是世界上最强大的海军。1793年,英国皇家海军兵员已增加了5 637人。500吨以上的军舰总吨位达到45.89万吨,比法国军舰总吨位多了14.43万吨。③ 强大的海军足以使英国在海上自由游荡,保卫英国的殖民地,夺取法国的殖民地。

在这种政策的指导下,法国大革命及拿破仑战争期间,英国从法国、荷兰、西班牙等国手中夺取了大量的殖民地。英帝国的版图迅速扩大。战争结束之际,根据维也纳会议签署的"最后文件",英国虽然放弃了一些它所征服的殖民地,但那些具有重要战略意义的殖民地,则被英国永久占领。英国永久占领的殖民地有非洲南部的开普殖民地(Cape Colony)、亚洲的锡兰(Ceylon),南美洲的埃斯奎博(Essequibo)、德梅拉拉(Demerara)、伯比斯(Berbic)(今圭亚那境内),西印度的特立尼达(Trinidad)。另外英国保持了对马耳他岛(Malta)的占领,夺取了塞舌尔群岛(Seychelles)和马达加斯加海岸边的毛里求斯岛(Mauritius),并从丹麦手中夺取了北海的重要据点赫尔戈兰岛(Halgoland)。爱奥尼亚群岛(Ionian

---

① Ramsay Muir, *A Short History of the British Commonwealth*, Vol. Ⅱ, p. 253.

② J. H. Rose, A. P. Newton, E. A. Berians, *The Cambridge History of the British Empire*, Vol. Ⅱ, Cambridge: Cambridge University Press, 1940, p. 38.

③ P. J. Marshall, *The Oxford History of the British Empire*: *The Eighteenth Centurey*, Oxford: Oxford University Press, 1998, p. 185.

Islands) 也置于英国保护之下（1863 年后成为希腊的领土）。此外在这一时期，英国在印度的领地也大大扩大，第二英帝国基本定型。

(二) 拿破仑战争刺激了英属殖民地经济发展

拿破仑战争对英帝国的影响是多方面的。除了战争期间，英国采取夺取敌人殖民地政策，使英帝国的版图大大扩大之外，战争还对英属殖民地的经济发展产生了影响。英国政府逐渐放弃了旧的重商主义殖民政策，放弃了对殖民地的贸易垄断，促进了各殖民地的经济的发展。

美国独立后的加拿大仍是一个人口稀少、经济孱弱的地区。拿破仑战争期间英属加拿大殖民地进一步巩固、发展。由于战争的需要，英国军事订单大大增加，各殖民地经济迅速繁荣。纽芬兰是世界上最大渔场之一，在经济上对英国十分重要，尤其对于英国船运业和捕鱼业的重要性更为显著。不列颠贸易委员会甚至一度认为在财富和安全上，纽芬兰的重要性大于加拿大和路易斯安娜的总和。[1] 18 世纪末，纽芬兰经济有了长足发展，它同加拿大和西印度殖民地贸易关系已经确立。1793 年反法战争爆发后，英国水手被征入海军，从英国来的渔船数量减少，定居渔业繁荣起来。其人口从 1785 年的 10 000 人增加到 1815 年的 35 000 人。[2] 到 1824 年，英国才给纽芬兰以殖民地地位。

由于战争刺激，新斯科舍、新不伦瑞克、布雷顿角和爱德华太子岛 4 个省的经济也发展起来，尤其是木材业、造船业发展最快。尽管在重商主义殖民理论的指导下，英国很早就鼓励北美木材贸易，但是由于路途遥远，成本较高，北美的木材贸易的发展受到限制。波罗的海沿岸一直是英国主要木材供应地。

但是拿破仑战争完全改变了原有的供求关系。1793 年以后，由于栎木短缺，英国政府改变了政策，通过关税保护，鼓励从英属北美殖民地大量进口木材。英国的大力鼓励与扶持政策，使加拿大木材业迅速发展，木材

---

[1] W. T. Easterbrook and Hugh G. J. Aitken, *Canadian Economic History*, Toronto: University of Toronto Press, 1988, p.138.

[2] 张崇鼎主编：《加拿大经济史》，124 页，成都，四川人民出版社，1993。

贸易中心也由新不伦瑞克转移至了魁北克，魁北克因此迅速成为当时世界上最大的木材出口港城。① 1809 年，英国政府对进入英国的其他国家木材强行征收高关税，而殖民地的木材不交税，这一法规的目的是保护英国皇家海军的木材供应，以便一旦英国失去波罗的海的木材供应之后而不至于束手无策。1810 年优惠关税加倍，1811 年和 1812 年再加优惠，达到补偿从北美运至的高运输成本的水平还大大有余。这种帝国特惠制度的结果是使上、下加拿大，沿海各省的木材工业空前繁荣。英国不少主要进口公司原来是与波罗的海发生贸易关系，而今大都转向北美，接受英国政府的大量合同，投资砍伐和运输殖民地的木材。英属北美殖民地木材贸易额从 1802 年的 21 782 吨增长到 1807 年的 91 660 吨，1814 年为 110 759 吨。② 美国革命之后重建因失去美国运输而削弱的英国船队，刺激了英属北美殖民地的造船工业。1783 年后，沿海各省每一个重要港口都有造船厂，所造的船多数卖给英国。北美殖民地已度过了艰难的"拓荒时期"，开始健康发展。

1800 年到 1814 年，加拿大向英国的出口也大大增加。出口物资主要是小麦、木材、海豹皮毛、鲸油、桅杆、船板。英属西印度殖民地向加拿大的出口也大大增加，仅咖啡的出口量就从 13 050 磅增至 63 929 磅。③ 北美各殖民地之间的贸易也有很大增加。

（三）在拿破仑战争期间，为应付战争需要，英国政府逐渐放弃了对殖民地的贸易垄断

在拿破仑战争期间，英国政府逐渐放弃了对殖民地的贸易垄断。该政策对殖民地的发展极其重要。

在重商主义殖民理论指导下，英帝国对殖民地的贸易进行严格控制、垄断。美国革命之后，尽管《航海条例》仍未废除，但重商主义在英国实

---

① *Dominion Bureau of Statistics*, *One Hundred*, *1867-1967*, Ottawa, 1967, p. 134.

② 张崇鼎主编：《加拿大经济史》，126 页，成都，四川人民出版社，1993。

③ J. H. Rose, A. P. Newton, E. A. Berians, *The Cambridge History of the British Empire*, Vol. Ⅵ, Cambridge: Cambridge University Press, 1940, p. 217.

际上已开始退出历史舞台，自由贸易开始兴起。小皮特本人便深深信服亚当·斯密的理论，他是坚信自由贸易的第一位英国政治家，追随他的托利党人在这一时期也接受了这一理论。① 1786年英法签订的《英法商约》②就是根据新的经济原则签订的第一个自由贸易条约。

拿破仑战争期间，英国对于殖民地贸易的限制大大放松，直至最终放弃对殖民地的贸易垄断。其中，较为重要的是东印度公司在印度垄断地位的打破。东印度公司在印度贸易垄断地位第一个缺口出现在1793年。负责印度事务的国务大臣邓达斯本人对于推进公司贸易的计划很感兴趣，他曾经考虑过"万一东印度公司垄断结束后将印度的税收转移到政府"的计划。随着工业革命的发展，英国国内自由贸易的呼声越来越高，资产阶级强烈要求开放印度市场。在这种形势下，1793年的《公司特许状》规定：东印度公司的进出口商品的船只每年必须为私人货物提供3 000吨的空位。③这个数目尽管很小，但是毕竟打破了东印度公司贸易垄断的坚冰，预示着新的变革的到来。

随着工业革命的发展，英国与殖民地新的贸易方式不断出现，生丝、棉花、蓝靛、蔗糖等初级产品作为印度向英国出口的商品，正在取代传统的棉布。而同时英国也向印度出口越来越多的工业品，主要是纺织品。1794—1813年，英国输往印度的棉织品从156磅增至108 824磅，20年内增长了700倍，④英国物美价廉的棉布很快打败了印度传统的棉纺织业。东印度公司在印度的垄断地位被动摇，1813年特许状法颁布，东印度公司对印度的垄断地位便被彻底取消，东印度公司只保留对中国的贸易垄断。大

---

① ［英］温斯顿·丘吉尔：《英语国家史略》（下），201页，北京，新华出版社，1983。

② 《英法商约》：该条约规定，英国同意降低对法国葡萄酒和丝绸征收的关税，法国则削减对英国棉纺织品征收的关税。葡萄酒和丝绸在英国没有商品与之竞争，而英国廉价的棉纺织品却迅速占领了法国的市场。

③ P. J. Marshall：*The Oxford History of the British Empire*：*The Eighteenth Century*，Oxford：Oxford University Press，1998，p.548.

④ Ramkirshna Mukherjee，*The Rise and Fall of the East India Company*，*A Sociological Appraisal*，Berlin：Deutscher Verlagder Wissenschaften，1958，p.402-403.

批英国私商蜂拥而来,开办各种公司商号,有些在印度的英国人包括前公司职员,也建立了商业公司或代理行。从这时起,英印贸易的主导地位便逐渐转移到英国私商手里。而且从1813年起,英国商品对印输出额直线上升,其中占第一位的就是物美价廉的棉纺织品。1814年到1835年输往印度的棉布量增长了60多倍。1823年英国棉纱第一次输往印度,到1828年,输出量增长33倍。① 尽管直到19世纪30年代,东印度公司的贸易垄断地位才完全取消,但是1815年拿破仑战争结束时,英国对于印度的贸易垄断已经完全消除。重商主义的衰亡已经不可避免。

其他殖民地也是这样。1808年新斯科舍和新不伦瑞克殖民地的总督主动宣布允许英国或美国船只把某些列举商品转口运至西印度,后来这一决定得到了英国政府的认可。1811年英国进一步允许除法国之外的任何国家的船只装载某些重要产品,如小麦、面包、饼干、树脂、沥青等进入英属殖民地的哈里法克斯、圣安德鲁斯、圣约翰三个港口。② 英国对殖民地贸易垄断进一步放松。

由于拿破仑的大陆封锁政策,英国对欧洲大陆的贸易锐减,因而英国便设法向欧洲大陆以及西班牙等国的殖民地走私其工业品。第一英帝国解体之前,为促进英国与其他国家殖民地的贸易,英国在其西印度殖民地设立了自由港。拿破仑战争期间,英国自由港的范围进一步扩大。英国在格林纳达、安提瓜、巴哈马、百慕大等殖民地设立的自由港的贸易额也大大增加。大量的英国工业品运到英国的自由港,再从这里出口到其他欧洲国家的殖民地。1793年以前,仅格林纳达的圣乔治自由港每年从英国进口的工业品总额就达33万英镑。③

这一时期英国对于殖民地的贸易的控制一步步放松,英国政府所实行的实际上是一种自由主义的殖民政策。同样在印度,1793年到1813年,

---

① 林承节主编:《殖民主义史——南亚卷》,146页,北京,北京大学出版社,1999。
② 张崇鼎主编:《加拿大经济史》,129页,成都,四川人民出版社,1993。
③ Vincent T. Harlow & Frederick Madden, *British Colonial Developments,1774-1834*, *Oxford*:*Oxford University Press*, 1953, *p.*331.

东印度公司对于印度贸易垄断的特权也被完全取消。1793年,东印度公司被迫允许一定吨位的英国个体商人的商品进入印度,1813年的《特许状法》则废除了东印度公司对印度的贸易垄断特权,仅保留对中国的贸易垄断。1833年,东印度公司所有的商业特权都被取消。①

基于上述论述,笔者认为,法国大革命及拿破仑战争对英帝国影响深远。战争期间,英帝国不但在版图上大大扩大,而且在其本质特征上也基本上完成了从重商主义殖民帝国向自由主义殖民帝国的转变,拿破仑战争结束后,随着英国工业革命的进一步发展,自由贸易的呼声进一步高涨,英国放弃对殖民地的贸易垄断的步伐也大大加快。1825年英国国务大臣威廉·赫斯金森(William Huskisson)宣布将英国殖民地的商业对所有友好国家开放,条件是英国的商船在这些国家的殖民地也享有同等的权利。赫斯金森还取消了向殖民地各港口所征收的大多数收费。②至此,英国的殖民地基本上对所有国家开放。英帝国的发展进入了一个新的时期。

八、18世纪末英国对爱尔兰冲突的化解策略

爱尔兰问题一直是英国政府的一大忧患。由于巨大的宗教、文化差异,加上英国在爱尔兰问题上的高压政策,使得爱尔兰问题长期得不到解决。18世纪末期,针对爱尔兰出现的严重冲突,英国政府采取了一系列化解措施。但是由于措施不当,反而为以后的爱尔兰冲突埋下了祸根。

(一) 18世纪末的爱尔兰冲突

1171年10月17日,英格兰国王亨利二世率4 000大军大举侵入爱尔兰,爱尔兰开始沦为英国的殖民地。16世纪宗教改革后,英国改信了国教,而爱尔兰人仍然保留原来的天主教,英爱之间的矛盾冲突逐渐增多。

---

① H. H. Dodwell, *The Cambridge History of the British Empire*, Vol. IV, Cambridge: Cambridge University Press, 1929, p. 313.

② Hugh Edward Egerton, *A Short History of British Colonial Policy*, London: Methuen & Co., 1924, p. 257.

1763年"七年战争"结束不久,英帝国便发生了危机。这种危机不但发生在美洲殖民地,而且也发生在离英国本土更近的爱尔兰。从18世纪下半期起,爱尔兰争取独立的步伐加快,其内部冲突不断加剧,主要表现在两个方面。

1. 爱尔兰独立运动迅速发展

18世纪末期,爱尔兰最严重的问题就是独立运动的发展。美国独立战争初期,爱尔兰议会同意从驻扎在爱尔兰的12 000名军队中抽调1/3的兵力到美洲服役。但是,爱尔兰新教徒却进行请愿活动,要求英国出兵保卫爱尔兰,以使爱尔兰免遭法国的入侵。当请愿活动失败后,他们便开始组织自己的志愿军,并得到了英国政府的同意。1778年开始在爱尔兰征集志愿兵,到1780年爱尔兰志愿兵人数达到4万人左右,1781年达8万人左右,1792年波特兰公爵出任总督时,爱尔兰志愿兵人数已经达到10万人。①

组建爱尔兰志愿军最初的目的是为了防御法国入侵,但很快就变成了爱尔兰上层人物向英国争取更多权利的工具。因而当爱尔兰议会议员向总督呈递"只有贸易自由才能使爱尔兰免于崩溃"的建议时,志愿兵列队出现在街头。面对在美洲的失败和英国国内的压力,在1779—1780年,英国政府终于做出了甚至比爱尔兰领导人所希望得到的更大的经济上的让步。1779年12月,诺斯政府通过了一系列措施:准许爱尔兰自由输出羊毛、毛织品和机制玻璃,并准许爱尔兰和美洲殖民地进行自由贸易。②

但是爱尔兰人并不满足于所取得的成绩。1782年,志愿军代表召开代表大会并通过最后决议:"只有国王、爱尔兰上院和下院才有权制定法律来约束这个王国。除此以外,其余的一概都是违反宪法的,都是非法的因而也是祸根。"③他们要求:(1)建立独立的爱尔兰议会;(2)完全自由贸

---

① James Lydon, *The Making of Ireland: From Ancient Times to the Present*, London: Routledge, 1998, p. 247.
② [爱尔兰]艾德蒙·柯蒂斯:《爱尔兰史》(下),584页,南京,江苏人民出版社,1974。
③ 同上书,585页。

易；（3）由爱尔兰议会控制爱尔兰司法。① 但是这些要求并没有被完全接受。

当然由于历史的原因，英国政府没有将《魁北克法案》的有关精神运用到爱尔兰去，爱尔兰天主教徒仍没有相应的法律地位。1782年到1800年间，英爱关系性质比较独特，在英帝国政策中占据十分重要的地位。英国人一直把对爱尔兰政策当作国内政策来对待，因而在处理爱尔兰问题上也就与其他殖民地大不相同。

法国大革命期间，爱尔兰独立运动进一步发展，并给爱尔兰带来了严重后果。当法国革命的消息传到爱尔兰后，激起了爱尔兰人民反抗英国的浪潮，爱尔兰人从法国革命看到了希望，更加鼓起争取自由、独立的勇气。在法国大革命期间，许多爱尔兰人对法国革命深表同情。在1791年到1793年期间，爱尔兰存在着普遍乐观的气氛。在都柏林和贝尔法斯特，当法国革命一周年之际，人们广泛举行了各种各样的庆祝活动。

领导爱尔兰人进行反抗英国斗争的是爱尔兰人联合会。1793年，革命的法国对英国宣战。法国公开承诺要帮助各国人民推翻其统治者。于是爱尔兰人联合会便决定利用法国的承诺，开始策划起义。但是，爱尔兰既没有一支强大的起义军队，也没有统一的指挥机构。1798年，爱尔兰实际上滑入了天主教徒和新教教徒之间的战争。由于其计划被政府发现，他们便转入地下活动。

英国政府对这些暴乱进行了镇压，宣布爱尔兰人联合会为非法组织，并在全国开始大规模的逮捕。1796年，爱尔兰议会通过了一项严厉的惩治叛乱法，法令授权总督可以宣布某个或某几个地区情况紧急，并对这些地区实行戒严，授权地方长官逮捕可疑分子，将他们送往舰队服役。军队的暴行以及政府坚决要把起义镇压下去的决心，迫使一大批绝望者和受害者投身起义。爱尔兰人联合会向法国执政府求援，他们夸大爱尔兰的革命形势，声称只要法国派遣一支数目可观的军队前往爱尔兰，爱尔兰将立刻爆

---

① Lawrence J. Mccaffrey, *Ireland from Colony to Nation state*, London: Prentice Hall, 1979, p. 27.

发起义。1796年12月，一支43艘战舰的法国舰队载着15 000名法国军队和武器弹药开往爱尔兰①。因为遇到风暴，法军登陆未获成功，只得返回法国。这时法国的盟国西班牙、荷兰在同英国的斗争中遭到了失败，法国缺乏足够的海军力量在爱尔兰登陆。

在这种情况下，爱尔兰人联合会决定独自起义，起义日期定于1798年5月23日。由于泄密，政府事先采取行动逮捕了起义领袖。但是5月24日起义仍然爆发。由于缺乏领导、装备极差，起义很快就被政府镇压。

2. 宗教冲突日益加剧

爱尔兰冲突的一个重要原因就是宗教冲突。公元5世纪基督教传入爱尔兰，从此在这里深深扎根。16世纪宗教改革使英爱之间的冲突逐渐明显。1529年之后，英国议会先后通过一系列宗教改革方案，使英国脱离罗马天主教会，建立英国国教。爱尔兰则仍坚持天主教传统，成为罗马天主教的坚强堡垒。宗教信仰的不同，使两个民族极为仇视，互相把对方视为异教徒。

1692年，英国议会通过法令，不准许爱尔兰天主教徒参加议会，而且还把天主教徒出国留学列为非法行为。与此同时，英格兰还制定一系列严酷的法令惩治天主教徒。因此，爱尔兰地区信奉天主教的爱尔兰人与信奉国教的英国人之间的矛盾冲突延续不断。

法国革命爆发后，爱尔兰北方新教徒要求对爱尔兰议会进行改革，为争取南方天主教徒的支持，他们表示愿意让天主教徒获得政治上的权利。同时，北方诸郡由于争夺耕地和宗教分歧，天主教农民和新教农民之间出现了长期纠纷。在厄尔斯特和其他一些地方，天主教徒佃户结成了一个叫做"护教派"（Defender）的社团，来对抗爱尔兰长老会派组织的"黎明伙伴"（Peep-of-Day Boys）。1795年9月，"护教派"与"黎明伙伴"在阿马

---

① John O'Beirne Ranelagh，*A Short History of Ireland*，Cambridge：Cambridge University Press，1995，p. 83.

戈（Armagh）镇的十字街口发生激烈冲突，"护教派"被击败，这就是所谓的"钻石之战"。

在这种情况下，天主教徒与新教徒之间的冲突越来越严重。爱尔兰实际上滑入了天主教徒和新教徒之间的战争，这些因素注定爱尔兰联合会的计划很难成功。由于其计划被政府发现，他们便转入地下活动。而这时爱尔兰新教徒和天主教徒之间一直进行斗争。新教徒还组织了一个"橙带党"组织，来同天主教徒斗争。① 接着，爆发了持续不断的宗教战争，在战争中大批无辜的天主教徒被赶到康诺特，那些斗争性较强的人则加入了爱尔兰人联合会。面对法国革命所引起的混乱及压力，英国政府不得不做出一些让步，不得不考虑解决爱尔兰天主教徒问题。

（二）英国政府化解冲突的策略

针对爱尔兰出现的冲突，英国政府从1780年起，就采取一系列措施来化解冲突，稳定局势。但这些措施只是暂时缓解矛盾，并不十分成功。

1. 试图从法律上解决爱尔兰地位问题

这个问题是长期以来爱尔兰冲突的主要原因之一。英国在对爱尔兰冲突进行镇压的同时，还试图通过两个步骤来解决这一问题。

18世纪末，英国政府首先想通过授予爱尔兰独立立法权来解决爱尔兰的地位问题，从而化解和爱尔兰的冲突。

英国在北美十三州的失败，影响了英国对爱尔兰的政策。"无代表，不纳税"曾经是北美殖民地反抗英国的口号，现在英国准备在爱尔兰推行这一试验，以化解爱尔兰人的不满情绪。而爱尔兰志愿军的压力又迫使英国不得不采取进一步的行动。1782年5月，福克斯在英国下院提出一系列提案，建议满足爱尔兰的要求，承认爱尔兰议会的独立地位，给予爱尔兰独立的司法权，确定法官的独立地位和薪金制度。②这些变化意味着英国议会今后无权再为爱尔兰立法，这实际上是把爱尔兰当作一个与英国平行的

---

① ［爱尔兰］艾德蒙·柯蒂斯：《爱尔兰史》（下），640页，南京，江苏人民出版社，1974。

② D. B. Horn, Mary Ransome, *English Historical Documents*, Vol. 7, *1714-1783*, London: Routledge, 1969, p. 700.

国家。在爱尔兰爱国党的压力下，1783年1月23日，英国议会接受并通过了《撤销法案》，爱尔兰的立法独立得到了确认："兹规定：爱尔兰人所要求的权利，仅受英王陛下和爱尔兰王国议会所制定的法律的限制，不论现在和将来，在任何情况下，均已成为定论，并且永远如此，而后无论何时，对此概不能怀疑，亦不容怀疑。"①这样，600多年来，爱尔兰议会第一次获得了独立的立法权，爱尔兰在形式上获得了自治权。

虽然英国议会放弃了对爱尔兰的立法权，爱尔兰在形式上获得了自治权，但英国所作的让步比对美洲殖民地小得多。英国对爱尔兰仍然没有一套完整的指导思想。其他殖民地所实行的政策，在这里并不完全适用。实际上爱尔兰在英国的地位本身就很尴尬，它既非完全的殖民地，又没有取得像苏格兰那样的地位。爱尔兰的主权仍然受两个方面的限制，实行的是行政权和立法权分离的二元制政治结构。爱尔兰总督对英国政府负责而不对爱尔兰政府负责。在爱尔兰问题上，英国国王接受的是英国大臣的建议而不是爱尔兰部长的建议。英国国王仍然是爱尔兰的行政首脑，英国国王所任命的官吏仍然掌握着爱尔兰的行政管理权，这样的行政、立法二元制政治结构，必然导致以后两种权力的不断冲突。

"1782年宪法"的胜利无疑是爱尔兰新教民族主义的高峰。表面上爱尔兰获得了"自由宪政"，似乎成了英格兰的姐妹王国，英国议会授予爱尔兰类似于"自治领"的地位。但事实上，这种新秩序错误百出，缺陷重重。爱尔兰议会中因为不像英国那样存在反对党，所以更加腐败，尤其是议会对内阁缺乏正常的控制和约束。各种议案尽管也像英国那样由两院提出和通过，然后直呈英王，但是英国的内阁可以唆使英国国王否决这些议案。总督与爱尔兰的关系，相当于过去英王与英格兰之间的关系，但是总督必须听从英国内政大臣的命令。总督从爱尔兰枢密院里挑选阁员，组成实际的政府，他们不受下院的罢免，当某种措施被议会挫败后他们也不认为有必要集体辞职。如果他们过去曾经反对过某项法案，比如说宽容天主

---

① D. B. Horn, Mary Ransome, *English Historical Documents*, Vol. 7, *1714-1783*, London: Routledge, 1969, pp. 701-702.

教徒法案（发生在 1792 年到 1793 年），下一年他们就可能因为英国政府的命令或者舆论的要求而表示赞成，他们并不认为这样做是出尔反尔。议会唯一能使这个非责任制政府就范的手段就是拒绝通过一年一度的惩治叛乱法案。①

其次，英国试图通过英爱合并，从根本上解决爱尔兰问题。

英爱合并是英国为化解爱尔兰冲突而采取的一个重大措施，但也是最不成功的一个措施。

法国大革命大大影响了英国对爱尔兰的政策，再次对英帝国的统一造成了巨大威胁。与美国独立战争时期一样，那些极度不满的爱尔兰人在法国的支持下企图脱离英国。

1798 年，爱尔兰起义削弱了爱尔兰人所享有的自由，扰乱了英国政治家的看法。英国政府认为，只有合并才能确保新教宪法和英帝国的统治。叛乱也使首相小皮特改变了对爱尔兰的政策，他决心敦促英国与爱尔兰合并。他说："爱尔兰好比一条着火的船，要么把火扑灭，要么把缆绳砍断，让它飘走。"② 在他看来，合并是帝国的当务之急，英国与爱尔兰立法合并不但对帝国利益有利，而且还可以安抚爱尔兰。③ 1798 年的叛乱是一个教训，它表明如果没有英国的援助，爱尔兰王国就无法保持下去。叛乱分子曾经得到法国的援助，这种情况可能再度发生。在这种危险面前，如何才能维护单独的爱尔兰议会和"1782 年宪法"？解放天主教徒和扩大选举权迟早要实现，问题是亲法的天主教徒和主张民主的国教反对派假如在爱尔兰议会里成了多数，那么英国国教对宗教和国家的垄断还能维持多久？解决这一切的灵丹妙药就是立法合并。在英国政府看来，合并是帝国的必要措施。独立的爱尔兰立法机构是一项"孩童般的措施"，已经明显威胁到

---

① ［爱尔兰］艾德蒙·柯蒂斯：《爱尔兰史》（下），612～613 页，南京，江苏人民出版社，1974。

② John O'Beirne Ranelagh, *A Short History of Ireland*, Cambridge: Cambridge University Press, 1995, p. 90.

③ Thomas E. Hachey, *The Irish Experience*, *A Concise History*, New York: M. E. Sharpe, 1996, p. 50.

帝国的安危。而合并则会"加强帝国的力量,给帝国增添荣耀"。只有在帝国总体的立法中才能平静地看待爱尔兰许多问题,在解决这些问题时才不至于激烈、偏颇。①

1798年年末,英国议会两院同意了合并的原则。1799年1月22日,爱尔兰议会召开最后一次会议,总督康沃利斯提出了合并建议,但是最后下院却通过了一项反对合并的动议。于是康沃利斯便利用手中的权力罢免了财政大臣和皇家首席法官,还在爱尔兰内阁里清洗反对派,把持了爱尔兰的大权。他多次扬言,合并的建议将一提再提,不管失败多少次,直到获得通过为止。此后,爱尔兰议会下院的议员便一直在争论合并的优缺点。赞成与英国合并的议员认为:爱尔兰现行的政治体制已经无法维持国家的安全和稳定,他们坚信与英国合为一体是爱尔兰摆脱国内混乱、抵制外部敌人、保证国教继续处于优势地位的必要措施。反对合并的人则认为:一旦爱尔兰失去独立,贵族就会抛弃国家,工业就会崩溃,贸易也会衰落。②

1800年1月15日召开新议会时,政府有可能获得规定的多数。因为新册封和提升的贵族已达48名,政府还花126万英镑把私有选邑收买了过去,这样就消除了爱尔兰议会里的阻力。1800年9月5日,卡斯尔里伯爵拟就了合并法案。根据该法案,爱尔兰将派100名代表参加英国下院,32名贵族参加上院,英格兰和爱尔兰的教会将实行合并,爱尔兰国家组织则维持原状,总督职位和法院也保持不变。在贸易方面,两国之间将自由通商,并向爱尔兰开放帝国全部贸易。③ 经过康沃利斯的努力,1800年6月7日爱尔兰议会三读时,合并法案以153票对115票的多数得以通过。在上院以75票对26票的多数通过。1800年8月1日,英国国王签署了英国爱尔兰合并法案。④

---

① P. J. Marshall, *The Oxford History of the British Empire*: *The Eighteenth Century*, Oxford: Oxford University Press, 1998, pp. 272-273.

② Lawrence J. McCaffrey, *Ireland, from Colony to Nation-State*, New York: Prentice-Hall, 1979, pp. 32-33.

③ Samuel Smiles, *History of Ireland and the Irish People Under Government of England*, London: Routledge Thoemmes Press, 1997, pp. 460-470.

④ John O'Beirne Ranelagh, *A Short History of Ireland*, Cambridge: Cambridge University Press, 1995, p. 92.

1801年1月1日，合并法案生效。1801年1月28日，有100名爱尔兰下院议员和32名上院议员参加的第一届联合议会开幕，英国与爱尔兰正式合并。自1540年以来一直由国王和议会统治的爱尔兰王国结束了，单独的爱尔兰政府也不复存在。英、爱两国政治联合后正式采用了"大不列颠爱尔兰联合王国"这个名称，爱尔兰从此丧失了政治独立。

2. 通过解放天主教徒来缓解宗教矛盾

长期以来，英国采取了一系列限制天主教的政策。1692年英国通过了不准天主教徒参加议会的法令，1703年通过了驱逐天主教主教、教团僧侣和副主教的法令，此后还通过了一系列把天主教徒排斥在土地、军队、选举、贸易和法律之外的法令。1704年，又通过了"反对天主教势力壮大"的法令。这样，民族问题加上宗教问题，使得爱尔兰问题复杂多变，不易解决。

但是随着英国工业革命和人道主义运动的发展，英国政府对于爱尔兰天主教的态度也逐渐变得宽容。1778年"加德纳法案"允许天主教徒自由购买土地。1782年辉格党上台，该党领袖都受洛克思想的影响，这使爱尔兰问题出现了转机。1782年，谢尔本勋爵通知新上任的爱尔兰总督波特兰公爵，希望能"满足爱尔兰人民的愿望"①。就在这一年，自由主义精神占优势的爱尔兰议会通过了第二个宽容法案，根据这项宽容法案，凡是在1778年已经履行过忠诚宣誓的天主教徒，可以按照新教徒同样的条件购买、持有或者遗赠自由掌管地和租种权，② 这实际上是取消了对爱尔兰天主教徒在取得并继承租地上的限制。同时还废除了1719年颁布的"公告法"，标志着推行了100多年的宗教法典中的惩罚性措施已经结束。

传统上，天主教会是君主政体的朋友，也是反对革命和反对无神论的坚强堡垒。爱尔兰的天主教主教、神甫以及高贵阶级都对法国革命流

---

① P. J. Marshall, *The Oxford History of the British Empire*, *The Eighteenth Century*, Oxford: Oxford University Press, 1998, p. 267.

② [爱尔兰] 艾德蒙·柯蒂斯：《爱尔兰史》（下），596页，南京，江苏人民出版社，1974。

露出一种毫不掩饰的恐惧，爱尔兰天主教徒似乎又站到了保守派一边。英国首相小皮特认为，必须采取一些措施来抚慰爱尔兰人。于是英国政府向爱尔兰议会施加压力，迫使爱尔兰议会下院于1793年以3∶2的多数通过《解放天主教法案》（The Catholic Relief Act），规定天主教徒可以持有武器，可以当选为市镇团体的成员，可以以40先令纯收入的财产资格在各郡和自由选邑参加选举，可以担任大陪审团委员，可以在都柏林大学获得学位，可以在部队里担任将军以下的军官，但是他们不可以当选议会议员 。①

实现英爱合并，最关键的是解放天主教徒问题。当时的局势明显表明，只有在"国教帝国中"，即国教在帝国中，至少在宗主国中占多数，解放天主教徒问题才能被平等地看待。而单独的爱尔兰议会是不可能接纳天主教徒和国教反对派，从而使自己陷于困境的；只有不列颠议会才能给天主教徒带来彻底解放的可能性。小皮特向爱尔兰天主教僧侣集体承诺：一旦两国合并，他将支持解放天主教徒。② 1799年，爱尔兰天主教主教秘密通过决议，决定接受政府提供的薪金，同时承认政府对教皇选派的主教和任命的教区神甫有否决权。③ 此时爱尔兰的天主教主教，尤其是都柏林大主教约翰·特罗伊（John Troy）已经偏向于支持英爱合并，期望接着就能解放天主教徒。在约翰·菲茨吉本（克累尔伯爵）（John Fitzgibbon, Earl of Clare）的领导下，爱尔兰有影响的贵族也支持威廉·皮特的政策，他们都认为：国教的优势地位比独立的议会更为重要，如果爱尔兰加入英国，英国的军事力量就会保护国教在爱尔兰的垄断地位 。④ 因此，皮特和总督康沃利斯希望合并之后就实现解放天主教，这样才可能"不是和某个

---

① Thomas E. Hachey，*The Irish Experience*，*A Concise History*，New York：M. E. Sharpe，1996，p. 46.
② Ibid.，p. 50.
③ Ibid.，p. 50.
④ Lawrence J. McCaffrey，*Ireland*，*from Colony to Nation-State*，New York：Prentice-Hall，1979，p. 31.

党派，而是和爱尔兰国家实行合并"。①

3. 经济上放松对爱尔兰的控制

放松对爱尔兰经济上的限制，是英国工业革命发展的结果，也是爱尔兰斗争的结果。但是，由于受到国内工商业的压力，英国政府在这方面出尔反尔，反而引起爱尔兰的不满。

1778年4月8日，在诺斯的支持下，下院通过了5项决议，取消了航海制度强加给爱尔兰的大部分负担。英格兰和苏格兰的工业城市立即作出了剧烈反应，对此英国政府只好改弦更张，将上述商业方面的让步几乎全部取消。② 小皮特当政后，想彻底解决爱尔兰问题。他认为1782—1783年的解决办法不彻底，因为它没有规定帝国内部的全面控制权，甚至没有解决爱尔兰在帝国内部的贸易权问题。为此，1784年2月，小皮特派遣拉特兰公爵（Duke of Ruttland）担任爱尔兰总督，委派托马斯·奥德（Thomas Orde）担任爱尔兰事务大臣。1785年，托马斯·奥德在爱尔兰议会提出建议，主张两国之间进行自由贸易，并允许爱尔兰参加帝国的全部贸易，交换条件是：当爱尔兰的年收入超过66.5万英镑时，要献出部分余额资助帝国海军。③

爱尔兰议会接受了这个建议。但是由于英国国内商业界的反对，小皮特不得不缩小了对爱尔兰的让步范围，禁止爱尔兰在南非和南美之间地区进行贸易，并规定爱尔兰不通过大不列颠就不得进口印度货物。这个修改了的协议无法为爱尔兰议会所接受，因为接受这个协议，不列颠议会就会彻底控制帝国贸易，垄断同印度，甚至在某种程度上同海外殖民地的通商，爱尔兰就只能被死死地限定在不列颠帝国内部进行贸易，而且还不包括英格兰。

---

① ［爱尔兰］艾德蒙·柯蒂斯：《爱尔兰史》（下），659页，南京，江苏人民出版社，1974。
② A. Goodwin, *The New Cambridge Modern History*, Vol. Ⅷ, Cambridge: Cambridge University Press, 1965, p. 584.
③ ［爱尔兰］艾德蒙·柯蒂斯：《爱尔兰史》（下），621页，南京，江苏人民出版社，1974。

（三）措施实施的效果及影响

18世纪中叶，随着英国工业革命及人道主义运动的发展，英国人对殖民地的态度也发生了变化。亚当·斯密在《国富论》中就认为，殖民地是母国的负担，主张放弃贸易垄断；同时他还提出按纳税比例来确定殖民地代表在英国议会中的人数。埃德蒙·伯克认为，维系帝国统一的纽带是那共同的称谓、血肉之情、相似的特权、平等贸易保护制度。"这些纽带，尽管轻如空气，但却坚如钢铁。"[1]也就是说，伯克主张用殖民地对母国的感情和挚爱的信念作为帝国联系的纽带，英国这时对爱尔兰天主教的态度也变得宽容。这个大环境的变化以及新的殖民理论，成了英国化解爱尔兰冲突的思想渊源。

但是，18世纪末期英国化解冲突的措施并不成功，尤其是英爱合并，反而成为19世纪爱尔兰冲突的根源。

首先，英国并没有平等地对待爱尔兰人。

《合并法案》使爱尔兰与英国在政治上实现了合并，爱尔兰教会成了英格兰爱尔兰联合教会的一部分。但是爱尔兰并没有像苏格兰、威尔士那样与英国融为一体，爱尔兰仍保留了代总督、都柏林官僚体系、独立的法院、地方监狱制度以及各种官僚机构。当局处理爱尔兰商业时，仍然沿用过去的方法。经常悬置的宪法，伴随着高压和战时法律，都表明英国没有将爱尔兰看成是英国的一个部分。[2]

其次，英国方面也没有实践对天主教多数派许下的诺言，这就使合并一开始就大失人心。

英爱合并后很长一段时间，英国政府没有兑现当初的承诺，没有采取宽容政策。直到1829年2月，英国议会才通过《解放天主教法案》，法案虽然允许天主教徒竞选议员、担任政府公职，但是却将选民的财产资格大大提高，由原来的40先令提高到10英镑，从而大大减少了选民数量，爱

---

[1] George Bennete, *The concept of Empire: Burke to Attlee, 1774-1947*, London: A & C Black, 1974, p.41.

[2] Lawrence J. McCaffrey, *Ireland, from Colony to Nation-State*, New York: Prentice-Hall, 1979, p.35.

尔兰天主教徒选民人数由原来的23万人减少到1.4万人。①

以后历史发展表明，英国国王、内阁和政党不是反对爱尔兰人正当的愿望，就是玩弄党派手段不去满足爱尔兰人正当的愿望。英国方面曾许下诺言，包括彻底解放天主教徒，给天主教教士提供国家薪金以及解决什一税问题等，因而天主教徒都怀着极大希望。但是英国对爱尔兰人始终存在偏见，认为爱尔兰人"无用、幼稚、容易激动"，这种偏见加上自高自大、漠不关心的态度，渗透到了英国对爱尔兰政策的制定当中。由于乔治三世顽固地坚持他是一个"国教宪法统治的国教国家的国教国王"，小皮特首相无法尽快兑现解放天主教的承诺。② 这些诺言要经过好长时间才得到兑现。那些为爱尔兰立法的英国政治家们对爱尔兰的了解比起对欧洲大陆或者遥远的海外帝国人民的了解要少得多。事实上，统治阶级和知识分子中很少有人到爱尔兰参观过。本杰明·迪斯雷利从未跨过爱尔兰海，格莱斯顿只到过爱尔兰一次，在警察的开路下旅游两周。这种局面难免会对英国制定爱尔兰政策产生很大影响。

实践证明，英爱合并是一项失败的政策。由于合并不是在平等、友爱的基础上，而是在欺骗、高压的基础上进行的，所以合并没有在英爱双方之间建立起挚爱和信任。它不但没有解决爱尔兰问题，反而使原有的矛盾激化，使爱尔兰人民对英国的政权和力量产生了强烈的恐惧与不信任感。③对英国及爱尔兰的发展都产生了很大影响。英爱合并是以后爱尔兰问题产生的直接原因。随着19世纪的事态发展，《合并法案》产生的不利后果越来越明显。而且，合并还加重了爱尔兰的负担。

根据合并条约，两国国库应于1817年合并。1793年爱尔兰的国债仅为225万英镑，可是到1817年合并时国债竟然高达1.13亿英镑，因为爱

---

① James Lydon, *The Making of Ireland: From Ancient Times to the Present*, London: Routledge, 1998, p. 288.

② Lawrence J. McCaffrey, *Ireland, from Colony to Nation-State*, New York: Prentice-Hall, 1979, p. 36.

③ Samuel Smiles, *History of Ireland and the Irsh People Under the Government of England*, London: Routledge, 1997, p. 471.

尔兰必须把起义动乱时代的一切费用作为单方面债务承担下来，而且还要担负在大战期间它应该提供的经费。① 这对于贫穷的爱尔兰来说，无疑是极为沉重的负担。

英爱合并使得英国与爱尔兰之间业已存在的矛盾冲突更加激烈。爱尔兰拥有 450 万人口，一半以上人民生活贫困。但是尽管如此，他们仍为自己古老的民族传统而自豪。英爱合并不久，爱尔兰的政治家们就发起了取消合并运动。由于政治制度越来越民主，爱尔兰的国教徒成了合并的主要支持者，他们想以此来防止自己被民族主义的天主教多数派所湮没。② 爱尔兰政治从此变得更不稳定，争取自治成了 19 世纪爱尔兰政治斗争的主要任务。英国在爱尔兰的试验也以失败而告终。

九、民族·宗教与 20 世纪爱尔兰问题

爱尔兰问题一直是英国政府的一大忧患。由于其巨大的宗教、文化差异，加上英国在爱尔兰问题上的高压政策，使得爱尔兰问题长期得不到解决。北爱尔兰的民族问题是英国殖民时代留下的遗产，当今南北爱尔兰民族矛盾的一切根源都可以从殖民地时代找到。爱尔兰问题久拖不决还与复杂的民族矛盾与宗教矛盾密切相关。因此，研究 20 世纪爱尔兰民族宗教关系的演变与发展，有十分重要的意义。

（一）20 世纪爱尔兰民族问题的历史根源

爱尔兰民族冲突问题由来已久。早在公元前 5 世纪，克尔特人就在岛上定居下来，他们后来把这个岛分成了 5 个彼此竞争的王国。1171 年 10 月，英格兰国王亨利二世率军侵入爱尔兰，1172 年 9 月罗马教皇亚历山大，将统治爱尔兰人民的特权授予了亨利二世。亨利二世被教皇封为"爱

---

① ［爱尔兰］艾德蒙·柯蒂斯：《爱尔兰史》（下），677 页，南京，江苏人民出版社，1974。

② John O'Beirne Ranelagh, *A Short History of Ireland*, Cambridge: Cambridge University Press, 1995, p.94.

尔兰领主",① 爱尔兰原有的王国逐渐崩溃。

公元5世纪,基督教传入爱尔兰,从此在这里深深扎根。从16世纪宗教改革之后,英爱之间的冲突逐渐明显。1529年之后,英国议会先后通过了一系列宗教改革方案,使英国脱离罗马天主教会体系,建立英国国教。爱尔兰仍坚持旧教传统,成为罗马天主教的坚强堡垒。宗教信仰的不同,使两个民族极为仇视,互相把对方视为异教徒。自此以后,爱尔兰地区信奉天主教的爱尔兰人与信奉国教的英国人之间矛盾冲突延续不断。

17世纪开始,大批信仰国教的英格兰人和苏格兰人在英国政府的扶持下迁徙到爱尔兰东部的厄内斯特地区大肆掠夺爱尔兰人的土地,建立农场。英国革命期间,爱尔兰人支持王朝反对革命,克伦威尔奉命率军进行讨伐,他的军队在镇压爱尔兰人的同时,还没收大量爱尔兰土地,分给大批涌进爱尔兰的英格兰新教移民。1653年克伦威尔在镇压了爱尔兰人起义后,颁布了《迁徙法案》,将大约有4.4万爱尔兰人驱逐到荒凉贫瘠的康诺特郡和科勒尔。新教移民逐渐在东北地区占据了优势,爱尔兰人反而成了佃户。而在爱尔兰其他地区,信奉天主教的爱尔兰人仍然占上风。到1685年詹姆士二世国王即位时,爱尔兰只有22%的土地属于天主教爱尔兰人。② 这样,土地问题又纠缠到了本来就很复杂的民族和宗教问题中去,使英、爱两族人民难以沟通。

经过近百年的演变,到18世纪中期,爱尔兰政治体制已经定型。爱尔兰此时尚没有立宪政治或者责任制政府,其政府实际上是由英国控制的专制政府,既为爱尔兰国内新教权势的利益服务,又为与爱尔兰有宗主关系的英格兰服务。爱尔兰有一个两院制的议会,但是因为爱尔兰的天主教徒被剥夺了选举权,而爱尔兰的大部分居民都是天主教徒所以议会选举实际上是被少数新教徒大地主控制。爱尔兰政权都掌握在盎格鲁——爱尔兰人手里。在政治、经济、民族、宗教的多重压迫下,爱尔兰劳动人民处于悲

---

① John O'Beirne Ranelagh, *A Short History of Ireland*, Cambridge: Cambridge University Press, 1995, p. 38.

② Ibid., p. 65.

惨的处境中。由少数人统治多数人的这种制度很难维持社会稳定,占居民多数的天主教徒与新教徒之间的冲突十分激烈。乔治三世统治初期,爱尔兰曾出现了广泛的农民运动。出现了所谓的"白衣团员"(Writeboys'),"护教派"(Denfders')等农民组织。由于他们讲爱尔兰语,因此他们又把这种普遍的不满情绪跟过去对"撒克逊人外国佬"以及对"加尔文教徒和路德教徒"的仇恨结合起来,并希望得到法国和西班牙的援助。① 这种局面影响到爱尔兰未来政治的发展。

法国大革命及拿破仑战争期间,针对爱尔兰出现的新局势,1801年英国议会颁布了"爱尔兰合并法案",强行将爱尔兰纳入英国版图。1845年到1850年爱尔兰发生大饥荒,但英国政府救济不力,使爱尔兰人口锐减,100多万人死亡,150万人移民海外。② 1845年到1850年间,英国用于爱尔兰救济的款项只有810万英镑,人均不到1英镑。其中一半属于贷款性质,需要爱尔兰日后偿还。③ 爱尔兰大饥荒更激起了爱尔兰民族主义情绪。移居到海外的爱尔兰人对英国人更加仇恨,发誓要推翻英国的统治。1858年,成立了爱尔兰共和兄弟会,爱尔兰裔美国人也成立了芬尼亚兄弟会。1866年,芬尼亚组织军队进攻加拿大,以此来打击英国的殖民统治。从18世纪中叶起,爱尔兰人争取民族独立的斗争此起彼伏,从未间断,几度形成高潮。"天主教徒解放运动""取消合并运动""青年爱尔兰运动""芬尼亚起义"等运动,都一次次动摇了英国的统治基础。

随着爱尔兰由于安全问题而在许多方面被看成是英国皇室殖民地,爱尔兰人宗教与民族认同的纽带日益加强。④ 19世纪70年代,爱尔兰自

---

① [爱尔兰]艾德蒙·柯蒂斯:《爱尔兰史》(下),583页,南京,江苏人民出版社,1978。

② Cormac O'Grada, *The Great Irish Famine*, Cambridge: Cambridge University Press, 1995, p. 14.

③ Peter Gray, *The Irish Famin*, London: Tham & Hudson, 1995, p. 94.

④ Johnathan Tonge, *Northern Ireland: Conflict and Change*, London: Prentice Hall Europe, 1998, p. 2.

治运动兴起,目的是"通过建立一个民族议会,为爱尔兰争得自治的权利"①。自治运动调动了爱尔兰各个阶层,形成了声势浩大的全民总动员。运动初期时,新教徒和天主教徒并肩战斗,在爱尔兰人民的强大压力下,英国的自由党于1886年和1892年提出了两个自治法案,但因为保守党的反对而遭到失败。1912年,下院通过了《爱尔兰自治法案》,但是却被上院否决。根据1911年的议会法案,自治法案将于1914年正式生效。

就在爱尔兰自治运动就要取得胜利、爱尔兰即将取得自治地位的时刻,一个坚强的反对爱尔兰自治的力量却在厄尔斯特地区形成。爱尔兰因为即将自治而陷入了激烈的民族宗教的对抗中,长达半个多世纪的北爱尔兰民族问题由此埋下祸根。

(二) 英爱分离及其影响

进入20世纪后,爱尔兰民族运动发展更为迅猛,爱尔兰开始陷入分裂。爱尔兰天主教徒强烈要求摆脱英国的统治,实现自治。而北部新教徒,尤其是厄尔斯特地区的新教徒却强烈主张留在英帝国之内。北部厄尔斯特地区之所以强烈反对爱尔兰自治,主要基于以下三个方面的原因。

首先,厄尔斯特地区在英国的统治下,经济比较繁荣发达,工人和雇主的矛盾不大,经济冲突也不足为道,这使得工人和雇主可能建立联盟。因而,该地区的大部分爱尔兰人不主张与英国分离,以免影响其经济繁荣的形势。

其次,强烈的宗教因素也影响了厄尔斯特地区形势的发展。在厄尔斯特地区,居民绝大多数是新教教徒。1911年,贝尔法斯特93%的造船工人,76%的居民是新教徒。② 爱尔兰新教徒认为,爱尔兰的自治将使他们变成人口中的少数,落在天主教徒的统治之下,并且将使落后的南方统治先进的北方,为此他们宁愿留在一个统一的英国议会中,而不愿看到在爱

---

① Arthur Mitchell & Pardraig Osnodaigh, *Irish Political Documents*, 1869-1916, Dublin: Irish Academic Press, 1989, p. 20.

② Johnathan Tonge, *Northern Ireland: Conflict and Change*, London: Prentice Hall Europe, 1998, p. 6.

尔兰出现一个"民族议会"。长老会派、卫斯理派及其他教会积极发起反对自治运动。北方的新教徒组织起武装的"厄尔斯特志愿军",声称要用武力来保卫自己的权利。

最后,爱尔兰南部盖尔语的复兴,增强了厄尔斯特新教徒的英国人认同意识。19世纪末期,盖尔语开始在爱尔兰南部复兴。1883年,成立了"盖尔语运动协会",其目的在于保护、培育本民族过去的文化。在南方的天主教在民族主义分子的鼓动下,他们坚决要求全爱尔兰的自治,并建立"爱尔兰志愿军",准备与北方决一死战。这种文化复兴运动,也增强了北部新教徒作为"爱尔兰人对立面"的意识。① 但是由于第一次世界大战的爆发,才使得内战没有发生。

第一次世界大战是爱尔兰问题的分水岭。在这之前,爱尔兰民族主义者所倡导的一直是爱尔兰自治,大战之后,爱尔兰开始坚决要求脱离英国。之所以出现这种局面,与英国采取的错误政策有极大关系。

英国人对南部爱尔兰人的不信任,导致了分离主义思想蔓延。大战中,新教徒和天主教徒并肩走上前线,有20万爱尔兰人参加了第一次世界大战,6万人阵亡。② 但是,北部新教徒可以组成厄尔斯特师加入战斗,南方的天主教徒则必须分散于各团队去,受他们英国战友的监视。这种厚此薄彼的做法,使得南部爱尔兰人突然意识到:在英国人的统治下,他们永远得不到平等。

英国镇压复活节起义、处死起义领袖,也改变了爱尔兰人的态度。1916年复活节,爱尔兰共和兄弟会在都柏林发动武装起义,希望用鲜血来唤醒爱尔兰人民,建立独立自主的爱尔兰。英国残酷地镇压了此次起义。当时,起义并没有得到人民的支持,许多人认为起义者是上了德国人的当。但是,英国残酷镇压起义后,不仅进行军法管制,逮捕了许多无辜的

---

① Johnathan Tonge, *Northern Ireland: Conflict and Change*, London: Prentice Hall Europe, 1998, p. 6.

② John O'Beirne Ranelagh, *A Short History of Ireland*, Cambridge: Cambridge University Press, 1995, p. 176.

群众，而且以叛国罪处死了15名起义领袖。① 爱尔兰人突然转变了对起义的态度，牺牲者成了民族英雄。

英国政府错误的在爱尔兰实行征兵制，也影响了爱尔兰人的态度。随着战争的进行，为了解决兵员枯竭问题，英国决定在爱尔兰实行征兵制。然而对爱尔兰人来说，自愿参军是他们的选择，强制征兵则意味着他们受人奴役。因此，爱尔兰民族主义情绪大为高涨。尽管由于战争突然结束，强制征兵制并没有实行，但这也促使大多数爱尔兰人坚定了他们要求独立的立场。

从此，爱尔兰局势更为动荡不安。1918年的大选，主张独立的新芬党大获全胜，1919年1月21日，106名爱尔兰议员中有37人在都柏林举行会议，宣布成立"爱尔兰共和国"。1919年，爱尔兰共和军成立，其宗旨是建立一个由该组织领导的统一的爱尔兰，暴力活动也随之而起，暗杀恐怖活动层出不穷。1919年，有17个警察被共和军杀死；1920年则有165个警察被杀，251个警察受伤，另有89个平民丧生。政府在多个地区实行军管，并依靠由退伍军人组成的"褐衣黑带队"与共和军对抗。② 双方都采取极端残忍的恐怖手段，爱尔兰局势每况愈下。

爱尔兰正式分裂是1920年《爱尔兰政府法案》颁布后才发生的。这个法案由劳合·乔治于1919年提出，法案规定：爱尔兰在英国的管辖下，建立两个议会，一个设在都柏林，控制南部26郡；另一个设在贝尔法斯特，控制北部6个郡。③ 在这个法案下，南北方的分裂已不可避免。

1921年，英国政府的爱尔兰政策也有了决定性变化。这一年，英国政府被迫与南爱尔兰民族主义者达成协议，允许爱尔兰南部26郡成立"爱尔兰自由邦"，承认爱尔兰自由邦为享有自治自决的全权自治领……北方六

---

① John O'Beirne Ranelagh, *A Short History of Ireland*, Cambridge: Cambridge University Press, 1995, p. 184.

② 钱乘旦等：《日落斜阳——20世纪英国》，256页，上海，华东师范大学出版社，1999。

③ Johnathan Tonge, *Northern Ireland: Conflict and Change*, London: Prentice Hall Europe, 1998, p. 11.

郡作为一个整体，取得了不属于爱尔兰自由邦的权力。① 这样，爱尔兰的分裂被确认下来。

虽然爱尔兰人已经取得了很大的权利，但是，当爱尔兰国民大会开会审议这个条约时，德·瓦勒拉及其战友拒绝接受这个条约。他们认为，条约是对复活节起义所倡导的共和国的背叛，② 要求建立完全的共和国，因此，他们继续进行暴力活动。1922年1月7日，大会以64票对57票的微弱多数，批准了这个条约。③ 新成立的自由邦政府用强力镇压暴力活动。同时，爱尔兰天主教会也敦促人民接受1921年英爱条约，并且申明在内战期间杀害自由邦战士的人是"凶手"④。直到1923年，爱尔兰地区才恢复秩序。北方六郡正式脱离爱尔兰，仍留在英国，英国在失去南部爱尔兰后改名为"大不列颠和北爱尔兰联合王国"。这样，在英爱合并120年后，英国和爱尔兰终于开始分家了。

1923年至1948年是爱尔兰宪政体制继续改进的时期。1932年，瓦勒拉及芬尼亚党赢得选举胜利。他们主张断绝爱尔兰与英国的联系，尤其是取消对英国君主的效忠宣誓。而爱尔兰共和军仍然进行反对英国及爱尔兰政府的活动。⑤ 1948年，爱尔兰正式脱离英联邦而获得独立，但是信教势力占优势的爱尔兰北部六郡仍选择留在英国治内。

英爱分离对于爱尔兰历史来说是一个悲剧，也影响了爱尔兰以后将近一个世纪的发展。从18世纪20年代开始，英国开始用比较平等的态度对待爱尔兰，企图对爱尔兰问题有一个根本的解决，但是爱尔兰问题的复杂性却使得它一直没能有一个彻底的解决方案，爱尔兰问题成了困

---

① ［爱尔兰］艾德蒙·柯蒂斯：《爱尔兰史》（下），774页，南京，江苏人民出版社，1974。

② Joseph Coohill, *Ireland: A Short History*, Oxford: Oxford University Press, 2000, p. 145.

③ ［爱尔兰］艾德蒙·柯蒂斯：《爱尔兰史》（下），774页，南京，江苏人民出版社，1974。

④ Joseph Coohill, *Ireland: A Short History*, Oxford: Oxford University Press, 2000, p. 146.

⑤ Ibid., p. 152.

扰英国政府最头痛的问题。1922年英爱分离并没能解决爱尔兰问题，反而使爱尔兰的民族冲突长期化，暴力事件不断发生，严重影响了南北爱尔兰经济的发展、社会的稳定。

（三）北爱冲突的发展及趋势

英爱分离之后，北爱尔兰的归属问题立刻提了出来。北爱尔兰大约有160万人，其中2/3以上是英国本土移民的后裔，他们信奉英国国教，在政治、经济和社会生活等各方面均占有优势。半个多世纪以来，北爱尔兰地方政府一直是由亲英国的"统一党"执政。该党在宗教上代表的是新教。各级地方官员也大多数由信奉新教的人担任。天主教徒占总人口的1/3，[①] 他们不仅在政治上受排斥，而且在选举、就业、住房、教育等方面备受歧视，天主教徒的失业率一直远远高于新教徒。因此，他们中的大多数人希望北爱尔兰脱离英国加入南边的爱尔兰共和国。为了达到其目的，爱尔兰共和军不断进行恐怖活动，使得北爱尔兰极不安定，成了不安全的地方。因而，爱尔兰问题的根本症结还是北爱尔兰的地位问题，即是留在联合王国，还是回归爱尔兰。

北爱尔兰的宗教冲突、民族矛盾不断发展，愈演愈烈。在北爱各大城市，两派教徒也分头聚会，互不往来。18世纪60年代，处在英国统治之下的北爱天主教徒掀起了争取平等权利的群众运动，并得到全欧洲正在开展的人权运动的声援。在贝尔法斯特、伦敦德里等一些大城市两个民族发生了激烈的冲突，几乎酿成一场内战。英国政府在北爱问题上也一再犯下低级的错误，采取粗暴高压政策，加剧了爱尔兰的民族矛盾。1969年，北爱尔兰发生了一系列暴力事件，许多建筑被烧毁，政府机关受到袭击，人员伤亡、财物毁坏，北爱尔兰陷入了一片混乱之中。1969年8月，英军奉命开进北爱尔兰，从此开始了对这个地区长达20年之久的占领。

与此同时，以"爱尔兰共和军"为代表的极端民族主义组织的恐怖活

---

① John O'Beirne Ranelagh, *A Short History of Ireland*, Cambridge: Cambridge University Press, 1995, p. 254.

动开始不断扩大。1970年1月11日，北方爱尔兰共和军从南部分离出来，成了所谓的"临时派"。该派公开提出要用"枪和炸弹"求得南北爱尔兰的统一，他们四处出击，在英国各地实施爆炸、劫持和暗杀等活动，无所不为。英军进驻爱尔兰时，"临时派"便以爱尔兰民族主义的维护者的姿态出现，并且公开向英军宣战。1971年2月，它杀死了第一名英军，这一年共有175人被杀，第二年又有467人名丧生。① 到1998年和平协议签订时，共有3 500人被杀害，无数人受伤。② 同样，新教派也有自己的武装组织，有合法的，也有非法的，其中主要的合法武装组织是由当地人组成的并由军队控制的"北爱尔兰团"，该组织拥有约75 000名武装人员。1971年成立的"北爱尔兰防卫协会"则是新教派最大的准军事力量，在全盛时期，其成员曾多达4万人。③

一场城市游击战在爱尔兰开展起来。30多年中，暗杀事件层出不穷，成千的英军士兵身死北爱尔兰，同时，要求脱离英国的天主教徒和反对脱离英国的新教徒之间的冲突也不断升级，双方的武装人员都互相杀害。恐怖主义浪潮开始在北爱尔兰和整个英伦三岛蔓延。直到20世纪90年代中期以后，随着北爱尔兰和谈的展开和北爱尔兰新芬党等激进组织重返当地政坛，"爱尔兰共和军"的活动才开始有所收敛。但可以肯定的是，在北爱尔兰两大民族实现和解之前，该地区的恐怖主义幽灵不会完全消失。

北爱尔兰问题之所以久拖不决，有以下几个方面的原因。

第一，宗教因素的影响。在北爱尔兰地区，新教徒占据优势地位，其和天主教徒的比例是2∶1。在北爱尔兰的地位上，两大教派的观点截然相反。新教徒坚决主张留在联合王国之内，而天主教徒则主张脱离英国，实

---

① Johnathan Tonge, *Northern Ireland: Conflict and Change*, London: Prentice Hall Europe, 1998, p. 76.

② Joseph Coohill, *Ireland: A Short History*, Oxford: Oxford University Press, 2000, p. 192.

③ Alfred McClung Lee, *Terrorism in Northern Ireland*, New York: General Hall, Inc, 1983, p. 156.

现爱尔兰的统一。在议会中，代表新教徒利益的统一党占据多数地位。①为了实现自己的目标，两大教派都组织了自己的武装组织，企图以暴力、暗杀、爆炸等手段实现自己的目标。因此，宗教信仰的不同，造成了爱尔兰的分裂，使得冲突长期无法解决。

教会在北爱尔兰冲突及和平谈判中均发挥了很大影响，尤其在20世纪60年代末至80年代初期，新教和天主教会中的极端势力在北爱尔兰骚乱中一直起着推波助澜的作用。其中新教方面以伊恩·佩斯利（Ian Paisley）在20世纪50年代建立的原教旨主义教会——"北爱自由长老会"影响最为突出。佩斯利历来反对同天主教会作任何妥协，认为这会导致新教徒在北爱尔兰失去立足点，使罗马教会重新占据主导地位。佩斯利等也一直参与世俗政治活动，当爱尔兰民权运动兴起时，佩斯利及长老会积极组织"北爱护宪委员会"，举行反对天主教的游行，并经常与民权运动成员发生街头冲突。20世纪90年代以来，佩斯利和他的政党对北爱和谈也一再设置障碍，对伦敦当局的"叛卖阴谋"始终保持警惕，他的顽固态度令英国政府深感头痛，认为有必要尽可能使其在政治上"边缘化"。②

同样，爱尔兰天主教会中的一些势力对共和军的活动也给予很大支持。20世纪70年代，天主教会当局就暗中支持以共和军临时派为代表的各种爱尔兰防卫组织的成立，教会为临时派成员举行各种宗教仪式和葬礼。在教会的支持下，爱尔兰共和军临时派和爱尔兰民族解放军不仅袭击英国目标，而且发誓要摧毁"都柏林政权"。

可以说，正是因为北爱尔兰存在两大教派的对立，才使得北爱尔兰的民族冲突持续不断。正如英国学者布鲁斯所说："北爱尔兰的冲突是一场宗教冲突，经济和社会的差异固然是关键的因素，但事实是，在爱尔兰两

---

① John O'Beirne Ranelagh, *A Short History of Ireland*, Cambridge: Cambridge University Press, 1995, p. 255.

② Martin Dillon, *God and Gun*, *The Church and Irish Terrorism*, New York: Orian Mass Maket Paperback, 1998, p. 239.

大竞争的民族依附于竞争的宗教传统。这赋予了冲突持久、难以解决的特性。"①

第二,国际因素的影响。北爱冲突不止是英国内部的局部冲突,它从一开始就受到国际因素的影响。国际舆论以及国际组织和外国政府的干涉不仅影响了英国政府的政策,而且也深深地激发了北爱尔兰两大社区人民的希望,毁灭了他们的梦想。

在解决北爱冲突进程中,爱尔兰共和国一直扮演着十分重要的角色。统一问题历来是爱尔兰共和国政治生活中的主题之一。自独立以来,爱尔兰政府和国内各主流政治力量一直固守爱尔兰宪法中提出的实现"国家重新统一是爱尔兰人的天赋权利"这一立场。这种态度直接刺激了爱尔兰共和军的发展。但是20世纪70年代以前,英国一直坚持不让爱尔兰共和国政府插手北爱冲突。随着北爱冲突久拖不决,英国政府逐渐放弃了原来的立场,转而与爱尔兰政府合作。1985年签订的"英爱协定"明确将北爱尔兰问题置于英爱两国政府合作的框架之内。②"英爱协定"作为一项国际条约,从法律上确立了爱尔兰在北爱问题谈判中与英国对等的地位,爱尔兰政府从此成为北爱地区爱尔兰人利益的"监护者",在20世纪90年代和平谈判进程中,爱尔兰加强了与社会民主工党的联系,并恢复了与新芬党的政治接触,努力协调各爱尔兰民族主义政党在谈判中的立场,发挥着越来越重的作用。

美国对于英国和爱尔兰的影响有着长期的历史渊源。爱尔兰大饥荒后,大量的爱尔兰移民到达北美。目前,在美国有4 400万爱尔兰移民后裔。③ 在美国的爱尔兰移民对于芬尼亚共和主义的诞生和成长都发挥了至关重要的作用。爱尔兰裔美国人的财政支持使得爱尔兰独立斗争得以坚持。而来自美国的压力在某种程度上改变了战争中英爱两方力量上的不平

---

① S. Bruce, *God Save Ulster! The Religion and Politics of Paisleyism*, Oxford: Oxford University Press, 1986, p. 249.

② Johnathan Tonge, *Northern Ireland: Conflict and Change*, London: Prentice Hall Europe, 1998, p. 112.

③ Ibid., p. 151.

衡。20世纪50年代，当爱尔兰共和军在边界开始冲突时，爱尔兰裔美国人给予大量的财力援助。美国武器供应组织在爱尔兰共和军向英国政府开战时，已经向它运送了2 500支枪和100万发弹药。① 来自美国的源源不断的财力资源，使得爱尔兰共和军长盛不衰。

正因为如此，美国政府最初一直没有介入爱尔兰事务。1977年，卡特公开宣布，如果北爱尔兰冲突各方能展开和平协商，美国政府准备向北爱尔兰提供援助。这表明，美国政府开始介入爱尔兰事务。20世纪90年代后，美国加大插手爱尔兰问题的力度，克林顿为争取爱尔兰裔居民的选票，公开批评英国的北爱政策，呼吁英国政府加快北爱和平进程。并加大对爱尔兰民族主义者的支持，美国还直接插手和平谈判。来自美国朝野的影响，也是影响北爱冲突发展的重要因素。

历届英国政府都在寻求政治解决的办法，但是始终没有能够成功。政府的谈判努力反而使主张维持英国统治的新教徒起了疑心，他们怀疑政府打算抛弃他们，与天主教暗中交易，于是一些极端新教分子在1986年开始暗杀皇家骑警队，使局势变得更加复杂。共和军方面，丝毫不肯放弃暴力活动，1990年，他们杀死了保守党议员伊恩·高。爱尔兰问题使英国面临两难的局面：它想很快丢掉这个包袱，但是几百年的历史所欠下的债却使它不能撒手不管，然而，继续拖延下去，也无法解决复杂的爱尔兰问题。

在强硬政策没有成效的情况下，梅杰政府开始改变政策，致力于政治解决爱尔兰问题。1995年，英爱达成协议，认同了北爱尔兰回归的可能性。经过长期的动荡，爱尔兰公民也不希望暴力事件不断发生。在多方面的斡旋、努力下，1998年4月10日，北爱尔兰各派在英、美和爱尔兰的推动下，达成一项和平协议。根据协议，北爱尔兰仍然是英国的一部分，但将与爱尔兰共和国建立更为密切的关系；将建立爱尔兰跨边界部长级理事会，以协调南北爱尔兰的关系；北爱尔兰将成立有108个席位的地方议

---

① Jack Holland, *The American Connection: U. S. Guns, Money and Influence in Northern Ireland*, New York: Penguin Books, 1989, p. 112.

会，该议会将通过比例代表选举产生；英国和爱尔兰都将修改宪法，确认爱尔兰人民对爱尔兰政治地位的自决权；英国承诺将使对北爱尔兰的非军事化逐渐简化到和平时期的水平。①

北爱达成和平协议是该地区历史上一个极其重大的进步，它确定的框架第一次使北爱尔兰问题真正可能以和平的方式解决。它意味着曾经长期为敌的新教徒和天主教徒将在同一地方自治政府中共事，这个协定是各方面妥协的结果，基本上照顾了各方面的利益，得到了多数民众的支持。当然，北爱地区仍然存在许多问题，最主要的是，天主教徒和新教徒的社区和教育几乎是截然分开的。此外，北爱两派内部的极端分子仍然反对和平协议，新教派的许多人认为，协议对新芬党让步太多，担心南北紧密合作将可能导致南北爱尔兰统一。新芬党对协议也有不满之处，表示他们不会放弃争取爱尔兰全岛统一的最终目标。协议达成之后，北爱尔兰地区恐怖事件仍有发生。1998年8月15日，天主教恐怖分子在北爱中部奥马镇商业中心制造爆炸恐怖事件，导致28人丧生，200多人受伤。

北爱互信机制的建立仍受到历史和现实诸多因素的制约，30多年的冲突，上万人的伤亡在人们心头的创伤不可能在短时间内消失，两大教派之间仍然存在矛盾对立，北爱离真正的民族和解仍有很大一段距离。但不可否认，和平对话与合作已成为北爱当今发展的主流，双方内部的主和力量均已占上风，尽管今后北爱和平还可能出现反复，但是，和平趋势已很难逆转。

十、20世纪南亚民族主义的发展及其特征

20世纪是南亚民族主义大发展时期。经过顽强的反对殖民主义的斗争，南亚各国先后赢得了独立，民族自信心大为增强。但是，独立之后，

---

① Johnathan Tonge, *Northern Ireland: Conflict and Change*, London: Prentice Hall Europe, 1998, p.115.

南亚各国的民族主义却进一步发展，长期以来，接连不断的民族问题和教派问题已经成为困扰南亚国家的痼疾，严重影响了南亚国家政治、经济和社会的正常发展，危害国内的统一和社会的安定，而且破坏南亚国家间的关系。因此，探讨20世纪南亚民族主义的发展及其原因，有着十分重要的意义。

（一）20世纪南亚民族主义大发展及其特点

南亚地区的几个国家，除马尔代夫是单一民族国家外，其他国家均为多民族、多语言、多宗教的国家。20世纪是南亚地区民族主义大发展时期。特别是战后50多年来，南亚地区民族宗教冲突一直持续不断，其重要的根源在于该地区宗教、民族矛盾错综复杂。如：长达半个世纪之久的印巴冲突、斯里兰卡僧伽罗人与泰米尔人的冲突等，都是民族主义极端发展的产物。

以摆脱殖民统治，赢得国家独立为分界点，20世纪南亚地区民族主义的发展分为前后两个时期。前一个时期，民族主义的发展，对团结、凝聚殖民地各族人民推翻英国殖民统治起了积极作用。但是，独立以后，南亚各国民族主义逐渐走向极端，从而导致国内局势动荡，与邻国关系紧张，甚至发生了持续的武装冲突。所以，这一时期的南亚地区的民族主义所起的作用是消极的。

南亚地区是世界上最早沦为殖民地的地区之一。正是在殖民统治时期，印度、斯里兰卡实现了统一，英国殖民者到达南亚后，用刀和剑使原来分散的南亚诸国实现了政治上的统一。政治上的统一为殖民地民族主义发展创造了条件，比如印度在历史上只是一个地理概念，从未实现过统一，莫卧儿王朝最强大的时候，也只是统治了印度北部的大部分地区。这里土邦林立，宗教、民族众多。英国殖民者在统一了印度次大陆后，印度才首次实现了统一，但这时的印度指的是南亚次大陆。

殖民主义统治为自己培养了掘墓人。南亚各国政治上的统一，经济联系的加强，客观上为各民族联合起来反抗殖民统治创造了有利条件。19世纪开始，英国殖民政府开始在南亚殖民地投资开设工厂、铺建铁路、架设电话线、电报线。这些措施有利于殖民地经济的发展，南亚诸国开始了现代化历程。同时，为了更好地统治殖民地，他们需要培养自己的代理人。于是，从19世纪初期开始，英国殖民者在殖民地开始兴办学校，发展教育。殖民地上层人士也将自己的子女送往英国接受西方教育。这些受过西式教育的知识分子，绝大多数成了民族主义者，由此产生了南亚各国的民族主义思想。

20世纪初，随着英国对南亚民族奴役和掠夺的强化以及南亚地区民族工业的发展，南亚地区民族觉醒加速，各国民族主义政党纷纷成立，如印度的国民大会党（Indian National Congress）、穆斯林联盟（Muslim League）、斯里兰卡的锡兰国民大会（Ceylon National Congress）、平等社会党（Lanka Sama Samaja Party）。这些具有民主主义性质的政党在领导殖民地民族独立斗争中起了巨大作用。在俄国十月革命的影响下，他们领导的一系列民族解放运动，大大促进了殖民地广大人民民族意识的觉醒，民族主义成了20世纪前半叶南亚人民最流行的意识形态。民族主义在殖民地的流行和民族独立运动的广泛发展，极大地动摇了英国殖民统治基础，最终瓦解了英国在南亚的殖民统治。当然，这一时期的民族主义以世俗民族主义为主，这种民族主义主张不同信仰、不同宗教、不同民族、不同种姓的印度人联合起来，共同反对英国殖民者。这种民族主义的代表就是甘地主义，其表现形式就是非暴力不合作运动。

南亚各国的独立过程中，民族主义都发挥了很大作用。但是，独立之后，南亚的民族主义在维护国家独立、促进国家发展方面起积极作用的同时，一些消极的因素逐渐显露，有的甚至发展到极端民族主义，造成国内冲突不断，甚至还影响到了独立后与邻国的关系。

独立后，南亚民族主义表现形式各不相同，既有传统的世俗民族主义，又有宗教民族主义、语言民族主义。这些诸多类型的民族主义齐头并进，相互作用，构成了南亚诸国独立后历史发展的主要内容之一。

独立后，印度的民族主义主要是指尼赫鲁主义。作为印度国大党领袖和独立运动的主要领导人，尼赫鲁有他独到的民族主义思想。尼赫鲁民族主义思想在他留学的时候已经形成。他回国后就投身于民族独立事业，并自称为"一个纯粹的民族主义者"。① 1936年他曾说："就印度来说，就印度目前所处的地位来说，我确实喜欢民族主义……社会主义最终将不得不作为政治外衣把民族主义推向前进"②。尼赫鲁认为，英国统治使印度蒙受了最大痛苦，印度必须经过火的洗礼才能得到新生。③ 这是尼赫鲁民族主义的核心。他还主张印度政治运动的最后目标是获得完全独立，而不仅仅是自治，反对改良派倡导的自治领方案。他指出："我们压倒一切的愿望就是争取独立"。④ 他要求把民族自由看成是被奴役地区人民最首要、最基本的要求。他认为，独立后，印度在领域上应该继承英国在次大陆的殖民统治，建立一个统一的印度国，反对印巴分离。这种心灵深处的大一统观念与后来印度执行的大国扩张主义有着某种必然的联系，对以后印度次大陆冲突起了一定消极作用。在政治上，他谋求巩固政治独立，发展民族经济，对旧的国家机构进行根本性改革。尼赫鲁还把经济上的独立看成是民族独立的重要内容，认为"没有高度工业化，就没有一个国家能够在政治上和经济上的独立自主。"⑤ 基于上述考虑，印度独立后，经过3年恢复期后，便开始执行计划经济，尼赫鲁立志通过经济发展，使印度起飞，成为有声有色的大国。

宗教民族主义在20世纪南亚地区所起的作用也非常大。南亚各国民族主义发展与宗教有很大关系。

宗教民族主义在印度的表现形式是印度教民族主义。在印度独立运动中，由于英国殖民者的挑唆，印度教和伊斯兰教之间的教派斗争日益激化，两派的教派主义者都力图在与英国人的斗争中压倒对方，为自己教派争取更多的政治经济利益，于是他们把民族主义与教派的利益结合起来，故而产生了所谓的"宗教民族主义"。

---

① ［印度］尼赫鲁：《尼赫鲁自传》（中译本），35页，北京，世界知识出版社，1956。
② R. C. Dutt, *Socialism of Jawaharlal Nehru*, New Delhi Abhinav Publicctions, 1981, p. 96.
③ ［印度］尼赫鲁：《印度的发现》（中译本），513页，北京，世界知识出版社，1956。
④ 同上书，497页。
⑤ 同上书，539页。

印度教民族主义思想最早产生于 20 世纪二三十年代，由当时的印度教大斋会首领萨瓦卡首先提出，后来逐渐成熟。印度教民族主义的根本宗旨就是要驱除英国殖民者，在印度建立一个"印度教国家"。这种民族主义与世俗的民族主义的最大区别是：他们既反对外国侵略者，又排斥印度国内的非印度教徒。[①] 此外，20 世纪 80 年代后，印度教民族主义在印度政治舞台上扮演了十分重要的角色，对当代印度政治发展产生了深刻影响。主要表现有：（1）教派的矛盾和冲突进一步加剧。20 世纪 80 年代，印度教徒和穆斯林之间暴力冲突急剧增长，冲突规模越来越大，涉及的地区越来越多。（2）在发展核武器问题的态度上，态度更加强硬。（3）争当世界大国的要求更迫切。[②]

南亚地区最严重的宗教问题是印度的印度教徒和穆斯林之间、锡克教徒和印度教徒之间的互相敌视和仇杀。印度是全民信教的国家，在过去的几十年中，印度教徒和穆斯林的冲突越来越频繁，涉及的地区和范围越来越广泛。国大党在印度独立之初，就已经认识到宗教问题的严重性，一直推行"世俗主义"政策，试图以此来消弭教派间的争斗。印度之所以在克什米尔问题上寸步不让，原因之一就是为了证明印度是一个世俗国家。实际上，许多印度教民族主义者很长时间不能接受巴基斯坦的分离这一现实。[③] 但是，由于印度的传统文化与宗教紧密相连，难以割舍。印度教不只是一个宗教或者一个社会制度，它是印度文明的中心。[④] 因此，印度世俗化政策并不明显，在印度，教派冲突成了社会动乱的一个组成部分。特别是 20 世纪 70 年代以后，随着印度教民族主义的复兴，带有教派性质的印度人民党的势力越来越大，教派冲突越来越严重。1984 年，英·甘地总理由于对阿姆利则金庙事件处理不当，加剧了印度教与锡克教徒的冲突。是年 10 月，英·甘地本人也被两名狂热的锡克教士兵刺杀。据不完全统

[①] 朱明忠、尚会鹏：《印度教：宗教与社会》，141 页，北京，世界知识出版社，2003。

[②] 同上书，161~164 页。

[③] K. R. Dark, *Religion and International Relations*, London: Macmillan Press Ltd, 2000, p. 152.

[④] [美] 塞谬尔·亨廷顿：《文明的冲突与世界秩序的重建》（中译本），30 页，北京，新华出版社，1998。

计，1960年印度教与穆斯林之间的教派冲突只有26起，1961年增为92起；到了80年代，印度教和穆斯林之间冲突急剧增加，1980年为427起，1985年为500起。① 过去，教派冲突局限于城市，但后来扩展到农村地区，据印度政府统计，1988年，全国发生教派冲突或者教派关系紧张的县有88个；到1989年，这样的县已经增加到110个。② 实际上，持续几十年的印巴冲突，表面上是军事冲突、领土冲突，实际根源是印度教与伊斯兰教之间的冲突。宗教问题成了南亚地区民族主义泛滥，民族冲突持续不断的根源之一。

巴基斯坦的民族主义则是宗教民族主义的性质。代表人物是以真纳为首的穆斯林联盟领袖。与尼赫鲁不同，真纳主张建立一个独立的巴基斯坦国，他担心英国人撤离后，印度教徒会在议会中占据多数，进而难以保证穆斯林的平等权益。他提出了"两个民族理论"，印度教徒和穆斯林不可能和平相处。他说："伊斯兰教和印度教从严格意义上讲都不是宗教，实际上是两种不同的社会制度，那种认为印度教和穆斯林可以融为一体，并形成具有共同性质的民族的想法，不过是一种幻想。……无论从哪个意义上讲，穆斯林都是一个民族。"③ 从某种意义上讲，印巴分治是穆斯林联盟奉行的民族主义大胜利。尽管巴基斯坦独立后面临来自印度的强大压力，但毕竟诞生了一个以共同信仰为基础的新的民族国家。从解决原有的民族宗教矛盾来看，印巴分治不失为一条有效的途径。

正是由于印度教和穆斯林的冲突，所以，印巴分治方案公布后，立即引起了两大教派教徒的双向大逃亡，即住在巴基斯坦的印度教徒逃往印度控制区，而在印控区的穆斯林则逃亡巴控区。在这个过程中，还引发了空前的教派大仇杀，官方把在旁遮普遭到屠杀的人数定为25万，但是据专门为英国

---

① 朱明忠、尚会鹏：《印度教：宗教与社会》，161页，北京，世界知识出版社，2003。

② Graig Baxter, *Government and Politics in the South Asia*, Boulder CO: Westview Press, 1993, p. 153.

③ Shahid Javed Burki, *Pakistan: the Continuing Search for Nationhood*, Boulder: Westview Press, 1991, p. 69.

广播公司的报道寻找证据的温福德·沃恩·托马斯认为被屠杀的总人数被大大低估,总数应该是 100 万人。① 印巴两国几十年来还因为克什米尔问题互相敌视,甚至发生了三次大的战争,这都与民族主义发展有关。

20 世纪南亚地区除了因为民族宗教问题引起国家间冲突外,各国本身还有许多民族问题。民族主义在南亚还呈现出语言民族主义、宗教民族主义等形式。再加上种姓问题,使得民族问题更为复杂,这一点在印度、巴基斯坦、斯里兰卡表现得都很明显,这也是南亚民族主义发展的一大特点。

语言问题引发的民族矛盾在印度、巴基斯坦、斯里兰卡都很突出,而尤其以斯里兰卡为最。殖民地独立以后,清理殖民主义语言往往成为民族复兴的一项主要任务。这通常是宣布某一种语言为官方语言。但是语言问题非常敏感,因为它不仅关系到民族的情感、地位和尊严,而且还涉及入学考试、在政府机关就业等重大政治、经济问题。所以民族国家中,国语政策往往是导致民族冲突的一个重要根源。

在斯里兰卡,英国殖民统治时期,英国在斯里兰卡大力推行英语教育,英语成了官方语言,受过英语教育的上层人士垄断了政府机关的工作。独立后的最初几年,这种情况并没有改变。1956 年随着以班达拉奈克为首的僧伽罗民族主义性质的联合阵线上台,斯里兰卡通过语言法案,规定僧伽罗语为唯一官方语言。1958 年,政府决定全国车辆一律采用标有僧伽罗文"斯里"的车牌,并将一批新车运抵贾夫纳。斯里兰卡泰米尔人认为这是政府剥夺泰米尔人语言权力的行为,便开始涂抹车牌。结果,僧伽罗地区的泰米尔文招牌也被涂抹,无数斯里兰卡泰米尔人的商店和住宅遭到抢劫和纵火。数百人被打死,12 000 余人流离失所,无家可归。这是斯里兰卡独立后第一次爆发的种族骚乱,它标志着种族矛盾开始升级为大规模的流血暴力冲突。这场冲突虽然历时只有 4 天,但在僧泰关系上燃起了一把不可绝灭的怒火。此后,历届政府都在语言问题上大伤脑筋,1957 年、1958 年、1966 年、1972 年政

---

① [英]布赖恩·拉平:《帝国斜阳》,钱乘旦等译,113 页,上海,上海人民出版社,1996。

府对泰米尔语的使用均做了重大修改和补充，以求双方达成谅解。但是，泰米尔人领袖仍不满意，原因之一是这些规定并未实现。长达半个世纪的僧伽罗人和泰米尔人两大民族的冲突从此开始。

语言问题在印度也存在。印度自古以来就是一个多民族、多语言的国度，由于民族众多印度语言之多令人咂舌，其中使用人数超过10万人的就达82种。1950年的印度宪法承认的官方语言有14种。1963年，印度通过《官方语言法》，规定印地语为全国官方语言，随后印度推广、普及印地语的措施纷纷出台。广大非印地语地区居民对此强烈不满，非印地语地区宁愿把英语作为通用语言也不愿把印地语作为国语。为此，不少邦发生抗议和骚乱，抵制"印地语帝国主义"，南部泰米尔纳杜邦反应更为激烈。1965年1月26日，南印度各地爆发了大规模的示威游行，此后20多天，159人被警察开枪打死，数百人受伤，5 000人被捕，5人自焚。[①] 在这种情况下，政府被迫延长英语的使用时限，尽管印度官方一直努力推广印地语，但是英语仍然是全国通用语言。

（二）20世纪南亚民族主义大发展的根源

毋庸置疑，南亚是一个民族、语言、宗教都十分复杂多样的地区。20世纪南亚民族主义过度发展，既有历史的原因，也有政治的、文化的、宗教的原因。

1. 历史原因：殖民主义的遗患

英国殖民者入侵南亚后，用刀和剑将原来四分五裂的南亚统一起来，用铁路和电报线，把彼此分割的地区连成了一体。在印度次大陆，所有英属殖民地以及土邦组成了一个完整的国家，印度实现了历史上第一次统一。斯里兰卡也由原来的三足鼎立，变成了一个国家。

长期的殖民统治，引发了南亚传统社会的巨大变迁。英国殖民统治破坏了当地原有的社会组织和生产结构，不仅给印度教徒，而且给穆斯林和其他宗教教徒都带了前所未有的灾难。马克思在论及不列颠在印度统治的后果时说："英国则摧毁了印度社会的整个结构，而且至今还没有任何重

---

① 马加力：《印度民族宗教概况》，载《国际资料信息》，2003（5）。

新改建的迹象。印度人失掉了他们旧世界而没有获得一个新世界,这就使他们现在所遭受的灾难是具有一种特殊的悲惨色彩"①。

在英国殖民者到达之前,印度教徒和穆斯林已经在南亚次大陆相处了约1000年,虽然宗教矛盾和冲突时有发生,但是其中相当一部分是两大教派上层统治者利用宗教问题而发动的争权斗争,各教派下层群众还能和睦相处。穆斯林更为痛恨英国的入侵。相比之下,印度教徒对英国殖民者采取比较合作的态度。英国在印度统治从一开始就采取"分而治之"的做法。表现在对印度教徒着意拉拢,而把穆斯林作为打击对象。他们认为,"只要广大印度教徒对我们满意,一部分伊斯兰教徒的不满就不足以形成一股强大的力量来反对公司政府。"② 1843年,殖民官员埃伦巴勒勋爵写道:"我毫不怀疑该民族(指穆斯林)同我们是根本敌对的,我们的政策是安抚那些印度教徒。"③ 1857—1859年大起义后,英国人更加露骨地推行拉一派打一派的政策,以此来制造双方的不睦和猜忌。到19世纪70年代,穆斯林政治势力遭到彻底毁灭,而印度教徒为主的印度民族主义运动蒸蒸日上。此后,英国又开始支持穆斯林的复兴运动。与此同时,由于穆斯林和印度教徒在国家剧变时表现出的不同心态和适应能力,到19世纪中叶,穆斯林在社会生活的各个方面都已远远落在印度教徒之后。这种发展的不平衡,滋长了相互间的紧张和疑虑。1885年印度国大党成立后,他们又劝告穆斯林不要加入国大党,最终促使穆斯林联盟于1906年成立。

进入20世纪,英国又利用各种手段,挑起两大教派争端。在殖民当局的煽动下,两大教派对立情绪日趋严重,导致大规模流血冲突。1926年,印度教徒和穆斯林在加尔各答发生冲突,138人死亡。④

在反对英国殖民统治共同的斗争中,殖民地的各个教派、种族都能联

---

① 《不列颠在印度的统治》,见《马克思恩格斯文集》,第2卷,679页,北京,人民出版社,2009。

② [巴基斯坦] I. H. 库雷希主编:《巴基斯坦简史》,第4卷,219页,成都,四川人民出版社,1977。

③ 同上书,218页。

④ Biswajeet Guha, *Conflict and Violence in Indian Society*, New Delhi Kanishka Publishers, 1998, p. 96.

合起来。1913年，穆斯林联盟新纲领明确规定：今后要与其他教派合作，以建立一个适合印度的自治制度。① 斯里兰卡的僧伽罗人和泰米尔人的政党组织也联合起来反对殖民统治，1919年成立的锡兰国民大会是一个全民族性质的政党，成了民族和谐的象征。

但是，随着南亚各国民族解放运动高涨，英国殖民者在撤退之际，又玩弄宪政改革，来挑拨宗教争端。在印度，英国通过所谓的"蒙巴顿方案"，在地图上将印巴分裂成两个国家，引发了印度教徒和穆斯林两大民族的大仇杀。在斯里兰卡，英国则通过宪政改革，取消原来的教族代表制，使僧伽罗人在议会中占据绝对多数，主张大僧伽罗主义的发展，遭到了泰米尔人强烈反对，导致僧泰两大民族长期的冲突。

2. 南亚地区多种宗教并存，对于南亚民族主义的发展起了很大作用

宗教问题往往与民族问题纠缠在一起，呈现出一种极为复杂的局面。宗教因素对民族生活的影响是很大的，特别是当宗教成为维系、凝聚民族的力量或者是区分不同民族的标志时，这种影响和作用就显得更加突出。南亚各国人民笃信宗教，而且宗教派别繁多，有印度教、伊斯兰教、佛教、锡克教、基督教、犹太教等。而且，民族矛盾往往以教派斗争的形式出现，两者密切交织、互为因果。独立以后，南亚各国民族主义极端发展，其中一个重要因素是宗教因素。

英国殖民者到达南亚后，南亚原来的宗教如印度教、伊斯兰教、佛教都受到压制，与殖民者的宗教殖民主义针锋相对，殖民地人民也纷纷以宗教作为他们反抗殖民统治、争取民族独立和解放的大旗，如斯里兰卡的佛教复兴运动。但是，当宗教以民族的亚文化的形式出现时，多民族政治社会中的矛盾隔阂往往表现为浓厚的宗教争端，或者干脆直接表现为教派冲突。印度与巴基斯坦在宗教上的冲突、印度境内印度教徒与伊斯兰教徒的冲突、斯里兰卡僧伽罗人与泰米尔人的冲突，实际上都是宗教民族主义的表现。

独立后的印度是一个世俗国家，而不是印度教国家；相反巴基斯坦是

---

① ［巴基斯坦］I. H. 库雷希主编：《巴基斯坦简史》，第4卷，299页，成都，四川人民出版社，1977。

一个伊斯兰国家，不是世俗国家。斯里兰卡是一个世俗国家，但是，僧伽罗佛教主义试图把它变成佛教国家，从而危及到世俗化的根基。① 在印度和斯里兰卡，世俗主义都不同程度上受到宗教的影响。自古以来，印度就在浓厚的宗教气氛中，存在着200多个少数民族和错综复杂的宗教冲突。宗教在印度政治生活中起着巨大作用。尽管印度宪法明确规定印度是一个世俗国家，但是，在印度这样一个宗教众多且宗教感情影响政治生活的地方来说，世俗主义有特定的含义，宗教不可避免会影响国家政策。② 1991年，印度信仰印度教的人占全国人口80.3%，信仰穆斯林的人占11%，基督教占3.8%，锡克教占2%，佛教占0.7%。

独立以来，印巴关系持续紧张，冲突不断，其根源在于印度教和伊斯兰教的冲突。1947年6月3日，英国殖民当局公布了印巴分治方案，即所谓的"蒙巴顿方案"。按照此方案，巴基斯坦由东西两部分组成，东巴基斯坦人绝大多数属于孟加拉族，说孟加拉语，西巴基斯坦由德新人、旁遮普、俾路支人等几个省组成。他们被印度隔开，相距2 000公里。东西巴基斯坦被组合在一起的基础仅仅是它们都信仰伊斯兰教。由此可看出，蒙巴顿方案的核心是按照宗教来划分自治领，由此产生了无穷后患。在印巴分治期间，印度教徒和穆斯林之间发生了空前绝后的宗教仇杀和流血冲突。这在两大教派心理上留下了难以治愈的创伤。

印度教和穆斯林的冲突，一直是影响印度社会发展的重要问题。圣雄甘地也因为反对教族仇杀而被印度教极端分子杀害。印巴之间因为克什米尔问题接连爆发1948年、1965年、1971年三次战争，其中宗教争端是一个重要因素。在印度教民族主义者看来，印度是一个印度教国家，丢掉克

---

① Douglas Allen, *Religion and Political Conflict in South Asia: India, Pakistan, and Sri Lanka*, Greenwood: Greenwood Press, 1992, p. 7.

② K. R. Dark, *Religion and International Relations*, London: Macmillan Press, 2000, p. 140.

什米尔意味着穆斯林对印度教的胜利。① 而且，印度境内的穆斯林与巴基斯坦境内的穆斯林息息相通，印度境内的教族冲突马上会在巴基斯坦引发从官方到民间的强烈反应，从而导致两国关系的不时紧张。

印度境内的穆斯林有1亿多人。独立以后，印度教徒和穆斯林的冲突持续增多。20世纪70年代以后，巴基斯坦和孟加拉出现了伊斯兰复兴运动，这个现象促使印度国内出现了印度教复兴主义的兴起和反穆斯林情绪的增长，印度教民族主义在印度境内宗教冲突愈演愈烈。特别是80年代初泰米尔纳杜邦大批贱民和低种姓者放弃印度教而改信伊斯兰教，引起了正统的印度教徒的极大不安，加重了印度教徒的危机感。因此，20世纪80年代后，印度教复兴主义迅速抬头、发展迅猛，而且在印度教徒中还滋长出了一种宗教狂热心理和反伊斯兰教的情绪。

1992年12月6日，10万印度教徒打着"重建罗摩庙"的大旗涌进阿约迪亚，其中一部分狂热分子不顾军警阻拦，爬上巴布里清真寺，将它的寺庙顶捣毁。这一举动严重伤害了穆斯林的宗教感情，由此引发了一场全国性的教派流血冲突，在此后的一星期里，至少有1 200人丧生，4 000人受伤。这是印度独立后影响最大的一次教派冲突。②

1998年，印度人民党上台执政，这届政府被人们称为"印度教民族主义"的政府。新政府上台后，不顾世界舆论反对，迫不及待地进行了五次核试验。试图通过核试验激起民众的民族主义情绪，并以此实现其争当世界大国的民族主义目标。

印度教徒和穆斯林冲突的直接原因应当归根于两个宗教本身的差异。由于两大宗教在信仰、教义、宗教和习俗上的巨大差异，使他们很难相互容忍、沟通。比如，印度教徒信仰多神和崇拜偶像，而穆斯林信奉唯一的真主，没有偶像；穆斯林吃牛肉，而印度教徒将牛奉为神明，因此伊斯兰教的宰牲节往往是两派冲突最为频繁的日子。正是这种宗教的差别，使得两大宗教冲突很难杜绝。宗教民族主义不断进一步发展。

---

① K. R. Dark, *Religion and International Relations*, London：Macmillan Press, 2000，p. 156.

② 朱明忠、尚会鹏：《印度教：宗教与社会》，162页，北京，世界知识出版社，2003。

另外，南亚地区宗教政治化也是民族主义极端发展的一个重要原因。南亚各国独立后，各种教派主义组织活动频繁，发展迅速，并积极向政坛渗透，影响本国政治的发展。印度的教派主义组织有印度教大斋会、民族服务团以及教派政党人民同盟。1951年，印度全国性的教派政党人民同盟成立，该党大力宣传大印度教主义，提出："一个国家、一个民族和一种文化"的印度教民族主义思想，由于印度人民党经常采取一些行动维护印度教徒的利益，所以他们在印度教徒中的地位和影响越来越大。由于这些教派的鼓动与宣传，印度人民党在印度大选中节节胜利。1996年，印度人民党在大选中获胜，成为议会中第一大党。从印度人民党迅速发展和执政的事实可以看出，宗教与政治结合的倾向日益明显。二者相互促进，使得南亚民族主义影响不断扩大。这种情况在斯里兰卡也存在。1956年斯里兰卡人民联合阵线取得选举胜利，这是斯里兰卡独立后政局发展的分界线，在班达拉奈克领导下，受僧伽罗语教育的佛教徒第一次被组织起来投到斯里兰卡自由党的唯一旗帜之下。该党是提倡把僧伽罗语当作唯一官方语言并以之取代英语的最大的反对党。这给印度的民族冲突埋下了隐患。

3. 南亚国家政府没有坚持各民族真正平等的政策，没有一个长期、稳定和前后连贯的民族政策，也是南亚民族主义发展的原因

在长达200多年的英国殖民统治时期，英属印度的许多民族—政治实体都是以独立或半独立形式存在于南亚次大陆。长期的地方割据式，使印度一些较大的民族都具有较强的独立和自治意识。

南亚国家独立后，占人口多数的大民族掌握了国家政权，少数民族在政治上只是处于从属地位。多数南亚国家的中央政府实行高度集权，地方自治权有名无实。各国政府没能平等对待少数民族，民族政策极不平等。这种不平等包括语言、教育、就业、宗教信仰等方面。例如，印度1956年按照语言划分邦界时没有充分考虑一些小民族的合理要求，以使他们能够享受到与其他民族平等的政治权利，这引起其他少数民族不满。随着民族意识的觉醒，一些少数民族为改善这种不平等的待遇，要求自治的呼声日益强烈，其中以旁遮普的锡克族最具有代表性。他们希望享有更大的自治或扩大旁遮普的领土，以便使锡克人在该地区占有稳定多数。当他们的要

求遭到拒绝后,便开始采取极端行动。英·甘地总理由于对此处理不当,被极端锡克教分子杀害。而印度、斯里兰卡的主体民族印度教徒和僧伽罗人,也没能用平等的心态对待少数民族。有的政党为了上台执政,甚至利用民族矛盾,煽动民族主义情绪。这样,本来可以缓解的民族问题变得复杂而且难以解决。

以上这种局面与南亚的政治制度有关。在印度、巴基斯坦和斯里兰卡,自独立以来便实行多党制议会制,国内党派林立,钩心斗角,争权夺利,有时为达到目的不择手段,故意煽动民族情绪和宗教狂热,以达到政治目的。如印度的人民党利用印度教原教旨主义的狂热情绪,挑起印度教徒和穆斯林的寺庙之争,从中渔利,成立仅10年,便成为印度第二大党,1998年成为第一大党,执掌了国家政权,在一些印度教徒看来,只有印度教徒才是印度真正的主人,穆斯林不过是外来的侵略者或者印度教的叛逆者,在一些政党的鼓动下,印度教民族主义发展迅速,一些极端的印度教教派主义势力制造了民族——宗教危机,宣称自身的生存受到了威胁,甚至对穆斯林宣称:"如果你们愿意生活在印度,那么你们就必须像我们(印度教徒)一样生活"。① 印度教教派主义组织国民志愿服务团甚至还喊出这样的口号:"谁与我们对抗,谁就将灭亡。"② 正是这种大民族沙文主义的存在,使印度的民族、宗教矛盾持续不断。

斯里兰卡也存在这种情况。由于斯里兰卡独立是通过和平手段取得的,因而独立后的最初几年,国家的政策和殖民地时期相比没有太大变化。但是,1956年后,佛教民族主义者走上了政治舞台。以班达拉奈克为首的自由党,团结广大僧伽罗佛教徒,提出将僧伽罗语定为国语,将佛教定为国教的煽动性的口号,并在1956年的大选中取得了胜利。新政府上台第二天,议会就通过了语言法案,规定僧伽罗语为唯一官方语言。自由党通过扮演僧伽罗民族代言人的角色,以牺牲泰米尔人的利益为代价,成功

---

① Graig Baxter, *Government and Politics in the South Asia*, Boulder CO: Westview Press, 1993, p.209.

② 朱明忠、尚会鹏:《印度教:宗教与社会》,160页,北京,世界知识出版社,2003。

掌握了政权。此后任何政党想要执政，就必须取悦僧伽罗人，必须用民族问题做文章。其核心就是强化一元制结构。

然而，在一个多元文化的国度，强行建立一元文化结构，必然会引起社会的动荡。这种一元结构表现在：(1) 将主体民族语言僧伽罗语定为唯一官方语言。(2) 将佛教凌驾于其他宗教之上。(3) 将主体民族的文化凌驾于其他民族之上，在教育、就业诸方面明显向僧伽罗人倾斜。20 世纪 60 年代开始，政府开始接管所有的学校，并采取为僧伽罗语考生和泰米尔语考生规定不同录取分数线的方法，降低理工类泰米尔学生的入学率。1973 年，对考生实施标准化考试，使各种考试语言录取比例等于用该语言进行考试的考生比例。1974 年以后，又在标准化考试的基础上实施按地区名额分配法。而且地区"定额分配"制度极大地限制了泰米尔人的入学人数。种种做法使泰米尔人的教育优势丧失殆尽。许多分数较高的泰米尔学生被剥夺了入学的机会。从 1970 年到 1975 年，泰米尔人大学生在理工类的入学率从 40.8% 降至 13.2%，在医药方面则从 37% 降至 20%，在农业方面的入学率下降更大。[①] 而僧伽罗人大学生入学率则超出了他们的人口比例。教育方面的不公正政策使泰米尔人觉得受到了歧视，引起了泰米尔人的极大愤慨。许多僧伽罗人还完全不顾历史形成的多民族共存的事实，把斯里兰卡看成是僧伽罗人一个民族的国家，用僧伽罗人的民族利益代替整个国家利益，努力在一个多元的国家建立一元的政治结构。他们提出了诸如提高僧伽罗人的地位、宣布佛教为国教以及在教育和就业等方面优先照顾僧伽罗人等要求，这些必然会引起泰米尔人的强烈不满。

此外，南亚地区经济发展的不平衡也是南亚民族主义大发展的原因之一，这里不再详细论述。

十一、斯里兰卡民族冲突的根源

独立以后，斯里兰卡两个主要民族——僧伽罗族和泰米尔族之间的冲

[①] H. P. Chattopadhyaya：*Ethnic Unrest in Modern Sri Lanka：An Account of Tamil-Sinhalese Race Relations*，New Delhi：M. D. Publication，1994，p. 20.

突不断发生。尤其1983年7月发生全国性大规模民族骚乱以来，两大民族之间矛盾日益激化，冲突愈演愈烈，最终演变成了内战。关于斯里兰卡民族研究，国内大都局限在对民族冲突的现状及发展趋势研究，而对其民族冲突的根源，还没有系统的论述。本文试图从历史、宗教、政策等方面，全面探讨斯里兰卡民族冲突的根源。

（一）斯里兰卡民族问题的历史根源

斯里兰卡的民族问题主要是占全国人口82.9％的僧伽罗人和8.9％的泰米尔人之间的问题。两大民族的冲突起源于英国殖民统治时期。

1. 中央集权制的建立，对于僧伽罗人和泰米尔人关系的发展有很大影响

1815年英国征服斯里兰卡全境后，建立了统一的中央集权政府。这一体制一方面促进了僧泰双方的交往，有利于国家统一和民族融合。另一方面，种植园经济的发展也使僧泰关系在土地纷争之外，又增加了新的矛盾。由于英国殖民当局采取"分而治之"原则，有意承认各个种族，在不同时期利用不同种族，从而加深了各民族间的隔阂。

1833年，英国在斯里兰卡设立立法会议。立法会议的三个非官方代表由总督按教族任命：僧伽罗、泰米尔和伯格人各1人。[1] 此后，教族代表制原则保留了下来。1931年《多诺莫尔宪法》生效前，僧、泰两大民族的矛盾没有激化。为了对付共同的敌人，他们抛弃成见，共同举起民族独立的大旗。《多诺莫尔宪法》授予斯里兰卡成年人普选权，但是新宪法在立法会议再次取消了教族席位，完全实行区域选举制。[2] 这实际上是在平等的口号下，忽视了少数民族的权利。这使两大民族的矛盾变得明显，为日后斯里兰卡旷日持久的种族冲突埋下了祸根。从此，斯里兰卡政治发展的天平开始倾向于僧伽罗人。

第二次世界大战后，斯里兰卡即将独立。为了争夺胜利果实，两个民

---

[1] K. M. De Silva, *A History of Sri Lanka*, London: C Hurst & Co., 1981, pp. 65-66.

[2] Chandra Richard De Silva, *Sri Lanka : A History*, New Delhi: Vikas Publishing House Pvt Ltd, 1989, p. 193.

族间又开始争斗。英国担心斯里兰卡如果由泰米尔人掌权，会与印度联成一体。因而英国人在撤离前巧妙地进行了许多有利于僧伽罗人的安排，使斯里兰卡独立前基本上由僧伽罗人在政府中担任要职。同时，为了在独立后完全确立自己的统治地位，僧伽罗人也开始想方设法排斥泰米尔人。

2. 在英国殖民统治下，英语教育的开展也使两大民族的矛盾加深

在殖民地时期，英语教会学校大都集中在贾夫纳地区，泰米尔人受英语教育的程度比较高。他们中的佼佼者则与基督徒一起成为英国殖民统治的附属品。

但学校教育在地域上并不均衡。贾夫纳地区及西南沿海地区发展较快，山地僧伽罗地区发展较慢。许多泰米尔人能说英语，并有较高的文化水平。北方受教育的泰米尔人中涌现出了许多医生、律师，甚至还有不少著名的政治活动家。许多泰米尔青年不仅成为专业知识分子，而且还进入了政界，成为地方行政机构的各级官员。独立初期，泰米尔人占政府职员的30%和自由职业者的60%，而其人口数只占全国总人口的10%。[①] 对此，泰米尔人认为这是公平竞争的结果，而僧伽罗人则认为是由于英国殖民统治给了泰米尔人过多的特权。这种局面加剧了斯里兰卡对立社会集团之间紧张和不协调的气氛。

3. 英国在斯里兰卡发展种植园经济所带来的印度泰米尔人移民问题，更加深了僧伽罗人对泰米尔人的疑惧和仇视

从19世纪20年代起，为解决迅速发展的种植园中劳动力问题，英国殖民当局从印度南部招募了大批廉价的泰米尔人劳工到斯里兰卡种植园。这样，在僧伽罗农民的身边，出现了一大批收入极低的南印度泰米尔工人。这批移民在1837年有10 000人，到1949年达758 264人。[②]

南印度泰米尔人大量移入，令僧伽罗人强烈感受到一种潜在的威胁。历史上，僧伽罗国家面临的最大威胁就是南印度泰米尔国家的入侵。因

---

① 金涛、孙运来主编：《世界民族关系概论》，243页，北京，中央民族大学出版社，1996。
② 王宏伟主编：《南亚—区域合作的现状和未来》，212页，成都，四川大学出版社，1993。

此，僧伽罗人在传统上把泰米尔人视为自己民族的敌人。现在，一方面，原有的兰卡泰米尔人正以岛的东、北两部分为阵地，与他们进行相对峙；另一方面，后来的南印度泰米尔人又一天一天地渗入岛的中部、西部沿海地区。更令僧伽罗人担忧的是，兰卡泰米尔人还把印度泰米尔人看成是自己民族的一个组成部分，煽动印度泰米尔人与僧伽罗人为敌。20世纪20年代，斯里兰卡发生经济危机导致大量失业。一部分僧伽罗人就认为应通过驱逐泰米尔人来解决这个问题。1927年科伦坡僧伽罗工联主义者曾要求驱逐印度泰米尔人。① 20世纪20年代以后，两个民族之间的对立加剧。

因此，斯里兰卡持久的种族冲突，有特定的历史原因，而英国殖民统治的遗患是最重要的原因。英国在所谓的"自由"情感的误导之下、在所有公民一律平等的幌子下，取消了原来保护少数民族的教族代表制，实行成年人普选制，是造成斯里兰卡种族冲突的关键因素。所以有人说僧伽罗－泰米尔冲突是现代政治的产物。②

（二）佛教革命与一元制政治结构的形成

佛教在斯里兰卡已有1 000多年历史。西方殖民者入侵以来，佛教长期受到外来宗教的歧视、排挤与迫害，并开始衰落。然而佛教在僧伽罗各界人士中仍然有着深厚的基础，一旦殖民统治者对僧伽罗人的宗教压迫稍有缓解，佛教的复兴就是不可避免的。19世纪中期，斯里兰卡兴起了佛教复兴运动。佛教复兴运动对于唤起僧伽罗人抵制西方文化和宗教的影响，反抗英国的殖民统治，有着积极作用。但这次运动又不可避免地带来了一定的消极作用：在佛教和传统文化复兴的同时，也重新燃起了僧伽罗人在历史上形成的宗教和民族自豪感，这就不能不成为斯里兰卡独立以后国家政治生活的隐患。

斯里兰卡独立后，佛教民族主义思想开始大规模传播，政府奉行维护和弘扬民族文化传统的政策，保护和发展佛教，使佛教在国内的地位得到

---

① Jonathan Spencer, *Sri Lanka*, *History and the Roots of Conflict*, London：Routledge, 1990, p. 33.
② Ibid., p. 5.

进一步巩固和提高,从而出现了佛教和佛教文化发展的高潮。而佛教复兴运动所激发出来的民族主义精神开始向针对泰米尔人的民族主义方向转化,国内民族矛盾上升到主要地位,僧伽罗人和泰米尔人逐渐发展到严重的敌对状态。

虽然斯里兰卡独立以后,佛教徒占全国总人口的65%,但是,由于国家政权仍然由殖民统治时期的精英把持,佛教徒感到国家生活受到非佛教徒力量控制。① 所以,佛教徒提出"恢复佛教合法地位"的要求。②

1956年,佛教现状调查委员会拿出了调查报告:《寺庙的反叛》。该报告鞭挞了基督教势力进入斯里兰卡给佛教及其文化造成的恶果及影响,向政府提出自己的要求:(1)建立一个佛陀教法议会,设立一个宗教事务大臣。(2)要求国家接管所有受政府资助的学校,向学生们讲授自己的传统宗教。报告支持青年人出家和修持戒行,号召佛教徒参加"坦诚的生活运动",坚持穿着传统民族服装,放弃穿着西服。③ 可见,这是一篇充满僧伽罗民族主义激情的檄文。为了能够恢复已经丧失的僧伽罗佛教徒的传统宗教和文化,佛教僧侣积极涉入政治,广造舆论和参加斗争。报告不但为国内日益高涨的民族主义提供了某种理论依据,而且也对今后一段时期内国内政治产生了重大影响。佛教僧团介入政治,使斯里兰卡政局愈加不稳定。佛教复兴运动所激发起的民族情绪逐渐成为突出的社会问题。在基督教威胁已经几乎不存在的情况下,僧伽罗人民族情绪的矛头指向了国内其他少数民族,首当其冲就是针对泰米尔人。佛教徒涉足政治,必然会对斯里兰卡的政治产生巨大影响,甚至改变了斯里兰卡历史发展的方向。

1956年大选之前,统一国民党一直是执政党,该党沿袭了殖民政府的做法,在宗教上希望实行政教分离的政策,把持政权的仍是那些受英语教

---

① W. Howard Wriggins, *Ceylon: Dilemmas of a New Nation*, Princeton: Princeton University Press, 1960, p. 193.

② George D. Bond, *The Buddhist Revival in Sri Lanka*, Columbia: South Carolina University Press, 1988, p. 76.

③ Ibid., p. 89.

育的上层精英。① 这种状况引起了受僧伽罗语教育的佛教徒的强烈不满，他们在农村进行了大量鼓动和宣传。受过教育的上层分子和广大群众之间的矛盾便转化为操僧伽罗语的多数派和操泰米尔语的少数派之间的斗争，两个主要种族集团之间产生了深深的裂痕。1956年大选中，以自由党为首的人民联合阵线取得了胜利。自由党在选举前提出了"佛教是国教"的主张，他们还提出"只要僧伽罗语"的口号，许诺该党执政以后将考虑把僧伽罗语作为唯一官方语言。② 因此，人民联合阵线受到了僧伽罗佛教比丘的支持。比丘们走村串户地拉选票，号召选民支持人民联合阵线，最终促使人民联合阵线在大选中取得胜利，自由党领袖班达拉奈克出任政府总理。这成为现代斯里兰卡历史上第一个"依据民族文化的传统"而建立的新政府。

1956年班达拉奈克政府的上台，标志着斯里兰卡一元政治结构正式建立。这届政府是在僧伽罗民族主义高涨的大环境下建立的。大选结束，新内阁即往大寺礼佛，接受僧侣的祝福。在内阁宣誓就职仪式上，内阁成员一律着僧伽罗民族服装，用传统的僧伽罗音乐取代西方的吹奏乐。第二天，议会通过《官方语言法案》，规定"僧伽罗语为唯一官方语言"。1957年又成立了佛陀教法议会。政府还破天荒地成立了文化事务部，1958年将两所著名的佛学院分别升格为智增大学和智升大学。由此，佛教民族主义的活动达到了顶峰。

1956年大选的影响巨大，从此斯里兰卡民族矛盾迅速激化。自由党通过扮演僧伽罗民族代言人的角色，以牺牲泰米尔人的利益为代价，成功掌握了政权。此后，任何政党想要执政，就必须取悦僧伽罗人，必须用民族问题做文章，其核心内容是进一步加强一元的政治体制，这在斯里兰卡的政治发展史上开创了一个极其恶劣的先例。

在强化一元政治体制的过程中，1970年是一个转折点，以班达拉奈克

---

① Sumantra Bose, *States, Nations, Sovereignty, Sri Lanka, India and Tamil Eelam Movement*, New Delhi: Sage Publications, 1994, p. 55.

② George D. Bond, *The Buddhist Revival in Sri Lanka*, Columbia: South Carolina University Press, 1988, p. 93.

夫人为首的自由党和左翼联盟上台执政。两年后,新政府宣布制定"共和国宪法"。新宪法确认佛教为国教,并且再次重申僧伽罗语在公共生活中的重要地位,而且废除了原来的宪法中保护少数民族权利的条款。① 同时,在高等教育和政府机构雇用机会上限制泰米尔人。过分渲染佛教民族主义的做法必然会产生负效应,给斯里兰卡国内的政治和经济带来不稳定因素,酿成种族和宗教的矛盾。殖民地时期,斯里兰卡国内的政治、宗教、文化格局已经开始起了变化,由原来的"三足鼎立",变成了统一的多民族国家,在这个统一的多民族国家之内,先后形成了佛教徒、印度教徒、基督教徒和伊斯兰教徒几个宗教群体,呈现了一个多元宗教文化的现象。

在一个多元文化、多民族的国度,强行建立一元文化结构,必然会引起社会的动荡。这种一元结构表现在:(1)将主体民族语言——僧伽罗语定为唯一的官方语言。(2)将佛教凌驾于其他宗教之上。(3)将主体民族的文化凌驾于其他民族之上,在教育、就业诸方面明显向僧伽罗人倾斜。许多僧伽罗人还完全不顾历史形成的多民族共存的事实,把斯里兰卡看成是僧伽罗人一个民族的国家,用僧伽罗人的民族利益代替整个国家利益,努力在一个多元的国家建立一元的政治结构。他们提出了诸如提高僧伽罗人的地位,宣布佛教为国教以及在教育和就业等方面优先照顾僧伽罗人等要求。

这种一元结构的建立必然会引起泰米尔人的强烈不满。值得注意的是,斯里兰卡独立后,泰米尔人的民族情绪与僧伽罗人的民族情绪一样,也在不断发展。他们在斯里兰卡虽然是少数民族,但是他们把南印度的五千万泰米尔人视为自己的后盾,再加上殖民地时期他们一直处于优越的地位,因此,他们虽然居于少数地位,却有着较强的民族沙文主义。这种民族沙文主义情绪和少数民族地位的混合使泰米尔族上层分子在民族问题上,不肯向僧伽罗人作出丝毫让步。僧伽罗人则担心泰米尔人得寸进尺,欲壑难填。双方不愿妥协的姿态又相互影响,相互激化。从而使两大民族

---

① K. M. De Silva, *Sri Lanka*:*Problems of Governance*, New Delhi:Konark Publishers Pvt Ltd, 1993, p. 14.

的矛盾越来越尖锐。

议会通过"将僧伽罗语为唯一官方语言"的法案当日，泰米尔人就和僧伽罗人发生了冲突，以后愈演愈烈。1958年，因为语言问题，僧伽罗人与泰米尔人的民族矛盾演变成了武力冲突。政府受到反对党的批判，不得不补充"合理使用泰米尔语"的立法，实施紧急状态。但是这一切并没有切实成效，激进的政治比丘和泰米尔极端主义者都对政府表示不满，冲突还扩大到基督教徒和伊斯兰教徒的身上。1959年9月25日，班达拉奈克总理死于曾经拥戴他上台的佛教比丘的枪口之下。

持温和民族主义观点的政界领导人，出于政治上的考虑，在制定政策时，也不能完全排除群众的民族情绪，有时为了博取群众的支持，得到更多的选票，他们不得不迁就群众的情绪。在其执政时，他们往往会采取一些措施缓和民族间的紧张关系，但由于僧伽罗民族主义分子的压力，往往会使他们对泰米尔人作出的种种许诺化为泡影，从而引起泰米尔人更加不满。而当他们处于在野党时，他们又不惜利用群众的民族情绪，给执政党政府制造难题，拆执政党的台。这也是斯里兰卡民族问题久拖不决的原因之一。

在这种一元制结构下，泰米尔人担心要受到压制不是没有理由的，以后政治局势的发展证明了这一点。1956年政府宣布僧伽罗语为唯一的官方语言，1960年起在技术教育和高等教育方面实行对僧泰两族青年入学采取不同的分数线录取的制度，还有中央政府制定的移民计划等，无一不在政治上或经济上影响到泰米尔族的利益。这样，僧泰两个民族之间的矛盾逐渐恶化了。

（三）政策方针的变化与种族冲突的发展

斯里兰卡的种族冲突分三个阶段：第一阶段从殖民地时期到1948年的独立。在这个阶段，僧伽罗人和泰米尔人的摩擦仍处于萌芽状态。在反对殖民主义大旗下，双方尚能团结一致。第二阶段从1948年到1976年。这一时期，种族冲突起伏不定。1977年以后属于第三阶段。泰米尔人开始要求建立"泰米尔斯里兰卡"。政府在民族问题上的一系列政策措施，一步步把斯里兰卡泰米尔人推向了反叛的道路。

独立后斯里兰卡的民族问题变得如此突出,有如下几个原因。

第一,政府从20世纪50年代中期开始推行的语言政策是僧泰两族冲突的首要原因。

语言问题是斯里兰卡民族问题的首要问题。英国殖民统治时期,英语是政府的行政语言。1955年,僧伽罗人向政府施加压力,要求将僧伽罗语定为国语,把佛教定为国教,并发起了全国范围的群众运动。1956年,"僧伽罗语为唯一官方语言"的议案在议会通过,同时对泰米尔语的使用也做了详细的规定。这引起了泰米尔人的强烈不满。

这一法案影响十分深远。法案伤害了泰米尔人的感情,使他们面临社会生活的种种困难,成为僧泰民族冲突最持久的原因。法案还煽起了僧伽罗民族主义的烈火,为此后的任何妥协和让步设置了难以逾越的障碍。对此,有学者做了深刻分析:"透视民族与国家的建设,1956年大选是斯里兰卡政治里程碑。在南部,种族的认定等于占多数的民族出于巩固政治地位的目的夺取了国家……在北方,它代表国家开始对一元制地位进行挑战"。① 法案实施后,僧泰两大民族矛盾迅速激化。1958年,政府决定全国车辆一律采用标有僧伽罗文"斯里"的车牌,并将一批新车运抵贾夫纳。斯里兰卡泰米尔人认为这是政府剥夺兰卡泰米尔人的语言权力的行为,便开始涂抹车牌。结果,僧伽罗地区的泰米尔文招牌也被涂抹,无数泰米尔人的商店和住宅遭到抢劫和纵火,数百人被打死,12 000余人流离失所,无家可归。这是斯里兰卡独立后第一次爆发的种族骚乱,它标志着种族矛盾开始升级为大规模的流血暴力冲突。

此后,历届政府都在语言问题上大伤脑筋,尽管政府对泰米尔语的使用做了重大修改和补充,但是由于僧伽罗激进分子的反对,这些协议最后都被迫废止。1978年宪法除规定僧伽罗语为官方语言外,还规定僧、泰同为国语,广泛使用英语。但由于积怨颇深,这些让步不但没有得到僧伽罗人的理解,也没能使泰米尔人满意。泰米尔解放阵线根本不承认这部宪

---

① Alan J. Bullion, "India, Sri Lanka and the Tamil Crisis, 1976-1994," *An International Perpective*, London: Printer, 1995, p.19.

法。在斯里兰卡，有关民族问题的所有协议最后都变成了一纸空文。由于僧伽罗人的反对，政府向泰米尔人的任何保证都难以兑现。

第二，政府在教育领域实行限制泰米尔人的政策，也是僧泰冲突的原因。

从殖民地时代起，泰米尔人便重视教育。独立以前，泰米尔人的大学入学率一直很高，独立后一段时间，由于英语仍为考试语言，泰米尔人在高等教育方面仍占有相当优势。1948年独立时，占全国人口10%的兰卡泰米尔人在大学生中的比例高达31%。

20世纪60年代开始，政府开始接管所有的学校。70年代，随着政府接管教会学校和用本民族语言进行教学和考试，泰米尔人大学生人数逐渐减少。据统计，1970年，泰米尔人大学生人数已降至总人口数的15.7%，但僧伽罗人仍认为兰卡泰米尔人的升学率还是太高。于是政府采取为僧伽罗语考生和泰米语考生规定不同录取分数线的方法，降低理工类泰米尔学生的入学率。1973年，考生实施标准化考试，使各种考试语言录取比例等于用该语言进行考试的考生比例。1974年以后，又在标准化考试的基础上实施按地区名额分配法。这种分配制是根据各地区居住人口在人口数中所占的百分比将各大学的名额分配给各地区。

显然"定额分配"制度对泰米尔人没有好处，而对僧伽罗佛人是有利的。因为大多数泰米尔族学生居住在贾夫纳地区，按人口统计，这个地区所分配的大学生名额仅能占5.54%。而且地区"定额分配"制度极大地限制了泰米尔人的入学人数。泰米尔人的教育优势丧失殆尽。许多分数较高的泰米尔学生被剥夺了入学的机会。从1970年到1975年，泰米尔人大学生在理工类的入学率从40.8%降为13.2%，在医药方面则从37%降为20%；在农业方面的入学率下降更大。① 而僧伽罗人大学生入学率则超出了他们的人口比例。教育方面的不公正政策使泰米尔人感到受到了歧视，引起了泰米尔人的极大愤慨。

---

① H. P. Chattopadhyaya, *Ethnic Unrest in Modern Sri Lanka*：*An Account of Tamil-Sinhalese Race Relation*, New Delhi：M. D. Publication, 1994, p. 20.

在中小学教育方面，英国殖民统治时期，学校用英语教学，僧泰两大民族的儿童同在一个学校，用同一种语言接受教育。但随着政府在语言和教育方面政策的变化，僧泰儿童开始分开学习，各自用本民族的语言接受教育，接受不同传统与文化的熏陶。这种封闭的环境在客观上有助于民族主义的培养，却不利于国家的统一。而且，僧伽罗人的学校的师资设备要比泰米尔人学校好得多。泰米尔族儿童必须进入泰米尔语学校，而且那里不教授僧伽罗语，其结果必然使泰米尔人的就业机会减少。

语言、教育政策的变化影响到了就业问题。"语言法案"使泰米尔人在担任公职方面遇到许多困难，高等教育机会的减少进一步限制了泰米尔人的就业门路。法案颁布后，许多担任公职的泰米尔人不得不提前退休，保留公职者也很难得到晋升。到1975年，政府官员中泰米尔人所占比例由1956年的30%下降到6%。在进入军警方面，泰米尔人受到的歧视更大。军警中泰米尔人所占的比例由50年代末的40%下降到1970年的3%。1977—1980年，国家招募了10 000军人，泰米尔人只占220人。1956—1970年，国有企业录用的189 000名员工中，99%是僧伽罗人。1980年，国家公职人员中僧伽罗人和泰米尔人分别占85%和11%。显然僧伽罗人所占比例大大高于其人口比例（约74%）而泰米尔人所占比例则低于其人口比例（约12.6%），许多泰米尔人为失业所困扰。① 这样，在贾夫纳半岛上人口稠密的乡村里，土地的压力不断增长，因为许多泰米尔族青年不得不返回乡村务农。由于他们接受高等教育和受雇于政府机关的道路被主张使用僧伽罗语的新制度所堵死，所以他们主张分治的要求也就最为强烈。

第三，政府向泰米尔人居住的北方省及东方省大量移民也是困扰僧泰关系的问题。

早在20世纪30年代，殖民政府就开始修复东方省的灌溉工程，并向该省迁移僧伽罗人。独立以后，政府加快向北方省和东方省迁徙僧伽罗农民的步伐。到1966年，有12 000个家庭移居到了干旱地区，总投资达9.1

---

① 金涛、孙运来主编：《世界民族关系概论》，245~246页，北京，中央民族大学出版社，1996。

亿卢比。① 1972年，班达拉奈克夫人政府进行一项激进的土地改革，将种植园国有化，并将多余的土地分给无地的僧伽罗人。② 这导致 1/4 泰米尔种植园工人失去其工作。

政府移民的目的是改变泰米尔人控制地区的人口构成，以削弱泰米尔人的势力。独立后30年间，政府共向北方省和东方省迁徙了16.5万僧伽罗人，从而使这里的僧伽罗人的总数从1953年的46 500人增加为1981年的24.3万人，增长了424%。而同期泰米尔人和摩尔人人口只增长了145%和136%。为加快实施这一计划，1985年斯里兰卡总统宣布要把30万僧伽罗人从南方移居北方，分配给一定的土地和安家费。1983年骚乱后，政府又将大批兰卡泰米尔难民遣返北方。这一做法不但使两大民族关系更加疏远，而且为恐怖主义提供了人力和物力，人为地造就了一个事实上的兰卡泰米尔人的家园。

政府的这种做法改变了两省的民族构成。此外政府还经常改变选区，以使选举有利于僧伽罗人。1977年，168名由选举产生的国会议员中，泰米尔人有20名，占总数的12.5%，大大低于那时其所占人口比例（19%）。而同期僧伽罗人占国会议员的比例由71%增至81.5%，高于其所占人口比例（73.3%）。③ 对于政府的移民政策，泰米尔人认为这是僧伽罗人对他们传统家园的入侵。不断地移民使泰米尔人感到，他们不只是丧失了传统家园以外的传统就业领域，连传统家园自身也保不住了。

1977年大选后，联合阵线遭到惨败，统一国民党以压倒性多数获胜。斯里兰卡现代史开始了另一个明显的政治转折。1978年，斯里兰卡议会通过了新宪法，在多方面完全改变了斯里兰卡的政治结构，从而加剧了僧伽罗人和泰米尔人之间的冲突。

---

① Satchi Ponnambalam：*Dependent Capitalism in Crisis：The Sri Lanka Economy 1948-1980*，London：Zed Press，1981，p. 22.

② H. P. Chattopadhyaya：*Ethnic Unrest in Modern Sri Lanka：An Account of Tamil-Sinhalese Race Relations*，New Delhi：M. D. Publication，1994，p. 26.

③ 金涛、孙运来主编：《世界民族关系概论》，246页，北京，中央民族大学出版社，1996。

新宪法规定了僧伽罗语为唯一官方语言，改变了斯里兰卡的选举制，将多数票原则改为比例代表制。① 选举制的改革有助于平衡所有选民的代表权，尤其有利于少数种族集团。但另一方面，比例代表制也规定了一个最低限额（全部选票的1/8），用以限制小党派的候选人在某一地区当选。而且由于原有的选举制已经被新的以地区为基础的选举制代替，在本地区有强大影响的地方党派便成了比例代表制的主要受益者。在泰米尔人占优势的地区，这显然是一个危险的做法。所以，1978年宪法与其说弥合了使僧伽罗人和泰米尔人两大社会集团的鸿沟，不如说是加深了他们之间的不和，使他们的关系更加恶化。

直到20世纪50年代，泰米尔人的民族主义还缺乏凝聚力，尽管他们大谈什么要在语言、宗教和文化等方面同僧伽罗人一刀两断，但是在70年代以前没有任何主要的政治领导人或政治集团提出过全面分治。1972年，斯里兰卡通过新宪法才使得分治的情绪迅速增长，而日益好斗和急躁的泰米尔青年又将这种情绪推向了高潮。

由此可见，斯里兰卡独立后的历届政府所推行的歧视、排挤泰米尔人的政策，把泰米尔人一步步推向了反叛的地步。一些政客为了能争取更多的选票，不惜就一些敏感问题，特别是牵动民族感情的问题进行淋漓尽致地渲染和发挥，不时提出极端口号。在民族政党界线明显、泾渭分明的情况下，这意味着更大的隔阂。

以数人头为主要方式的选举制度使每次组阁上台的基本上都是僧伽罗人的政府，泰米尔人通常被排挤在外。这就更加深了泰米尔少数民族的被剥夺感，也伤害了泰米尔上层作为大民族的自尊心。所以有人说，斯里兰卡民族问题是现代议会民主制度的产物。但确切地说，这是对议会民主制误用的结果。

独立以来，斯里兰卡的每一次大选几乎都发生政府更迭。僧伽罗人的两个主要政党，统一国民党和斯里兰卡自由党竞争意识都非常强烈。

---

① Chandra Richard De Silva, *Sri Lanka：A History*, London：Sangam, 1987, pp. 232-233.

他们执政时没有长期打算，不敢轻易解决一些事关重大的问题，有时采取主动措施也终遭破坏。在野时则不惜唤起民族主义情绪，煽动对泰米尔人的传统恐惧。几十年来两党都曾反对另一方与泰米尔人达成协议，因而使执政的对手处于十分被动的地位。几次和解努力的失败与此不无关系。

无穷无尽的冤冤相报，使得僧泰两民族更加势不两立，其中的极端主义分子都走上了暴力和流血的绝路，从而为斯里兰卡恐怖主义提供了滋生的土壤、繁殖的温床，如今对斯里兰卡，恐怖主义已经猖獗为患，暗杀、爆炸、纵火、袭击等恐怖事件经常此起彼伏，防不胜防，使得人人自危，政府更是头痛。

持续不断的种族冲突，给斯里兰卡带来沉重的灾难，破坏了斯里兰卡的经济发展环境，严重阻碍了斯里兰卡社会经济的发展，成了斯里兰卡现代化道路上最大的障碍。长期的战争，已使国家受到严峻的挑战。为解决旷日持久的种族冲突，斯里兰卡政府采取了多种办法，但都没有取得实质性的进展。由于政府在处理泰米尔人问题上的态度比较强硬，泰米尔人则要求建立自己的国家，所以双方目前基本没有缓和的余地。从斯里兰卡的民族冲突，我们可以看出一个多民族国家里，任何一个大民族都不应当将本民族利益置于其他民族之上，否则只会引起民族冲突。

十二、发展与民族冲突的困境
——斯里兰卡现代化的经验与教训

斯里兰卡的现代化从英国殖民统治时期便开始了。英国征服了斯里兰卡后，斯里兰卡传统的政治经济社会都受到了根本性的破坏，新的经济制度（资本主义）、政治制度（议会制度）、社会制度（社会结构）等都建立起来了。斯里兰卡独立以后，却没有处理好发展与民族冲突的矛盾，导致国内民族矛盾日益加剧，严重影响了斯里兰卡现代化的进程。

（一）斯里兰卡现代化的基本历程

斯里兰卡独立后，其现代化进程分三个阶段。

1948年到1956年是沿用殖民地遗产阶段。斯里兰卡独立是依照宪法程序,通过和平手段取得的,而且独立初期政府中把持大权的人大都是受过西方教育的精英分子,所以独立以后,他们所实行的政策大都沿用了殖民地时期政策。新政府与殖民地时期的政府并无明显区别,英国人所建立的社会结构并没有发生重大变革,只不过内部略有调整而已。在民族问题上,新政府推行的是民族和解政策。这种情况一直延续到1956年人民联合阵线政府上台。

由于长期的殖民统治,斯里兰卡形成了单一的种植园经济。茶叶、橡胶和椰子三大种植园作物在国民经济中占有很大比例。斯里兰卡独立初期,经济曾表现出暂时的繁荣。当时一些人把斯里兰卡称为"一块稳定、安静和井井有条的绿洲"。① 而且,由于殖民政府留下了大量外汇结余,使统一国民党政府有能力推行大规模的社会福利计划。独立之初,斯里兰卡政府用于免费教育、免费医疗、食物补贴、住房、交通补贴的费用占政府总开支的40%。② 但新政府对经济发展缺乏长远规划,虽然也曾经制定过一个6年计划(1947—1953),计划6年内投资12.46亿卢比用于经济发展。但这并不是一个正常的发展计划,该计划仅仅规划了总投资数目,它只是各部的设想和希望的简单结合,并没有采取任何严肃的步骤,也没能建立起一个推行该计划的机构。国家的大量外汇结余,在无计划的投资中浪费掉了,约12.6亿卢比。③

在这平静的外表下,一股僧伽罗民族主义潜流在不断壮大。当时斯里兰卡有75%的人口在农村,而国家的领导权却在少数受过西方教育精英分子手里。他们大都是"全力搞政治活动的职业政治家,他们在各个政党中一般都居于最上层领导地位。"④ 占人口大多数的社会中下层人士,包括佛

---

① K. M. De Silva, *A History of Sri Lanka*, London: C Hurst & Co., 1981, p. 489.

② Satchi Ponnambalam, *Dependent Capitalism in Crisis: The Sri Lanka Economy, 1948-1980*, London: Zed Press, 1981, p. 25.

③ K. M. De Silva, *Sri Lanka, A Survey*, London: C. Hurst & Co., 1977, p. 294.

④ Ibid., p. 293.

教僧侣、农村店主、放债人和小地主、乡村教师以及僧伽罗土著医生却处于无权地位。尽管这些"乡村领导人"没有受过英语教育，但是他们都受这种过高水平的僧伽罗语教育。这些中下层知识分子越来越不满自己的无权地位，决心打破受过西方教育的上层分子对政权的垄断。这股势力与佛教复兴运动结合在一起，逐渐左右了斯里兰卡的政局。从此，斯里兰卡开始走向动荡。

从1956年开始，斯里兰卡现代化进入寻找新国家特色时期。1956年，斯里兰卡举行大选。代表中下层的斯里兰卡自由党与革命平等党、僧伽罗语阵线组成联合阵线，取得了大选的胜利。从此以后，国家权力从受过英语教育的精英分子手中转向了受传统教育的精英分子手中。新政府企图寻找一个新的支撑点，以支撑新的国家。具体表现是政治上的佛教民族主义，经济上的社会主义倾向，社会问题上的大僧伽罗主义等。新政府上台后的第二天，斯里兰卡议会通过法案，规定僧伽罗语为全岛唯一的官方语言。两个首要的僧伽罗佛学研究中心被授予大学地位。① 经济上，斯里兰卡政府抛弃了原来的近于自由放任的经济原则，开始沿着一条混合型经济的方向发展，越来越强调国家对商业和生产部门的控制，开始实行国有化。此外，斯里兰卡政府继续推行稻米补贴、免费医疗、免费教育等社会福利措施。

1970年人民联合阵线政府再次上台后，便着手制订新宪法。1972年新宪法通过，决定成立"自由、独立、自主"的共和国。新宪法的颁布，虽然对斯里兰卡来说，是寻求新国家发展特色的一大尝试。但新宪法的实行，使政府在民族问题上走得更远，为日后持续不断的种族冲突埋下了隐患。新宪法宣布："斯里兰卡共和国应当给佛教以最优先的地位，因此保护和促进佛教的发展是国家的责任"。② 新宪法还正式规定僧伽罗语为唯一的官方语言，把原来议会通过的泰米尔语（特别规定）法案列为附属立法，取消了前一部宪法中旨在保护少数民族的第29条。因而，这部宪法受到了泰米尔人的强烈反对，他们宣布5月22日为"国丧日"。在此之前，政府在教育政策上采

---

① K. M. De Silva, *Sri Lanka*, *A Survey*, London: C. Hurst & Co., pp. 301-302.

② Ibid., p. 14.

取有利于僧伽罗人的大学招生标准分数线和按地区分配大学入学名额等措施。从1970年到1975年,泰米尔人大学生在理工类的入学率从40.8%降至13.2%;在医药方面则从37%降至20%;在农业类的入学率下降更大。① 这些措施激化了民族矛盾。1975年5月,泰米尔联合阵线召开大会,通过了建立泰米尔国的决议。从此以后,斯里兰卡种族冲突愈演愈烈,终于由冲突演变成了全面的内战。民族问题成了影响斯里兰卡稳定、发展的一个无法解决的障碍,严重推迟了斯里兰卡现代化的进程。

1977年以后,斯里兰卡进入调整发展方向时期。1977年7月,斯里兰卡举行了议会选举,统一国民党在大选中取得了决定性胜利。新政府开始进行国家政治经济体制改革,调整了斯里兰卡的发展道路。

政治方面,1978年2月,统一国民党政府进行了宪法改革。规定实行总统制,总统任期6年,由公民直接选举。宪法还加强了总统对其所在党派的控制,规定如果议员辞职或者被驱逐出党,他的席位也将被剥夺。新宪法废除了过去的小选举区制,实行适当比例代表制。这种选举方式有助于平衡所有选民的代表权,尤其是少数种族集团,使各种政治团体能在议会中获得更合适的比例。但是这种选举制度也规定了一个最低限额,即全部选票的1/8,用于限制小党派候选人在某一地区当选。这意味着所有小的党派,特别是小的泰米尔人政治组织可能失去进入议会的机会,而大的政党可能将长期占据斯里兰卡的政治舞台。这种新的选举制度成了泰米尔人分离主义运动迅速发展的一个重要原因。从1978年起,泰米尔分离主义活动日益激烈。1979年,议会通过了《取缔恐怖行为法案》,规定凡进行暗杀、绑架、拐骗者,可以依法处以终身监禁。1979年8月至9月,至少有130人被处以极刑。② 但是这种做法并没有取得多大效果。

经济方面,统一国民党政府改变了过去奉行的自力更生和收入公平分配的原则,强调引进外资,鼓励经济增长政策。推行自由贸易政策,大力吸引外资,促进斯里兰卡经济发展。新政府从福利型转到追求发展型的经

---

① H. P. Chattopadhyaya, *Ethnic Unrest in Modern Sri Lanka*: *An Account of Tamil-Sinhalese Race Relations*. New Delhi: M. D. Publication, 1994, p. 20.

② 蒂萨·费尔南多:《斯里兰卡的政治与经济发展》,载《南亚译丛》,1983(2)。

济路线，对社会福利政策进行了改革，使斯里兰卡经济逐渐步入良性发展阶段。另外，为适应经济发展的需要，宪法中规定了外国资本受到保护的条款。依据新宪法的精神，作为经济政策，政府大幅度放宽了前政府所执行的各种限制，实行进口自由化，放宽汇兑管理，恢复自由市场，编制国家预算。同时，借助各种税收上的优惠手段，极力吸引国内投资。

1977年以后，斯里兰卡经济结构也有所改变，种植园经济在国民经济中的比重逐渐下降。斯里兰卡独立后，种植园经济在斯里兰卡国民经济中一直占有举足轻重的地位。以经济改革的1977年为例，斯里兰卡的出口商品中，茶叶、橡胶和椰子三大种植园经济作物占74%，其余为工业品、宝石、小农经济作物等。在出口总收入中，三大产品占71%。大约有25%的劳动力在种植园里工作。[①] 进入20世纪80年代后，由于工业产品出口量有所增加，这三大产品出口收入下降到50%左右。

（二）斯里兰卡现代化的困境

纵观独立以后斯里兰卡的发展道路，其现代化一直处于两难的困境。一方面，斯里兰卡自独立以后就推行了一套社会福利制度，它向全体公民不论是否贫困都提供食品补贴、免费医疗和免费教育三大福利。这些社会福利大大提高了人民的寿命，人口识字率也大大提高，培养了大批有知识、有文化的劳动者。由于这几项社会福利政策的推行，斯里兰卡人的素质发展指数不仅大大高于南亚其他国家，而且在世界上也是名列前茅的，位居世界第50位。但是，它的经济发展水平并不高，也很不稳定，仍是一个低收入国家，在世界120多个国家和地区人均国民生产总值的排名上，斯里兰卡位于第九十几位。

1977年经济改革以后，斯里兰卡经济走上了良性发展的道路，经济发展速度加快，人民生活也有较大改善。与其南亚近邻相比，成绩比较突出。1995年，斯里兰卡人均国民生产总值达到700美元，而印度为340美元，巴基斯坦为460美元。斯里兰卡人口预期寿命达73岁（1997年），而印度、巴基斯坦分别为59.7岁、64岁。斯里兰卡成人识字率为86.7%（1991年），

---

① 唐祖华：《斯里兰卡外贸结构的变化》，载《南亚研究》，1994（4）。

而印度和巴基斯坦分别为 52%、35%。斯里兰卡婴儿死亡率（1997 年）仅 15‰，而印度和巴基斯坦则分别高达 71.1‰、75‰。① 1981—1995 年间，每人每天生活不足 1 美元的人斯里兰卡仅 4%，印度为 52.5%，巴基斯坦为 11.6%。② 尤其是全民免费教育的实施，使斯里兰卡入学人数明显增加，从而大大提高了斯里兰卡国民的素质。1977 年至 1983 年，斯里兰卡小学总数由 9 701 所增至 9 947 所，在校学生总数由 2 566 381 增至 3 533 027 人。1997 年，斯里兰卡成人识字率高达 90%，小学和中学在册人数比例分别为 99% 和 74%。这在发展中国家中是最高的国家之一。③

但是这种大规模的社会福利政策又超过了本国经济的发展水平，成了国家的沉重负担。20 世纪 50 年代，斯里兰卡政府用于社会福利方面的费用占政府总预算的 32%（占 GDP 的 7.5%）。60 年代，社会福利方面的费用增加到政府总预算的 35%（GDP 的 10%）。④ 国家的大量资金用于社会福利，正常的投资受到限制。政府虽然不堪重负，但是没有哪一届政府敢取消社会福利政策。同时，尽管斯里兰卡在 80 年代以来经济有了很大发展，但其经济结构仍有很大缺陷，种植园经济在国民经济中仍然占很大比重，仍然是国家外汇的主要来源，它的经济仍不能称为现代经济。社会福利政策与经济发展相对缓慢的矛盾一直困扰着斯里兰卡政府。1977 年以来，尽管政府进行了改革，削减了社会福利的开支，但是各项社会福利的开支仍然占政府总预算的很大一部分。

另一方面，由于英国殖民主义者埋下的祸根，独立以后，尤其是 1956 年以后，斯里兰卡一直存在着十分严重的种族矛盾。政府推行"大僧伽罗主义"，处处限制、排挤泰米尔人，使得两大种族之间的矛盾冲突愈演愈烈，最终演变成了激烈的内战。种族冲突给斯里兰卡造成了沉重的包袱，

---

① *Britannica Book of the Year*, *Event of 1996*, Encyclopedia Britannica, Inc. 1997, pp. 712, 621, 679.

② H. Hap Mahbubl, *Human Development in South Asia*, 1997, Oxford: Oxford University Press, 1997, p. 166.

③ Ibid., p. 51.

④ Ibid., p. 51.

严重阻碍了经济的发展。多年的种族冲突使大批泰米尔人和僧伽罗人死于非命，巨额财产化为灰烬。例如，1983年的种族冲突，造成了灾难性的后果。79 000人无家可归，150 000人失业，约价值20亿斯里兰卡卢比的财产被毁坏，5 000座泰米尔人的房屋被烧成灰烬，[1] 19家重要的工厂被毁坏，而重建这些工厂要花费多年时间才能完成。

1983年以来，斯里兰卡的种族冲突已导致55 000斯里兰卡人丧命，产生了750 000个难民。仅1990年的前六个月内，就有6 000人（其中绝大多数是泰米尔人）被杀或者"失踪"，120万人被迫迁移，在北方省和东方省有70 000所房屋被烧毁。[2] 而近10万名泰米尔难民的存在，使政府为安排和救济这些难民而不得不大幅度增加财政开支，背上了沉重的经济负担。在经济增长的同时，国家预算连年亏损，出现了巨额财政赤字。1993年，斯里兰卡财政预算赤字为36.223亿卢比，1994年为47.467亿卢比，1995年为64.778卢比。由于内战，斯里兰卡政府军费开支逐年增加。1990年斯里兰卡军费开支占政府预算的14.8%，达3.7亿美元，是10年前的15倍；1993年斯里兰卡军费开支为GNP的4.5%（高于世界平均水平3%），人均军费开支29美元。[3] 由于长期的内战，大量的财富被毁于战火，大量的经费投入到军事方面，使得国家经济建设缺乏充足的资金投入，经济增长乏力。据专家预测，如果斯里兰卡内战结束，大量资金可以用到经济建设上，加上贾夫纳地区有渔业和农业的优势，斯里兰卡经济增长速度会大大加快。

长期的种族冲突还严重破坏了斯里兰卡的旅游业。斯里兰卡有着得天独厚的旅游资源。长达1 240公里的海岸线，几乎完全被宽阔的金色海滩所环

---

[1] H. P. Chattopadhyaya,: *Ethnic Unrest in Modern Sri Lanka*: *An Account of Tamil-Sinhalese Race Relations*, New Delhi: M. D. publication, 1994, pp. 69, 82.

[2] Sumantra Bose, *States*, *Nations*, *Sovereignty*, *Sri Lanka*, *India and Tamil Eelam Movement*, New Delhi: Saga Publications, 1994, p. 86.

[3] *Britannica Book of the Year*, *Event of 1995*, Encyclopedia Britannica, Inc., 1996, p. 718; *Britannica Book of the Year*, *Event of 1996*, Encyclopedia Britannica, Inc., 1997, p. 716; *Britannica Book of the Year*, *Event of 1997*, Encyclopedia Britannica, Inc., 1998, p. 712.

绕。这里四面环海，阳光充足，雨水滋润，终年如夏，四季常绿。斯里兰卡种族冲突爆发前的1年，到斯里兰卡旅游的游客人数曾经达到40多万人，这些游客主要来自西欧。1983年，因种族冲突爆发，游客人数下降了17.2%，为34万人。1990年以后，局势趋于稳定，游客人数再度增加，1994年达到407 511人。其中，① 1991年斯里兰卡旅游收入为1.56亿美元，1992年为1.99亿美元，1993年为2.08亿美元，1994年为2.24亿美元，② 1995年后恐怖活动加剧，旅游业又受到巨大影响。旅游业萎靡不振使旅馆业直接受损，客房空置率大幅度提高。其他服务行业如航空、国内运输、手工业等也受到不同程度损害。

斯里兰卡广泛的社会福利制度有助于保障人民群众的基本生活，有助于社会稳定。福利制度使斯里兰卡的人口素质大大提高，为现代化的发展提供了有利的条件。但是严重的种族矛盾以及持续不断的种族冲突、内战，使政府背上了一个沉重的包袱，这迫使政府用于经济上的投资相对减少，同时也使得投资环境日趋恶化，严重阻碍了外国资本在斯里兰卡的投资，阻碍了斯里兰卡现代化的步伐。

斯里兰卡大规模的社会福利开支与经济发展相对缓慢的矛盾、长期的种族冲突与经济发展的矛盾，是斯里兰卡现代化一直面临的难题，也是斯里兰卡现代化的最大特点。前一个矛盾通过改革已得到缓解，斯里兰卡经济已经由追求福利型转变为追求发展型；而后一个矛盾却一直没有很好的解决，并成了斯里兰卡现代化最大的障碍。所以斯里兰卡的现代化并不成功。尽管如此，斯里兰卡的经济发展在南亚仍处于领先地位，特别是上世纪末通过一系列的改革，斯里兰卡的经济走上了良性发展的道路，它的社会福利制度为发展中国家的社会保障体系提供了一个模式，而它长期的种族冲突值得许多多民族国家引以为戒。

---

① 王兰：《斯里兰卡经济格局的变化》，载《南亚研究》，1999 (1)。
② *Britannica Book of the Year*, *Event of 1994*, p. 718；*Britannica Book of the Year*, *Event of 1995*, p. 718；*Britannica Book of the Year*, *Event of 1996*, p. 718；*Britannica Book of the Year*, *Event of 1997*, p. 716；*Britannica Book of the Year*, *Event of 1998*, p. 712.

(三) 斯里兰卡现代化的教训

独立以后，斯里兰卡现代化取得一定的成绩，但教训更大。

第一，在一个多种族共处、多元文化共存的国度里，各种族的关系应该建立在平等的基础上，而不应该以牺牲其他民族的利益为代价来保护本民族的利益，不应该将主体民族的文化强加给其他民族，不应该在多元结构的社会里强行建立一元制结构。否则只会引起其他民族的反抗，造成社会动荡，阻碍经济的健康发展。

从斯里兰卡的情况看，斯里兰卡持续不断的种族冲突是英殖民主义统治造成的恶果，但是僧伽罗和泰米尔两大民族主义极度膨胀也是重要的原因。斯里兰卡独立以前，为了反对共同的敌人，僧泰两大民族尚能和平相处。在争取独立的过程中，为了争得更多的权益，两大民族出现了裂痕，但矛盾没有爆发。直到1956年自由民主党上台后，斯里兰卡政府颁布法案，规定僧伽罗语是唯一的官方语言；后来又规定给佛教极优先的地位，同时在教育、就业等方面推行对泰米尔人的歧视政策，终于迫使泰米尔人一步步走上了分裂的道路。正确处理民族矛盾是任何一个多民族国家必须认真对待的问题。这个问题解决不好，会严重影响本国的经济建设。这是斯里兰卡现代化进程中最大的经验教训。

斯里兰卡的经济发展目标是建成一个新兴的工业化国家，消除贫困。斯里兰卡是一个岛国，地理位置优越，人口少，面积小，地区经济差别不太悬殊，具有得天独厚的旅游资源。人民整体素质、文化水平较高，只要解决好民族矛盾，使国内有一个安全的社会环境，吸引更多的外资，其经济目标是有可能实现的。但是由于将近20年的民族内战，造成国内局势动荡，严重影响了斯里兰卡经济发展的进程。旷日持久的种族冲突已经成为国家现代化的最大障碍。僧泰两大民族之间的流血冲突已经持续多年，斯里卡政府为此付出了极为沉重的代价。在经济连续增长的同时，国家预算却连年亏空，其中很重要的原因是国家军费开支巨大。种族冲突还造成政局不稳定，极大地破坏了斯里兰卡国内的投资环境，动摇了投资者的信心。国内持续不断的战争还严重影响了国内的旅游业。其他服务业如航空、国内运输、手工业等也不同程度地受到损害。民族问题解决不好，斯里兰卡现代化的步伐就不会太快。

第二，任何方针政策的实行都必须以经济发展为基础，量力而行。

独立以后，斯里兰卡实行了全面的社会福利政策。这项政策对于保障人民的基本生活，提高人民文化素质起了巨大作用。但是由于斯里兰卡经济发展缓慢，社会福利政策成了国家的一大包袱。1977年改革以后，社会福利方面的开支仍然很大。各项社会福利开支约占政府总开支的三分之一。如1992年政府开支887.25亿卢比，福利服务开支为290.02亿卢比，1993年相应数为974.38亿卢比和348.09亿卢比。[①] 同时，国家开发马哈韦利河等工程也耗资巨大。1958年，斯里兰卡政府正式决定开发马哈韦利河，并制定了《马哈韦利河改道计划》，计划灌溉654 000英亩以前干旱的耕地，进一步改善236 000英亩可灌溉耕地的灌溉条件，建成水利发电装机容量50.7万千瓦，发电能力为20.37亿度。工程总投资高达67亿卢比。[②] 由于国家经济发展水平有限，财力有限，所以不得不大量借债，使得斯里兰卡的外债规模十分巨大，国家债务负担沉重。由于经济发展水平低、国家负担重，斯里兰卡长期处于财政紧张的状况，政府不能兴建新的公路、铁路等基础设施。

第三，合理的经济结构是促进国家经济健康发展的条件。

由于长期的英国殖民统治，斯里兰卡建立了单一的种植园经济结构，三大种植园作物在国民经济中占有很大比重。独立以后，斯里兰卡政府为改变不合理的经济结构作出了巨大努力，经济结构虽然有了很大变化，但是还没有完全摆脱殖民经济的阴影。三大种植园作物仍然是斯里兰卡最主要的出口创汇来源，工业也没有摆脱简单加工和原料出口阶段，与现代经济的要求相差甚远。在1997年斯里兰卡的出口换汇产品中，占第一位的是服装，占第二位的是茶叶。制造业主要是以服装加工、纺织品、食品、饮料和烟草等为主，其他工业仍然是传统的宝石、石墨开采和橡胶制品加工。

---

① 张敏秋：《斯里兰卡经济：从失败到成功》，载《亚非研究》，1998 (4)。
② Satchi Ponnambalam, *Dependent Capitalism in Crisis: The Sri Lanka Economy, 1948-1980*, London: Zed Press, 1981, p. 87.

第四，保持政策的连贯性是经济发展的重要条件。

斯里兰卡虽然是一个稳定的民主国家，但是每次大选却经常使现任的政府下台。斯里兰卡的两个主要政党（统一国民党和斯里兰卡自由党）在独立后已经7次你上我下地轮流执政。而且糟糕的是，这两个政党在观点上又存在严重分歧，内阁政府的更迭经常会导致政策上的突然转变，从而影响经济的健康发展。这种情况使斯里兰卡经济政策缺乏连贯性，任何一个政党都无法将其经济纲领贯彻始终，即使国民经济发展出现大好势头也难以保持。在长达50年的历史中，斯里兰卡始终没有一个长期稳定的经济政策，这导致其经济得不到持续发展。斯里兰卡独立后常常出现这样的事，统一国民党一上台，就全盘推翻自由党执政时期国有化政策，引进外国资本，实行私有化，削减福利补贴；而自由党一上台又全盘否定统一国民党的经济纲领，大力发展国有经济，把外资和私营企业重新收归国有，恢复福利补贴。这种政治上的分歧导致经济上的对立，两党彼此拆台使双方得来不易的经济成果互相抵消，化为乌有。由于政策的不连贯性，使得两种经济都得不到充分地发展，经济发展迟缓是不可避免的。

十三、斯里兰卡社会福利制度初探

1948年斯里兰卡独立以后，开始在全国建立社会福利制度。政府向全体国民不论贫富与否都提供食品、教育、医疗三大福利。但是由于经济发展水平低下，这些措施给国家造成了沉重的财政负担，也严重地制约了经济的发展。经过20世纪70年代的改革，使斯里兰卡政府逐渐摆脱了困境。总的说来，斯里兰卡的社会福利措施提高了人民的生活水平、健康水平，提高了国民的素质，对社会经济的稳定与发展起了很大作用，为第三世界国家的社会福利政策提供了一个范例。

（一）斯里兰卡社会福利制度的起源与措施

作为一个第三世界国家，斯里兰卡至今仍然是一个不发达国家。但是这样一个不发达国家，却为全体国民提供类似于西欧福利国家的全面的社会福利制度,这似乎与其经济实力不相称。斯里兰卡独立后的历届政府都将满足全体国民最基本的需求作为其最主要的职责,作为其战略目标,政府在社会福利方面的开支也逐年增加。斯里兰卡政府实行的全面社会福利制度,是与斯里兰卡独特的历史与政治背景分不开的。

从历史上看,斯里兰卡推行社会福利政策与英国殖民统治有很大联系。19世纪30年代,英国进入了自由帝国主义时期,相应地,英国殖民政策也作了很大调整,由原来赤裸裸的殖民掠夺,转变为开始关心土著殖民地人民的生活及教育。从那时起,英国基督教传教士开始在斯里兰卡进行英语教育工作,由于传教士努力的结果,国家资助教育变成了锡兰学校教育的一个特点,而这种教育在当时的英国尚未出现。[①] 虽然当时受教育的人数很少,但是其影响却很大,它为斯里兰卡独立后实行免费教育开创了先河。

从政治上看,斯里兰卡从殖民地时期就开始实行的代议制对社会福利制度的推行有很大作用。通过1927年的多诺莫尔改革,英国准许斯里兰卡建立责任制政府,并且在斯里兰卡实行了成年人普选权制。此时,为斯里兰卡设计宪法结构的英国立法者深受英国国内关于社会福利和民主政府的思想的影响。他们认为迫切需要扩大选举权,这将增加人民影响国家的机会。这种竞争的政治体制要求议员能清楚地表达选民最紧迫的要求,当选的代表把自己看成是国家与其选区的中间人,他们的声望和政绩是靠他们所能为选民保证的国家事业来衡量的。[②] 这种不成文的选举政治,使得独立后的历届政府都实行广泛的福利政策。满足人民的最基本的需求成了每届政府主要的责任。[③] 这种政治体制使政府在健康、教育事业上的开支稳固扩大。1942年,为保证战时食品供应,斯里兰卡开始实行食物定量补贴配给分配制度。1945年,政府为人民提供从小学到大学全面的免费教育,公立学校数量大大增加。

---

① [斯里兰卡] E. F. C. 卢多维克:《锡兰现代史》(中译本),201页,成都,四川人民出版社,1980。

② S. P. Gupta, William, E. James, Robert K. McCleery, *South Asia as a Dynamic Partner*, New Delhi: Macillan India Limited, 1992, p. 187.

③ K. M. de Silva, *Sri Lanka, Problems of Governance*, New Delhi: Konark Publishers Pvt Ltd, 1993, p. 194.

斯里兰卡现代社会福利制度从 20 世纪 30 年代开始演进、发展。1948 年斯里兰卡完全独立时，社会福利政策的核心部分已初具规模。在制定福利计划之前，新政府就宣布实行社会福利制度。当时的财政部长 J·R·贾亚瓦德纳宣布："政府不打算停止任何诸如免费教育、儿童免费喂养牛奶和肉食、对一些必需品实行补贴等进步的社会经济发展计划。"[①]贾亚瓦德纳在其下一个预算中说："随着我们的国民收入不断增加，更多的部分将用于扩大社会福利机构。我们目前大约 40% 的总开支用在社会福利方面。自由锡兰现在可以自豪地说我们是社会福利国家"[②] 此后，历届政府承诺继续为所有人民提供广泛的福利事业。这些社会福利措施包括国家免费医疗、免费教育和食物补贴，以及对交通（公共汽车和火车票价低廉）、住房进行补贴。政府用于社会福利方面的开支也急剧增加，1956 年，政府用在医疗、教育、食物补助方面的开支占国内生产总值的 6%，占政府总预算的 26%。1960 年增加到占国内生产总值的 10%，占政府总预算的 32%，1973 年增至占国内生产总值的 13%，占政府总预算的 36%。[③] 这些数字直到 1978 年以后有所下降。

斯里兰卡社会福利制度的主要措施有：食物补贴，免费教育，住房和交通补贴，医疗卫生补贴。

食品补贴：食物补贴计划源于第二次世界大战期间为保证公平地分配食物而实行的定量配给制度，政府对食物的控制，阻止了战时由于食品供应短缺而可能出现的饥荒。[④] 战后这种制度保留了下来，成了政府最重要的福利措施之一，并且也成了政治家们寻求民众支持的一个政治武器。

食物补贴的支出占斯里兰卡社会福利支出的比重最大。食物补贴主要是

---

① Satchi Ponnambalam, *Dependent capitalism in crisis：The Sri Lanka economy, 1948-1980*, London：Zed Press, 1981, p. 24.

② Ibid., p. 25.

③ S. P. Gupta：William, E. James, Robert K. McCleery, *South Asia as a Dynamic Partner*, New Delhi：Macillam India Limited, 1992, p. 188.

④ H. N. S. Karunatilake, *The Economic of Sri Lanka*, Colombo：Centre for Demograkhic and Socio-Econ-omic Stndies, 1987. p. 194.

向全民提供廉价米,对面粉、奶粉、食糖也实行价格补贴。大米补贴最初不论贫富每人每周4磅,按市价的40%—70%配售。20世纪70年代中期改为每人每周3磅,其中1磅免费,2磅给予30%的补贴。① 大米是斯里兰卡人的主食,有了这些补贴,穷人的基本生活就有了保障。这种食物补贴实际上是一种双重津贴:一方面,国内大米生产者能得到远远高于国际的售价;同时,又免费供应每人每周1磅大米(自1974年起)。② 20世纪50年代初,国际市场的米价比较便宜,政府外汇储备尚能支付这笔费用。20世纪50年代中期以后,由于国际市场米价上涨,而斯里兰卡三大种植园作物出口价格不断下降,再加上国内人口的增长,政府用于补贴大米的费用也大大增加,政府负担越来越重。1955—1967年,平均每年用于米的补贴开支达2.5亿卢比,1974年增至7.763亿卢比,占政府总开支的19.4%、整个福利开支的47.2%。③ 食品补贴成了斯里兰卡政府沉重的包袱。

免费教育:斯里兰卡免费教育制度也起源于殖民地时期。英国殖民政府在斯里兰卡推行教育不但受到政治方面的压力,而且也受到来自基督教福音教派和佛教、印度教、伊斯兰教的压力。他们都把教育作为获取其教派优势的一个手段。随着有关教育的法规不断颁布,斯里兰卡的在校学生人数也在不断增加。1926年在校学生为494 000人(占总人数的10%),1930年为579 000人(占总人数的11%),1947年为1 036 134人(占总人数15%)。④ 1920年官办学校为919所,1930年增至1 490所,到1947年总共有2 800所官办学校,占学校总数的57%。⑤ 1945年10月,即斯里兰卡独立3年以后,开始实行全面免费教育。1947年第20号法令取消了公立学校和政府资助学校的所有学费。⑥ 1960年和1961年政府通过立法,

---

① 孙培钧、刘创原主编:《南亚国家经济发展战略研究》,278页,北京,北京大学出版社,1990。

② K. M. De Silva, *Sri Lanka, A Survey*, London: C. Hurst & Co., 1977, p.307.

③ H. N. S. Karunatilake, *The Economic of Sri Lanka*, Colombo: Centre for Demograkhic and Socio-Econ-omic Stndies, 1987, p.190.

④ Chandra Richard De Silva, *Sri Lanka, A History*, London: Saga Publication, 1981, p.211.

⑤ 林承节主编:《殖民主义史——南亚卷》,252页,北京,北京大学出版社,1999。

⑥ K. M. De Silva, *Sri Lanka, A Survey*, London: C. Hurst & Co., 1917, p.410.

将所有学校收归国有。斯里兰卡的学校都成为官办的，其国民从幼儿园到大学全部免费。

全民免费教育的实施，使斯里兰卡入学人数明显增加，从而大大提高了斯里兰卡国民的素质。1977—1983年，斯里兰卡小学总数由9 701所增至9 947所，在校学生总数由2 566 381增至3 533 027人。1997年，斯里兰卡的成人识字率高达90%，小学和中学在册人数比例分别为99%和74%，这在发展中国家中是最高的国家之一。[1] 斯里兰卡高等教育发展很快，1984年斯里兰卡有17所高等院校。1958年，在校大学生人数为2 036人，1970年为12 647人，1984年为37 000人。1984年，斯里兰卡政府高等教育开支为6.72亿卢比，占政府总开支的1.4%。[2]

免费教育是斯里兰卡政府的第二大开支项目。斯里兰卡独立后历届政府都保持着相当高水平的教育开支，其教育开支平均为国民生产总值的5%、政府总开支的15%。[3] 政府用于教育方面的费用逐年增加。1964年到1974年10年间，政府的教育开支将近翻了一番，即由3.06亿卢比增至5.79亿卢比，1984年增至23.37亿卢比。[4] 如此高的教育投资在亚洲居于最高。1966年，联合国观察人员就斯里兰卡教育问题所提出的报告中说："从其金字塔形的教育体制来判断，日本之后，在亚洲锡兰的教育体系发展得最好。……而且，锡兰在所有层次上都提供免费教育，所以对其在教育方面的投资占国内生产总值的5%这一亚洲最高比例，也就不足为怪。"[5]

1859年，英国殖民政府就成立了国民医务部。这个部门在全国主要城市建立了一套医院网络和室外医疗所。从1931年到1947年，政府用于医

---

[1] H. Hap Mahbub, *Human Development in South Asia* 1997, Oxford: Oxford University Pres, 1997, p.51.

[2] H. N. S. Karunatilake, *The Economic of Sri Lanka*, Colombo: Centre for Demograkhic and Socio-Econ-omic Stndies, 1987, pp.201, 204.

[3] Ibid., p.200.

[4] Ibid., pp.191, 203.

[5] UNESCO, *Progress of Education in the Asian Region: A Statistical Review*, Bangkok, 1966, p.6.

疗卫生方面的开支增加了4倍。斯里兰卡全民免费医疗政策从40年代末开始实行,此后历届政府都承诺向全民提供基本的医疗保险。从1950年以后政府就未再向医疗机构征收任何费税。在政府整个社会福利开支中,用于免费医疗上的费用是最低的。尽管如此,历届政府在这方面都维持着相当高水平的开支。70年代以前,大体平均保持在政府总开支的6%。1982年政府用在健康卫生方面的费用约为国民生产总值的1.3%,为政府总开支的3.2%。[①]

斯里兰卡的医院和诊所遍布全国,这些机构对于无力支付医药费的病人,实行免费医疗。随着全民免费医疗政策的实施,斯里兰卡人民的健康条件大大改善,人均寿命大大提高,期望寿命由独立时的50岁提高到1983年的69岁。死亡率大大减小,由1950年的12.6‰降至1984年的6.5‰。[②] 在发展中国家中,斯里兰卡是死亡率最低的国家之一,而人口出生率的下降却相对较慢,从而使斯里兰卡的人口增长较快,政府用于社会福利事业方面的费用急剧增加,社会福利政策成了斯里兰卡政府的一个沉重包袱。政府有限的资金大部分用于社会福利事业,而用于经济建设方面的投资相对较少,严重阻碍了斯里兰卡经济的发展。

(二) 困境及改革

社会福利政策长期以来是斯里兰卡政府的一项基本的国策,是缓冲社会矛盾的重要手段。另外,斯里兰卡是佛教国家,佛教思想对经济政策有很深的影响,例如平等、平均分配财富、行善、给穷人施舍等。可以说,福利主义在斯里兰卡是深入人心的,历届政府都不能不考虑这一重要因素。正因为如此,历届政府在社会福利这个问题上都小心翼翼,许多政党都把社会福利当成政治斗争的武器,因而政府用于社会福利的开支持续上升(见下表),严重阻碍了斯里兰卡经济的发展。

---

① H. N. S. Karunatilake, *The Economic of Sri Lanka*, Colombo: Centre for Demograkhic and Socio-Econ-omic Stndies, 1987, p. 206.

② Chandra Richard De Silva, *Sri Lanka: A History*, New Delhi: Vikas Publishing Howe Pvf Ltd, 1989, p. 291.

1949—1974年各项福利事业总开支（单位：百万卢比）

年份 \ 项目	大米补贴	教育经费	卫生健康经费	社会福利总开支	总开支	福利开支占总开支百分比
1949/50	39.0	85.0	50.2	174.2	537.2	32.4
1955/56	71.9	155.4	97.8	325.1	891.8	36.45
1960/61	246.0	264.2	141.0	651.2	1458.5	43.48
1966/67	195.6	338.1	168.4	702.1	2129.2	32.97
1974	776.3	579.3	288.9	1641.5	3990.3	41.21

资料来源：H. N. S. Karunatilake, *The Economic of Sri Lanka*, Colombo: Centre for Demograkhic and Socio-Econ-omic Stndies, 1987, p.191.

社会福利政策给人们带来的实惠是不言而喻的，其危害性却不易被人们承认。

首先，斯里兰卡社会福利制度的推行，给政府造成了沉重的经济负担，阻碍了经济健康发展。

斯里兰卡政府用于社会福利事业的费用在国内生产总值中所占的比例，在20世纪50年代为8.3%、60年代为10.7%、70年代为9.8%。随着人口的增长，这笔开支也逐渐加大，而经济增长又长期滞后，政府财政负担越来越重。以社会福利政策最大的部分——食物补贴为例，20世纪60年代以前，政府每年补贴平均为1亿卢比，到60年代后期每年都超过3亿卢比，从60年代末期到70年代中期，这个数字又翻了一番，从3.05亿卢比增加到7.769亿卢比，1975年更多达10.69亿卢比。[①] 由于政府在社会福利上负担沉重，加上在1977年前斯里兰卡经济结构不合理，政府忽视发展工业，仍沿袭殖民地时期的单一种植园经济，使得斯里兰卡在1948年到1977年的30年中经济不振，犹如走进了一条死胡同。

社会福利补贴不仅耗费了国家大量的资金和建设投资，而且由于对进口的外国农产品进行补贴，也阻碍了本国农业的发展。建设投资的减少使国家经济增长乏力，经济发展缓慢。1970年到1977年期间，斯里兰卡年经济增

[①] H. N. S. Karunatilake, *The Economic of Sri Lanka*, Colombo: Centre for Demograkhic and Socio-Econ-omic Stndies, 1987, p.196.

长率仅为2.9%，人均生活改善程度不到1%。1978年，斯里兰卡的人均国民生产总值为190美元，而印度、巴基斯坦分别为180美元和230美元。①

其次，社会福利制度与政治斗争纠缠在一起，影响到政治的稳定。

斯里兰卡社会福利开支不断扩大，与政治斗争有很大关系。各个政党为了竞选获胜，纷纷向选民承诺扩大社会福利，社会福利实现与否成为一大筹码。1952年，统一国民党在竞选时就提出："只要这个政府存在，一蒲式耳的大米只售25分。"② 社会福利款项只能增加不能减少，否则便会引发政治危机。1952年7月，国际复兴开发银行调查团的调查报告中就提出："可靠的政策应该是放弃补贴制度，让米价随着劳动工资和生产成本的变化而升降。因此同意中央银行的意见，米价补贴现应减少。"③ 其实在1953年、1963年、1966年和1973年政府曾三次试图削减补贴，但都以失败告终。

1953年，锡兰中央银行再次建议减少米价补贴。1953年7月20日，政府采纳了这一建议，将米价从25分1蒲式耳提高到70分。政府这一举动遭到全国强烈反对，8月12日，全国举行了罢工罢市，罢工者不让一辆汽车行驶，交通随之瘫痪。虽然政府出动了军队，宣布了紧急状态，警察开枪打死了不少人，但是仍未能挽回局面。10月，杜德利·森纳亚克内阁被迫辞职。新政府上台后，粮食补贴很快就部分地恢复了。1963年，粮食部长提出削减补贴，遭到强烈反对，也被迫辞职。1966年12月，杜德利·森纳亚克的"国民政府"就因为决定减少大米的定量供应（由每人每周4磅，每磅售价半卢比，减至免费供应2磅），而于1970年5月的选举中遭到惨败。④ 1973年的提价亦未实现。从此政府再也不敢轻易触动社会福利制度。

---

① 世界银行：《世界发展报告》（中文版），110页，1980。
② [斯里兰卡] E. F. C. 卢多维克：《锡兰现代史》（中译本），401页，成都，四川人民出版社，1980。
③ 同上书，402页。
④ K. M. De Silva, *Sri Lanka, A Survey*, London: C. Hurst & Co., 1977, pp. 307-308.

斯里兰卡这种缺乏经济增长基础的福利制度正如西方经济学家约翰·鲁宾逊早就概括的"锡兰在栽树前先食果。"① 后来，斯里兰卡国内舆论也指出了这一危害，1980年斯里兰卡《论坛》杂志载文评道："斯里兰卡被公认是亚洲拥有最广泛的福利制度的国家，这一福利制度由于停滞不前的经济和1400万人口中有近100万的失业者的重压而面临崩溃。"②

1977年以后，斯里兰卡政府开始进行了一系列的改革，其中包括对社会福利制度的改革。斯里兰卡政府认为，过去30年间的价格补贴相当程度上是以牺牲经济增长为代价的。因此，斯里兰卡政府开始谋求把资金从福利、消费转向投资增长，由追求福利型转向追求发展型经济。斯里兰卡财政部长在1981年预算报告中说："现政府的政策从根本上说，是谋求把财力从消费转变到投资方面。"③ 该预算中用于发展项目的投资，特别是在农业方面的投资有所增加。

在减少福利开支方面斯里兰卡政府采取的第一个重大步骤是改革食品补贴制度。贾亚瓦德那总统认为："我们过去是免费供应粮食，而粮食价格约为5角至7角5分一个度量单位，现在，国际市场上一个度量单位的粮食却达到6卢比，谁能够花6卢比购买一个度量单位的粮食，然后又免费供应出去呢？不论它具有什么长远的经济远见，这种做法决不能继续下去。"④ 1977年11月公布的政府预算削减了粮食补贴，政府将原来的食物配给制改为向低收入者提供补贴的新办法，规定所有的食品以市场价格出售，对于月收入低于300卢比的贫困家庭，政府为他们发放食品券，凭食品券免费领取食品。⑤ 斯里兰卡约一半的人口享受这种补贴，从而结束了

---

① Satchi Ponnambalam, *Dependent Capitalism in Crisis: The Sri Lankan Economy, 1948-1980*, London: Zed Press, 1981, p. 24.

② 张敏秋：《斯里兰卡经济：从失败到成功》，见《亚非研究》，第四辑，207页，北京，北京大学出版社，1994。

③ 孙培钧、刘创源主编：《南亚国家经济发展战略研究》，278页，北京，北京大学出版社，1990。

④ 蒂萨·费尔南多：《斯里兰卡的政治与经济发展》，载《南亚译丛》，1983(2)。

⑤ Chandra Richard De Silva, *Sri Lanka: A History*, New Delhi: Vikas Publishing Howe Pvf Ltd, 1989, p. 289.

补贴人人有份的历史。而且补贴开支使用更为合理，这就减少了财政开支，食品补贴在政府开支中所占的份额从 1970 年的 23% 降到 1978 年的 19%，1984 年又进一步降到 4%。① 1978 年以来，政府还减少了对大米、面粉等收购价格的补贴。

当然，在福利主义深入人心的斯里兰卡，许多补贴项目仍旧维持。医疗仍全免费，并对孕妇和营养不良的儿童提供营养品。从小学到大学仍实行免费教育，统一国民党政府还增加了向学生免费提供教科书和午餐的福利措施。从 20 世纪 60 年代到 80 年代早期，人均教育开支增加了 40%，医疗开支增加了一倍。② 对公共汽车票和火车票仍维持一定的补贴，另据一材料说，政府用于医疗保健和教育两项费用占国内生产总值的 5%，扶贫计划、食品补贴以及儿童午餐供应占国内生产总值的 3%，两者相加为 8%，比例仍不低。这两年所有的社会福利和服务费用约占政府开支的 1/3，如 1992 年政府开支 887.25 亿卢比，福利服务开支为 290.02 亿卢比，1993 年相应数为 974.38 亿卢比和 348.09 亿卢比。③ 可见政府对于福利和补贴的削减是慎重的。

为减少城乡贫困户，斯里兰卡政府于 1989 年开始实施为城乡人民提供更多就业和增加收入的"减少贫困计划"（又称"贾纳萨维亚计划"）。月收入不到 700 卢比的家庭有资格参加，参加者家庭每月劳动 24 小时，从事道路、灌溉渠、建筑物等的修建和修缮，同时接受职业技术培训，每月可得到 2 500 卢比，连续 24 个月。在这 2 500 卢比中，1 458 卢比供参加者家庭消费之用，余下的 1 042 卢比被保存在国家储蓄银行，记在他们的账户上。两年期满后可向银行申请提取此款，用于自谋职业，如农业、加工工业以及服务行业等。在该计划实施 3 年的时候，参加的贫困家庭已储蓄了 1.8 亿卢比，已有 12.5 万户提取了 8.5 亿卢比，从事他们的自谋职业。④

---

① 孙培钧、刘创源主编：《南亚国家经济发展战略研究》，278 页，北京，北京大学出版社，1990。

② Chandra Richard De Silva, *Sri Lanka : A History*, New Delhi: Vikas Publishing Howe Pvf Ltd, 1989, p. 289.

③ 张敏秋：《斯里兰卡经济：从失败到成功》，见《亚非研究》，第四辑，212 页，北京，北京大学出版社，1994。

④ 同上书，213 页。

该计划现已收到一定成效，一些贫困家庭已不需要政府补贴了。经过这些改革，政府的财政负担大大减轻，而人民的社会福利水平并未降低。

（三）成就与意义

斯里兰卡社会福利制度是发展中国家实施全民福利制度的典范。该制度实施几十年来，取得了巨大成就。虽然说这种政策在早期曾经使斯里兰卡政府背上沉重的包袱，使斯里兰卡经济增长乏力，但是这种政策满足了人们的基本需求，使斯里兰卡绝大多数人民摆脱了贫困，基本的生活、教育、医疗卫生条件得到保障。这对于维护国家稳定，提高人口素质，促进经济发展都起了一定作用。

斯里兰卡社会福利政策所取得的成就是巨大的。特别是1977年经济改革以后，经济走上了良性发展的道路，经济发展速度加快，人民生活也有较大改善。与其南亚近邻相比，成绩比较突出。1995年，斯里兰卡人均国民生产总值达到700美元，而印度为340美元，巴基斯坦460美元，孟加拉240美元，尼泊尔200美元。1997年，斯里兰卡人口预期寿命达73岁，而印度、巴基斯坦、孟加拉、尼泊尔分别为59.7岁、64岁、58岁、57岁。1991年，成人识字率斯里兰卡为86.7%，而印、巴、孟、尼分别为52%、35%、34.8%、37.7%。1997年，婴儿死亡率斯里兰卡仅15‰，而印、巴、孟、尼则分别高达71.1‰、75‰、79‰、75‰。1981年至1995年间，每人每天生活不足1美元的人斯里兰卡仅4%，印度为52.5%，巴基斯坦为11.6%。[1]

特别需要指出的是，斯里兰卡的社会福利政策不但满足了斯里兰卡人民最基本的生活、医疗、教育的需求，而且由于免费教育的实施，斯里兰卡人口素质大大提高，这又为斯里兰卡经济建设输送了大量高素质劳动力，同时使斯里兰卡生育率下降。1995年人口增长率为1.5%（南亚平均为2.3%）。虽然斯里兰卡仍是一个低收入国家，1998年斯里兰卡人均国内生产总值只有

---

[1] Mahbub H. Hap, *Human Development in South Asia 1997*, Oxford: Oxford University Press, 1997, p.166.

837美元，① 在世界100多个国家和地区人均国内生产总值的排名上位于第九十几位，但是，在人的素质发展指数②的排名上却在第50位左右，这表明斯里兰卡的人口素质发展指数大大超前于经济发展的程度。

同时免费教育为所有人提供了机会均等的教育机会，不管他们收入水平和社会地位如何。其结果使大量来自农村及没有特权的青年获得了受教育机会，并可以在全国范围内找到合适的工作。免费教育还使一个家庭中至少有一个人可以找到一份稳定的工作。加上食品补贴和免费医疗等福利措施，斯里兰卡人民的基本生活得到了保证，这对于促进社会稳定，促进经济发展都有很大益处。

值得注意的是，斯里兰卡社会福利政策的实施，使斯里兰卡人民平均生活、教育、医疗水平都大大高于南亚其他国家。但是，长期以来，斯里兰卡在经济增长与人口素质发展指数之间存在严重不平衡。人口素质发展指数很高，而国内生产总值增长不快，许多人面临着收入下降甚至失业的危险，其根本原因是国内长期的种族冲突。由于长期的种族冲突，给斯里兰卡造成巨大的生命和财产损失，外国投资减少，旅游人数锐减，同时政府用于军事上的费用大大增加，从1985年占国内生产总值的2.7%增至1994年的4.7%，③（世界平均为3%）人均军费开支29美元。从而严重影响了斯里兰卡经济发展。

斯里兰卡人口少，面积小，地区经济差别不太悬殊，人民整体素质、文化水平较高，如果解决好国内的种族冲突的问题，使国内有一个安定的社会环境，吸引更多的外资，斯里兰卡的经济将会以前所未有的速度发展。

十四、20世纪加拿大魁北克民族主义的发展

加拿大魁北克民族问题是当今世界民族问题的热点之一。魁北克民族

---

① *Central Bank of Sri Lanka Annual Report*，1998.

② 联合国把经济实际增长和预期寿命、识字、入学等情况综合后制定人的素质发展指数（human development index），斯里兰卡为0.663。

③ Mahbub H. Hap, *Human Development in South Asia* 1997，Oxford：Oxford Univers Hy Press, 1997, p.56.

问题的产生，有其深厚的历史、文化、语言、宗教背景。20世纪后，魁北克民族主义进一步发展。魁北克省的民族分离运动成了几十年来历届加拿大政府最为头疼的事件之一。

(一) 魁北克民族问题的历史根源

魁北克是加拿大最大的一个省，面积为154万平方公里，加拿大法裔居民主要集中在该省，占当地700万人口的83%。① 20世纪以来，魁北克在加拿大一直属于经济比较发达的省份。然而，魁北克的分离主义运动同样也一直令世人瞩目。

加拿大魁北克民族问题相当大程度上就是法裔加拿大人的民族分离主义问题，它是加拿大法裔居民与英裔居民矛盾的反映，这种矛盾可以追溯到英国殖民统治时期。

"魁北克"一词起源于阿尔衮琴语，意为"狭窄的河流"。作为一个地理名称，始于1608年，这一年，法国人在加拿大建立了第一个永久殖民地——魁北克。在这之后的150年里，约有10 000法国移民来到这里。他们在这里生产、繁衍，推进了殖民地的发展。法国人的殖民地逐渐扩大，到1760年加拿大陷落时，法属加拿大的人口大约是65 000人，② 领土面积为法国的17倍。

1763年"七年战争"结束。根据《巴黎条约》，法国被迫将法属加拿大殖民地割让给了英国。最初，英国政府曾希望在魁北克殖民地实行"英国化"的政策。他们希望引入传统的英国殖民制度。也就是说，殖民地应该由一个总督、一个委派的参议院和一个按通常选举方式选举出来的众议院来统治。为此，英国政府于1763年10月颁布了一个"王室诏谕"(The Proclamation)，禁止十三州殖民地人民向西部移民，在新的殖民地迅速召

---

① 余建华：《民族主义：历史遗产与时代风云的交汇》，390页，上海，学林出版社，1999。
② [加] 格莱兹布鲁克：《加拿大简史》，山东大学翻译组译，27页，济南，山东人民出版社，1972。

集议会，实行传统的英国代议制政府，以英国法律取代法国法律。① "英国化"政策的本质就是要按照旧的重商主义殖民理论在加拿大殖民地建立一个类似北美十三州式的殖民地，然后用帝国"航海条例"来控制加拿大的贸易，然而"英国化"的政策在新殖民地的主要省份——魁北克省却遭到了失败。

首先，魁北克悬殊的民族力量对比，使得"英国化"的政策很难推行。在魁北克，按照"王室诏谕"建立代议制政府的政策一开始便遇到了困难，这个困难源于英裔居民人数稀少。1760年之后，大约有2 000名至3 000名法国官吏、商人、高级教士从殖民地撤回法国6万名在加拿大生活的居民中绝大多数出生于此，有的在此已经好几代了。对于这些人来说，他们别无选择，只好宣誓效忠英国国王。②，这些人大都留在了加拿大。

英国殖民当局曾寄希望于英国移民的到来，但收效甚微。而魁北克地区的英国人1764年有200人，1770年也只有450人。③这些人希望在魁北克殖民地实施英国的法律，并建立由选举产生的代议制政府。由于现行的英国规定是把法裔天主教徒排除于政府的政治权力之外，在这种情况下召集议会无疑会把魁北克交到人口占极少数的英裔新教徒手中，将65 000加拿大人置于一小撮讲英语的人统治之下。④ 这在当时显然是不现实的。

其次，英国与北美十三州殖民地之间日益严重的冲突，迫使英国政府放弃了"英国化"的政策。随着英属北美十三洲殖民地的革命日益临近，反英情绪在北美南方各个殖民地逐渐上升时，加拿大总督卡尔顿开始把魁北克看作是对付北美十三州革命的一个十分有用的基地。他甚至试图把加

---

① David C. Douglas, *English Historical Documents*, Vol. IX, Oxford: Oxford University Press, 1963, pp. 640-643.

② Margaret Conrad, *History of the Canadian Peoples*, Vol. I, London: Longman, 1997, p. 249.

③ H. E. Egerton, *A Short History of Colonial Policy*, London: Methuen & co., 1897, p. 238.

④ J. H. Rose, A. P. Newton, *The Cambridge History of The British Empire*, Vol. VI, Cambridge: Cambridge University Press, 1930, p. 156.

拿大当成对付南方不安分殖民地的武器。[1] 当英国政府日益难以对付十三州殖民地的麻烦时，卡尔顿的观点得到了英国政府的支持，而把旨在同化魁北克的"王室诏谕"被搁在一边。英国政府在他的建议下，决定对其初期的殖民地政策进行调整。

1774年5月，英国议会通过《魁北克法案》，宣告了英国政府试图对魁北克实行"英国化政策"的终结。该法案取消了早期的"王室诏谕"，魁北克殖民地政府将由总督和一个英王任命的参事会组成。给予罗马天主教徒完全自由，允许教士征收什一税，魁北克省并行英国刑法和法国民法，英语与法语同为官方语言。此外法案还重新划定了魁北克省的疆界。[2] 但是《魁北克法案》未能彻底解决魁北克问题。法案将魁北克省置于一个特殊的地位，原来法国人的社会基本被保留下来，这使得加拿大政府后来的发展复杂化，加拿大两大语言集团之间的合作由于该法案而变得更加困难。美国革命之后，由于大批效忠派分子的涌入，使加拿大的局势更加复杂，英国被迫再次调整其对加拿大的殖民政策。

美国独立后，大量效忠派分子逃离美国，其中约有10 000～12 000名效忠派分子来到魁北克。这增加了殖民地英国人的影响，原有的政治制度已经不再适用于既有英裔居民又有法裔居民的殖民地了。面对这种局面，最好的办法是分而治之，满足双方的要求。1791年，英国议会颁布《1791年宪法》，主要内容有：将魁北克省划分为英裔居民为主的上加拿大和以法裔居民为主的下加拿大；各省均建立代议制政府；各省实行何种法律可自行选定；重申魁北克法案中天主教会的权利，但同时鼓励传播英国国教，增加英国国教的权力，现有的大部分公有土地不许授予私人，只能授予新教教士。[3]

1791年加拿大宪法允许建立民选的议会，这就为加拿大人民提供了一

---

[1] J. H. Rose, A. P. Newton, *The Cambridge History of The British Empire*, Vol. Ⅵ, Cambridge: Cambridge University Press, 1930, p. 159.

[2] D. B. Horn, Mary Ransome, *English Historical Documents*, Ⅶ, 1714-1783, London: Routledge, 1996, pp. 787-791.

[3] Frederick Madden, *Imperial Constitutional Documents*, 1765-1965, Oxford: Oxford University Press, 1962, pp. 12-18.

个表达其意愿的场所。它对于加拿大人民政治意识的觉醒,对培养加拿大人民处理自己的事务、表达自己的民族思想,都起了很大的作用。该宪法也缓和了英裔居民和法裔居民的矛盾。但是,由于将加拿大分为上下两个部分,也使得两大民族的壁垒更加分明,相互之间的文化差异趋于强化。

1837年,加拿大武装起义迫使英国政府再次调整其殖民政策。1839年,德洛姆勋爵奉命到加拿大调查1837年的武装起义的原因。其提交的"德洛姆报告"中指出,英裔居民与法裔居民之间的矛盾是起义的重要原因。为了解决加拿大的种族冲突,两省应该合并。他认为,责任制政府应该通过吸收而不是强化它们的分离倾向的方式来建立。[①] 根据德洛姆报告的建议,各省建立了责任制政府。1840年,英国议会通过了《联合法案》。第二年,英国将上下加拿大省合并成立了联合省,并在该省议席分配上让两省享有同等数量,以争取英裔居民的优势。1867年,英国议会通过《不列颠北美法案》,在1840年《联合法案》的基础上,把上、下加拿大、新不伦瑞克和新斯科舍四个殖民地合并为加拿大自治领。根据法案,加拿大自治领最高行政权仍属于英国女王,加拿大仍然没有独立的外交和防务大权。直到1926年加拿大才成为一个独立的主权国家。

由此可看出,加拿大魁北克问题在200多年的历史中纠纷连绵,其主要根源是英国的殖民统治。英国政府为了更好地统治殖民地,巩固其殖民统治,对魁北克时而安抚或者压制,时而分治或者合并。这样的殖民政策对于加拿大魁北克民族主义情绪的发展,有很大影响,成了加拿大民族主义时常泛滥的症结。但是在19世纪,魁北克问题总体上对加拿大政治生活冲击不大,法裔加拿大人的民族主义基本上还停留在传统保守性状态。尽管他们经济上要比英裔居民落后,但也能自给自足,从而保障了法裔居民在文化上的相对独立性。

(二) 20世纪魁北克民族主义的发展

虽然加拿大自治领的成立使英裔、法裔两大民族能表面上生活在加拿大这块土地上,但是在联邦的不断磨合过程中,一直交织着中央和地方之

---

① J. M. S. Careless,*Canada: A Story of Challenge*,London: Macmillan,1970,pp. 192-197.

间、各地区之间以及英语和法语两大民族之间的政治、经济和社会矛盾与冲突。其中英法两大民族的矛盾与冲突最为尖锐与突出，产生影响最大，并且逐渐上升为魁北克省与加拿大联邦政府的对抗与冲突。

加拿大的联合是在美国入侵压力的威胁下形成的，这一事实表明，共同的利益足以抵消各种离心力，但是在英属北美法案通过后不久，美国入侵的压力消失了。原来被掩饰的种种矛盾又显露出来。由于英裔人口在联邦中占有人口、经济及政治统治权，他们凭借手中执政大权极力削弱法裔的政治经济文化地位，对此法裔加拿大人难以忍受。魁北克法裔加拿大人总感到在联邦体制下他们低于英裔加拿大人。从宗主国英国那里争取到的权利大部分为英裔加拿大人占有，首任加拿大联邦总理约翰·麦克唐纳政府就否决了24个省议会所提出的法案中的16个。这促使魁北克于1887年提出取消联邦否决权的修改宪法的要求。

进入20世纪，魁北克民族主义运动发展迅速，愈演愈烈。1914年第一次世界大战爆发后，魁北克省志愿入伍的人数大大少于其他省份。他们抱怨没有建立法语军队，法裔军官提升机会少。同时讲英语的牧师在魁北克担任募兵工作，也引起他们反感，关于征兵制的争论，加深了英、法裔之间的分歧，以至于1918年3月在魁北克城发生了一次反征兵的暴乱。法裔加拿大人重视保护的是本地的文化和权利，并不关心整个自治领的问题，因此有人说法裔加拿大人是地方主义者。①

第一次世界大战以后，魁北克民族主义情绪似乎有所平静。特别是20世纪二三十年代，发展工业成为众望所归。在此期间，魁北克经济发展迅速，制造业一跃成为该省的经济支柱，农业则降为次要地位，由1920年占全省生产总值的37%下降为1941年的10%。② 工业的发展，促进了城市人口增长，城市人口超过了农村人口，魁北克的社会结构发生了变化。这一方面导致传统的价值观和文化结构迅速解体，天主教会的权力和影响日

---

① ［加］唐纳德·克赖顿：《加拿大近百年史》（上），215页，济南，山东人民出版社，1972。

② James H. Mash, *The Canadian Encyclopedia*, second edtion, Ottawa：Hurtig Publishers，1988，p. 1801.

益衰弱;另一方面,法裔中产阶级日益不满所处的经济和政治地位,中央集权和地方分权、新教和旧教以及两种语言和文化形态的矛盾日趋激烈,魁北克新民族主义的增长为分离主义播下了火种。①

当代加拿大魁北克分离运动全面勃兴是从 20 世纪 60 年代开始的。20世纪 60 年代,魁北克民族问题发生了重大转折。1960 年,魁北克自由党在"成为自己家园主人"的口号中赢得该省大选,重新上台执政,著名的"平静的革命"即开端于这一年。1960 年至 1966 年,魁北克政府发动了一场改革运动,对金融、教育和社会福利等部门加以调整,组建教育部,以取代天主教长期以来对教育的垄断,调整了把法语作为第一语言的魁北克人的经济地位;② 在这 6 年期间,魁北克经济有了很大发展,失业率大大降低,从 1960 年的 9.2% 降至 1966 年的 4.7%,③ 魁北克"平静的革命"既是新的民族主义的结果,也是它的推动者。改革的热情一开始就与民族精神结合在一起,这自然会极大地推动法裔加拿大人民族主义运动的高涨。这些措施增强了魁北克人的信心。同时,新的民族主义意味着魁北克社会应该成为一个现代的、多元的工业化社会。"平静的革命"还把魁北克民族主义限制在加拿大境内,到 1970 年,有 41% 的魁北克人认为本省应该脱离加拿大独立。④

随着"平静的革命"的深入,到 20 世纪 60 年代末 70 年代初,魁北克分离运动进一步激化。1968 年,魁北克省前内政部长勒内·勒维斯克(René Lévesque)成立魁北克人党(Parti Québécoisan)。一批极端民族主义者组建了"魁北克民族解放阵线",以暴力恐怖手段,谋求分离目标。1970 年,先后绑架了英国外交官克鲁斯和加拿大政府官员拉波尔。联邦政府被迫宣布魁北克省处于紧急状态,派军队进行镇压。随后,魁北克民族

---

① 杨令侠:《加拿大魁北克省分离运动的历史渊源》,载《历史研究》,1997(2)。
② Carl Berger, *Contemporary Approaches to Canadian History*, Toronto: Copp Cark Pitman Ltd, 1987, p. 32.
③ James H. Mash, *The Canadian Encyclopedia*, second edtion, Ottawa: Hurtig Publishers, 1988, p. 1802.
④ Nancy Wartik, *The Peoples of North America: The French Canadians*, New York: Chelsea House, 1989, p. 14.

解放阵线因为失去大多数法裔居民支持而销声匿迹,而主张以合法手段实现魁北克独立的魁北克人党势力影响越来越大。1976年,魁北克人党赢得了魁北克省大选,勒维克斯出任魁北克总理,并且连续执政10年。魁北克人党执政期间,采取有力措施确保魁北克是一个法裔省。1977年,魁北克省政府通过了《101语言法》(101 Bill),确认法语是该省政府和议会唯一正式语言。在教育方面,大力推广法语教学,严格限制本省儿童进入英语学校就读,在商务活动中必须使用法语。[①] 1979年,勒维克斯政府就政治上独立、经济上获得主张发表了白皮书,主张魁北克脱离加拿大联邦成为独立国家,同时与加拿大共同建立以下几个机构:统一委员会、秘书处、金融局和法院。第二年,魁北克就省政府的联盟主张进行全民公决。表决结果表明,魁北克64%的居民反对魁北克政府的分裂主张。[②] 民意表明,大多数魁北克居民不赞成独立,这不能不说是对魁北克分裂主义者的一次打击。1981—1985年间的数次民意测验表明,魁北克人对独立问题的兴趣和对魁北克人党的支持呈现下降趋势。

进入90年代,魁北克独立势力再度膨胀。联邦政府修宪失败,进一步加剧了英裔和法裔的矛盾。国际民族主义思潮更是起到推波助澜的作用。1995年,魁北克省的几个政党:魁北克人、魁北克集团、魁北克新民主行动党联合起来,共同推动全民公决。10月31日,魁北克省就独立问题进行了全民公决,结果,反对独立的占了50.6%,支持独立的占49.4%,统派以微弱多数险胜。[③]

20世纪魁北克民族主义之所以迅速发展,有几个方面的原因。

首先,历史文化传统的影响。

魁北克省与加拿大其他省份相比,有其鲜明特色。这里法裔人口占加

[①] Gregory S. Mahler, *Canadian Politics*, Third Edition, The Dushkin Publishing Group, Inc., 1994, p. 161.

[②] J. A. Lower, *An Outline History of Canada*, Toronto: Mc Graw-Hill Ryerson, 1991, p. 214.

[③] *Britannica Book of the Year 1996*, Encyclopedia Britannica, Inc., 1996, p. 385.

拿大法裔人口的80%，是北美唯一讲法语的地区，也是世界上除法国之外的最大的法语区。历史上，为了安抚法裔居民，英国先后颁布了《魁北克法案》《1791年宪法》《不列颠北美法案》等法案，承认了魁北克的特殊性，保护法裔居民在语言、宗教、法律、文化等方面的传统。这些措施虽然有利于维护加拿大的稳定，有利于英国殖民统治，却使得英裔居民和法裔居民的文化差异通过法律的形式保护了下来，不利于二者的交流、融合。魁北克人认为他们与英裔加拿大人并列为加拿大联邦奠基民族。长期以来，占魁北克人口80%的法裔居民不满于英裔统治，围绕究竟谁来控制北美这片沃土而展开了持久战。加拿大自治领建立后，联邦政府首任总理以"一个民族、一个国家"的立国原则消极回避了魁北克问题，但是魁北克法裔加拿大人总感到在联邦体制下所获低于英裔加拿大人，从宗主国英国那里争取到的权利大部分为英裔加拿大人占有。因此，长期以来魁北克法裔居民所希望的是维护本民族传统和特性，而不是追求融合。进入20世纪后，由于法裔居民与英裔居民在政治、经济等方面的差异，魁北克法裔居民的民族主义情绪开始快速发展。而且这股潮流愈演愈烈，成了历届加拿大政府最为头疼的事情。

其次，加拿大法裔居民和英裔居民经济、政治地位的不同，也是魁北克民族主义迅速发展的原因。

魁北克法裔居民在加拿大属于少数民族。政治上处于无权地位。加拿大政府曾经规定，英语为全国官方语言，仅在魁北克省，法语和英语并列为官方语言。结果，联邦政府所属机构和魁北克以外的各省政府一般不聘用不懂英语的法裔居民、法裔居民认为，英裔加拿大人对他们政治上歧视和排斥。

法裔居民维护民族语言和传统文化，是他们二百多年来一直坚持的事业，是魁北克民族主义的根源之一。法裔居民心灵上始终留有受异族统治的阴影，因而具有强烈的民族情绪，不断发动运动，争取平等权利。加拿大联邦政府于1969年通过了《官方语言法》，确认英语法语同为加拿大官方语言，规定加拿大政府、议会和司法机关对公民提供英法两种语言服务。但是，实际上，在加拿大全国，英语是工作语言，法语仍受到排斥甚至歧视，法裔居民不掌握英语就很难在魁北克外的地区找到工作。因此，魁北克人强调，语言文字是一种构建民族大厦的黏合剂，是民族统一的载体，是维系法裔价值观、改善社会地位以及防止被人口激增的英语居民同化的保证，语言问题关系民族生存。这就是为什么魁北克将语言问题最终政治化的主要原因。

经济地位的差别也是魁北克民族主义发展的因素之一。1867年加拿大自治领建立时，魁北克仍是一个以农业为主的落后省份，主要的制造业大都由英裔加拿大人垄断。魁北克的经济自"平静的革命"以来，有了很大发展，但是与其他省份相比，仍然存在很大问题。因为加拿大重工业大部分集中在安大略省。1961年至1977年，加拿大联邦政府对安大略的投资是魁北克的2倍。而且，魁北克在圣劳伦斯河上的优越的运输条件逐步丧失，经济地位上的优势被安大略省超过。魁北克的经济事务多由英裔加拿大人和美国人的资本控制，法裔居民很少有机会在工业管理部门中担任高级职位。据统计，魁北克105家最大的私人公司中，只有14家法裔董事居于多数，其他91家平均只有9%的法裔董事，法裔居民多从事报酬低的工作。[①] 就整体经济实力而言，英裔加拿大人的资本占加拿大全部工业资本的42.8%，而法裔加拿大人资本只占15.4%。而且魁北克法裔居民人均收入也低于英裔居民。1961年，英裔加拿大人人均收入为4 852加元，法裔加拿大人为3 872加元。[②] 经济政策上，联邦政府也对其他省份倾斜。为了提高本省的运输能力，蒙特利尔原规划开凿乔治亚湾运河，但在美国的压力下，联邦政府却不顾魁北克反对，于1953年和美国达成疏浚圣劳伦斯河的协议，使海洋船只驶入圣劳伦斯河上游，直至安大略湖。不仅如此，联邦政府的政策在诸如"汽车协定""外资"等问题上也向安大略倾斜。1954年，加拿大新成立的75家工业企业中，只有1家在蒙特利尔选址，而其余74家落户在安大略省。这种局面也使魁北克为了避免有朝一日成为安大略省的"内陆"，既要"寻找一条摆脱后安大略工业和金融控制的道

---

① 洪邮生：《加拿大——追寻主权和民族特性》，409页，成都，四川人民出版社，2003。

② 陈林华：《加拿大探索》，149页，吉林，吉林大学出版社，1992。

路"，也要在生存上作出抉择，要么继续固守传统，因为没有传统，就没有魁北克；要么顺应时代潮流。① 魁北克人就是在这样的一个思考中，走进了"平静的革命"。

最后，第二次世界大战后国内外形势也有利于法裔加拿大人的民族主义运动发展。

50年代末，随着加拿大经济迅速发展，魁北克的工农业生产也明显增长，但许多法裔加拿大人仍然认为魁北克是受英裔加拿大人和美国人剥削的"经济殖民地"。战后全球非殖民化运动高涨，许多殖民国家纷纷独立，这给法裔加拿大人的民族主义情绪起到催化剂作用。战后曾任魁北克省总理的杜普雷西也为宣扬法裔加拿大人民族主义摇旗呐喊。1960年，在"成为自己家园的主人"的口号中上台的让·勒萨内阁在魁北克进行了一系列改革，提高了魁北克法裔加拿大人的社会地位。同时，法国在外交上对魁北克独立运动的支持，也激发了魁北克民族主义情绪。1967年7月，法国总统戴高乐将军借出席蒙特利尔"1967年出口国际博览会"之机，声称魁北克正在发展成为与众不同的民族和政治团体，高呼"魁北克独立万岁"，公开支持魁北克省独立。这极大刺激了魁北克民族主义者，对独立运动起了推波助澜作用。他们认为魁北克是被盎格鲁—撒克逊"海洋"包围的一个法兰西语言文化孤岛，一些激进的魁北克民族主义分子认为，只要魁北克还留在联邦范围内，法裔居民的地位永远无法提高，只有魁北克脱离联邦，才能彻底解决问题。

（三）政府的对策及其发展前景

早在加拿大联邦成立之前，英国政府就为远在北美殖民地的法裔居民的民族主义情绪感到不安，并试图找出相应的对策以平息法裔的不满，从而巩固英裔的统治。在上、下加拿大联合期间，英国政府对以法裔居民为主的魁北克省实行了英国化的措施，一是向该地区大量迁入英国移民，以改变其人口成分；二是规定英语为联合省的唯一官方语言；三是魁北克要承担安大略省的债务，同时限制魁北克法裔居民选入议会的代表人数。

---

① 杨令侠：《加拿大魁北克省分离运动的历史渊源》，载《历史研究》，1997（2）。

20世纪，为了平息魁北克民族主义浪潮，缓和英裔居民、法裔居民的对立情绪，加拿大联邦政府一再采取安抚政策。

1963年7月，加拿大政府任命了一个双重语言、二元文化的皇家委员会，旨在维护英法两个"创始民族"的文化绝对平等。该委员会提出在联邦内实行"双语制"的报告，提出英语和法语同为官方语言。报告认为，"如果加拿大想要继续生存下去，那就必须在英裔和法裔之间建立一种真正的伙伴关系。"[①] 得到全国的普遍支持。在这份报告的基础上，魁北克省政府也同意接受双语制，与联邦政府达成暂时协议。1969年，加拿大议会通过了《官方语言法》，规定英语和法语两种语言在加拿大同为官方语言，一切政治文件、国家法令都必须使用英法两种文字，联邦政府机构都必须运用这两种文字运行。从而使加拿大成为唯一用立法形式明确规定实行双语制的国家。[②] 为了提高法裔居民的地位，联邦政府还任命了一批法裔人担任政府高级官员。加拿大总理特鲁多（Pierre Trudeau）在一次记者招待会上解释说："要建立和保持一个团结有力的国家，就有必要使讲法语和讲英语的加拿大人在这个国家的所有地方都能满意。作为我们大语言团体的一员，他们的权利应该得到政府的尊重。这就是官方语言法和我们双语制政策的目的所在"。[③]

然而，加拿大政府的和平努力，并未使魁北克省的分离运动减弱。魁北克阵线宣称，"只有通过社会革命，才可能获得魁北克的独立"。到了70年代，围绕如何推行双语制的争论，使英法两大民族关系又趋于恶化，致使魁北克民族主义运动又有新的发展，并由此导致分离主义运动的崛起。

魁北克省的分离运动，加拿大联邦政府被迫宣布对法裔民族的政策保护以及使魁北克省高于其他省的特殊地位，引起了土著和其他族裔共同不满。20世纪70年代初，加拿大人口中，少数民族与英裔、法裔人各占

---

① 洪邮生：《加拿大——追寻主权和民族特性》，419页，成都，四川人民出版社，2003。

② 周弘：《论加拿大魁北克民族问题》，载《新疆师范大学学报》（哲社版），2003。

③ Edgar McInnis, *Canada, A Political and Social History*, Toronto: Holt, 1982, p. 683.

1/3，少数民族的文化素质、经济地位、民族意识都有了增强。他们向加拿大政府直言：既然政府能够保存法裔加拿大人独特的文化特征，那么其他民族集团为什么不可以一样照办呢？① 他们批评政府，认为加拿大不仅仅是英裔、法裔两个民族的国家，对其他少数民族的文化也应予以保护。20世纪60年代末，魁北克问题白热化，土著居民和少数民族发起的保护本民族文化的呼声，使加拿大联邦政府陷入民族矛盾的困境中。加拿大政府领悟到，仅仅注重安抚魁北克法裔居民是不够的，应当赢得各民族对加拿大政府的支持。

正是在上述背景下，1971年10月8日，加拿大总理特鲁多在众议院的演讲中宣布：联邦政府将实行一项新的国家政策，即多元文化主义政策。主要内容有：(1) 各族裔文化平等。主张多元文化平等共存，而不是一种文化居于统治或者支流的地位。(2) 多元文化的双语框架，英语和法语仍是官方语言。因此政府要对不懂官方语言的少数民族进行培训，使他们克服广泛参与社会生活时遇到的文化障碍。

为了推行上述政策，加拿大政府采取了一系列措施。一方面，联邦政府建立了相应机构，设立了多元文化事务部负责协调多元文化事宜；另一方面，政府每年设立专款，支持多元文化建设。1988年，加拿大政府正式通过了《多元文化法》，以法律的形式确保所有加拿大人平等参加国家政治、经济、社会和文化生活。这标志着多元文化政策已经成为加拿大民族关系意识的主流。

1981年，加拿大联邦和各省总理（除魁北克外）决定从英国收回1867年《不列颠北美法》，以实现在宪法上的独立自主。联邦政府与魁北克以外的9个省达成了有关宪法改革的协议，随之制定了1982年宪法，并于1982年7月1日生效。然而，魁北克拒绝在宪法上签字。1984年，布莱恩·马尔罗尼就任加拿大联邦总理后，强调民族和解，承认魁北克的特殊

---

① Eli Mandel & David Taras (eds), *A Passion for Identity*, London: Menthuen Cltd, 1987, p. 221.

性。为了缓和魁北克对实行新宪法的反对情绪，1987年5月，10个省的总理（包括自由党人、魁北克总理罗伯特·布萨兰）与联邦总理马尔罗尼在渥太华附近的米其湖度假胜地举行会议，签订了《米其湖协定》，协定的主要内容有：魁北克省有权参与最高法院法官以及参议院议员的遴选过程，保证魁北克在最高法院有3位法官；限制联邦支出权利；魁北克省对本省移民控制正常化；承认加拿大语言双重性，宪法宣布魁北克是个独特的社会。这个协议实际上是正式承认魁北克为特殊社会。尽管这个协议由于未能在规定的3年内获得全部10个省议会的批准而夭折，但是它的提出表明了加拿大政府对待魁北克的特殊化政策。

1995年，魁北克全民公决的紧张局势，促使加拿大联邦政府认识到，"魁独"已经对加拿大国家统一构成了严重威胁。如果不采取措施，"魁独"还会东山再起。于是，克雷蒂安总理在公决后明确承诺，联邦政府将推行有利于魁北克省的创造性改革。1995年后，联邦政府积极采取新的政策，以避免再次可能出现的危机。一方面，联邦议会通过立法，给予魁北克特殊社会地位；另一方面加拿大最高法院于1998年发布法规，规定魁北克省不能单方面决定独立，而必须得到联邦政府和其他省份的认可。1999年12月，联邦政府又推出《清晰法案》，规定今后魁北克如欲再就独立问题举行公民投票，必须得到联邦政府的批准才能生效。显然，联邦政府希望通过这些立法左右魁北克独立投票的合法性，从而有效地抑制魁北克分离倾向的发展。

总之，魁北克民族主义的发展是加拿大历史发展的沉淀物。魁北克分离主义运动出自英裔和法裔两个民族在政治、经济、文化上的碰撞，这个问题根深蒂固、错综复杂，短期内难以解决。还应当看到，尽管魁北克独立运动原因错综复杂，但悠久的时间已经不知不觉将生活在加拿大这块土地上的英法两个民族融合在一起，这就使魁独分子若想实现自己的梦想，不得不面临民意因素、经济因素、现实因素、国际因素等方面的限制。魁北克人党领袖吕西安·布夏尔曾伤感地说,1995年魁北克公民投票,是"他这一代魁北克人在有生之年的最后一役,假如投票失败,魁北克独立运动在未来二三十年间将不会再抬头"。这句话虽有一定道理,但也不一定准确,今后相当长一段时间,魁北克分离主义运动仍将是加拿大联邦政府的一个痼疾,是影响加拿大社会稳定、经济发展、政治和平的基本因素。加拿大也需要作进一步改革,来解决中央和地方的关系问题。

第三章 英国外交问题

一、战后初期英国对西欧联合政策

第二次世界大战后，西欧出现了一股声势浩大的联合运动，经过几十年的发展，以欧共体为形式的西欧联合已成为国际舞台上一支不可忽视的政治力量，对欧洲和世界格局发挥着重大作用。英国作为西欧一个主要资本主义大国，其政策极大地影响了西欧联合运动的发展。

第二次世界大战中英国虽然是战胜国，但由于战争损耗，使英国实力大为削弱。英国已由原来的一个世界大国，"降为三强中的次要伙伴"。① 然而英国却不愿正视这个现实，继续做着世界大国的美梦，对西欧联合运动，采取传统的"不介入"政策，结果反使自己被排斥在联合运动之外。

（一）战后初期英国对西欧联合的构想

近代历史上，英国对欧洲大陆的基本政策是阻止欧洲大陆出现优势强国，维持欧洲均势状态，推行"势力均衡"政策，不与任何大陆国家结成永久性同盟。正如英国首相帕马斯顿所说："我们没有永久的盟友和永久的敌人，我们只有经常的、永久的利益。"② 所以对于历史上的欧洲联合运动，英国向来采取不介入政策。20世纪30年代，法国前外长白里安"欧洲联盟"计划提出后，英国首相麦克唐纳就说："欧洲合众国"的想法是"早熟"的，也许再过十年可以议一议。③ 这些传统的"均势"政策对战后英国外交政策有极大影响。

第二次世界大战给英国造成了深刻、复杂的后果。一方面，英国虽然在战争中作出了巨大牺牲和贡献，但作为三个主要的战胜国之一，它可以

---

① ［美］哈里·杜鲁门：《杜鲁门回忆录》（中译本），第1卷，6页，北京，生活·读书·新知三联书店，1974。
② 刘祚昌等主编：《世界近代史》（下），449页，北京，人民出版社，1984。
③ 陈乐民：《欧洲观念的历史哲学》，208页，北京，东方出版社，1988。

在战后国际关系体系中占据优越的地位；另一方面，战争又使英国的经济遭受严重的创伤和破坏；此外，第二次世界大战还促使了英国殖民体系的瓦解，英国的衰落已无可挽回，但英国依然想保持昔日世界帝国的地位。所以，丘吉尔在德黑兰会议上讲道："对英国来说，他们不想要得到任何新的领土或领地，但打算保持原来所有的一切。"① 面对美苏在欧洲的对峙，欧洲"均势"的破坏，尤其是面对苏联的威胁，英国深感要想重建欧洲均势，继续保持英国的大国地位，必须重新审查和调整它的对外政策。在这种情况下，"三环"外交政策应运而生。

"三环外交"理论是战后英国外交政策的基本指导思想。英国"三环"外交，无非是想让英国扮演成英联邦领袖、美国的特殊盟友、欧洲主要大国这样一个角色。即利用第一环英联邦和英帝国作为力量的基础，利用第二环英美特殊关系，使"美国成为英国追求重建世界大国地位的靠山"，进而利用第三环联合起来的欧洲，充当西欧盟主，利用西欧的力量对抗苏联，制约美国，从而使英国继续保持其世界大国的地位。这种思想成了英国外交政策的基石。

战后初期英国也主张西欧联合。1945年8月，英国外交大臣厄内斯特·贝文（Ernest Bevin）在一次会议上就指出：他的"长期的政策是同西欧及南欧前沿国家，包括斯堪的纳维亚国家之间，建立商业、经济、政治的密切合作关系"②。1946年，丘吉尔苏黎士大学演说也呼吁"重建欧洲大家庭，建立欧洲合众国"。当时，在西欧各国极度虚弱的情况下，面对美苏在欧洲的对峙及苏联的威胁，英国深感一个软弱的西欧对英国是不利的，因而必须把西欧组织起来。

对于西欧联合的方式，英国也有自己的设想。1948年1月22日，贝

---

① 《德黑兰、雅尔塔、波茨坦会议记录摘编》，55～56页，上海，上海人民出版社，1975。

② Ritchie Ovendale, *The Foreign Policy of the British Labour Government, 1945-1951*, Leicester: Leicester University Press, 1984, p. 62.

文在下院发表了关于英国外交政策的演讲,谈到西欧将结成什么样的联盟时指出:"如果我们打算建立西方组织,那么它必须是一个精神上的联盟,同时无疑也必须有种种条约或者至少要有谅解。"① 这种所谓的精神上的联盟,实际上就是对当时联邦主义者所提出的建立欧洲联邦的否定。因而英国所主张的西欧联合只不过是政府间合作为基础的联合,而不是英国让出一部分主权的"欧洲联邦"。联合起来的西欧应该以英国为中心。当时英国许多保守党分子认为:建立一个欧洲组织是必要的,但英国应该是该组织的头,以便不被孤立于欧洲大陆集团之外,并能以对英国最有利的方式建立一个欧洲联盟。②

由此可看出,战后初期英国"西欧联合"构想就是试图建立一个以英国为中心的、有美国支持的、以政府间合作为基础的松散的政治军事联合体。其目的无非是借此增强西欧的力量,来抵抗苏联,同时也增加英国同美国周旋的资本,使英国继续发挥其世界大国作用。这种构想决定了战后英国对西欧联合的政策。

(二) 战后初期英国与西欧经济联合

第二次世界大战结束时,面对欧洲的局势,英国政府仍希望各个大国的谅解能维持欧洲均势。并不急于组织一个西欧联合集团,以免引起苏联的怀疑,从而使欧洲局势更加恶化。因此,1945年贝文在倡议西欧实行联合的同时,又建议"尽量延缓任何朝着'西方集团'迈进的积极步伐,直到他考虑苏联可能的反应。""杜鲁门主义"出笼之后,美苏走上了全面对抗的道路,东西方"冷战"骤然加剧。1947年下半年起,苏联加强了对东欧国家的政治经济的控制,这一切在西欧造成了"恐苏恐共"气氛。特别是伦敦外长会议的失败,使得英国"战后早期安全构想的最后一丝希望也消失了"。③面对这

---

① Royal Insitute of International Affair, *Document on International Affairs, 1947-1948*, Cambridge: Cambridge University Press, 1957, p. 221

② [法] 皮埃尔·热尔贝:《欧洲统一的历史与现实》(中译本),60页,北京,中国社会科学出版社,1989。

③ John W. Young, *Britain France and Unity of Europe, 1945-1951*, Leicester: Leicester University Press, 1984, p. 77.

种情况，贝文希望加强西欧抵抗共产主义的能力，制订西欧大陆长期的军事安全协定，① 加强西欧政治、军事、经济方面的合作。

马歇尔计划则为西欧联合提供了一个契机。1947年6月，美国国务卿马歇尔发表演说，传达了美国决定从经济上援助欧洲的意向。马歇尔强调："这是欧洲人的事，主动性须来自欧洲。""这个计划必须是联合性质的，假使不能取得所有欧洲国家同意，也应征得一部分国家的同意。"② 这反映了美国把欧洲当做一个整体来看待的政策考虑。

英国对马歇尔演说反应迅速。贝文得知演说内容后，马上明确表示英国支持马歇尔计划，赞扬马歇尔的演说是"世界历史上最伟大的演说之一"。③ 他还把马歇尔的建议视为"落水者的救生圈"。④ 随后又展开频繁的外交活动，实现美国所要求的主动性。6月6日，贝文打电话给法国外长皮杜尔，建议双方举行会晤，商讨组织欧洲国家响应马歇尔计划事宜。在英法组织下，7月12日，英、法、卢、比等十六国代表在巴黎召开欧洲经济会议，讨论向美国提交申请援助报告的问题，会议成立了常设联合机构——欧洲经济合作委员会。9月22日，会议十六国代表签署了"欧洲经济合作委员会总汇报"，向美国提出四年内提供450亿美元援助的要求。1949年4月，美国国会通过了《1948年对外援助法》，经杜鲁门总统签署，马歇尔计划正式生效。1948年4月，欧洲经济合作委员会十六国代表在巴黎举行会议，签订了《欧洲经济合作条约》，成立了欧洲经济合作组织，负责制订"共同复兴"计划，在美国的经济合作署和它派驻各国代表处的监督下，推动成员国执行这一计划。"尽快地取消对贸易和支付起障碍作

---

① John W. Young, *Britain France and Unity of Europe*, 1945-1951, Leicester: Leicester University Press, 1984, p. 78.

② Arthur M. Schlesinyer Tr, *The Dynamics of World Power*, *A Documentary*, *History of the United States Foreign Policy*, Vol. I, New York: Chelsea House Publishers, 1979, pp. 156-157.

③ Margaret Carlyle, *Document on International Affairs*, 1947-1948, Oxford: Oxford University Press, 1952, p. 29.

④ ［英］阿伦·斯科德，克里斯·库克：《战后英国政治史1945—1979》（中译本），52页，北京，世界知识出版社，1985。

用的一切限制",并"研究建立关税同盟或其他自由贸易区的可能"。① 这样,马歇尔计划便成了"美国政府促使欧洲经济一体化的主要中心。"②

马歇尔计划使西欧首先在经济上实现了部分联合。马歇尔计划之所以能顺利实施,是与英国积极主动出面组织欧洲国家,响应美国所要求的"主动性"是分不开的。英国愿意如此卖力,主要是希望美国能特殊对待英国,继续把英国当作伙伴看待。1947年6月24日,在与美国助理国务卿克来顿一次会谈中,贝文一再强调英国与欧洲其他国家不同,是一个"负有世界责任的帝国,承担占领德国的沉重开支。"希望美国能特殊对待英国,提供某种"临时性的解决",让英国对欧洲经济复兴作出更多贡献。③ 但这种要求遭到了美国的拒绝。

战后英国的极度虚弱,大大牵制了它的对外政策,所以战后初期,尽管英国有一个宏伟的"西欧联合"计划,但却因其实力不足而无法推行。贝文一直对英国无力援助大陆国家感到极度沮丧。④ 英国政府在《1947年经济概览》中称:1947年的中心事实是:"我们没有足够的资源做我们想做的一切,我们几乎没有足够的资源做我们必须做的一切。"⑤ 马歇尔计划的宣布,确实使英国感到振奋,贝文说马歇尔计划"就像扔给落水下沉者一条救生束"。⑥ 仿佛带去了绝处逢生的希望,其政治意义并不亚于其经济意义。贝文终于可以腾出手来推行他的外交政策的宏伟构想了。美国拒绝特殊对待英国,使得英国深为失望。英国对此虽然不满,却也无可奈何。

---

① William Adams Brown & Redvers Opie, *American Foreign Assistance*, Washington D.C.: The Brookings Institution, 1957, pp. 156-157.

② John R. B. Manderson, *the Special Relationship: Anglo-american Relation and Western European Unity, 1947-1956*, London: Weidenfeild and Nicolson, 1972, p. 9.

③ Thomas G. Paterson, *Soviet-American Confrontation*, Baltimore and London: John Hopkins University Press, 1973, p. 215.

④ Elisabeth Baker, *Britain and the Divided Europe*, London: Weidenfeild and Nicolson, 1971, p. 75.

⑤ Robert M. Hathaway, *Ambignous Partnership: Britain and American, 1944-1947*, Columbia: Columbia University Press, 1981, pp. 298-299.

⑥ Elisabeth Baker, *Britain and the Divided Europe*, London: Weidenfeild and Nicolson, 1971, p. 76.

但对美国的要求,英国也并不是唯命是从。如在欧洲经济合作组织的结构上,正由于英国顽固地反对建立超国家性质的联合机构,才使得这个组织成了一个政府间合作性质的机构。

由此看出,英国在马歇尔计划的实施以及西欧经济联合过程中确实起到了重大作用。正由于英国主动出面组织西欧国家响应马歇尔的演说,才使得西欧诸国得以在短时间内迅速组织起来,在经济上实现了一定程度的联合。从这个意义上讲,英国的牵头作用也是很重要的。

(三) 英国与西欧军事联合

马歇尔计划虽把西欧从经济上组织起来,但与英国的西欧联合方案相距甚远。随着美苏"冷战"加剧,欧洲局势更加恶化。这种形势使英国迫切希望把西欧从军事上联合起来,并得到美国的支持。1947年底,贝文曾对马歇尔说:西欧国家需要美国在军事上的支持,以反对苏联的威胁。① 在美国没有明确承诺之前,英国决心出面组织西欧防务组织,把西欧从军事上联合起来。

1947年3月4日,英法在敦刻尔克签订了《英法同盟条约》,该条约是英国实施其西欧联合方案的第一步。但这个条约主要是针对德国问题的。马歇尔计划的实施,把美国和西欧拴在一起,防止德国法西斯再起在西方战略方针中逐渐退居次要地位,而抗衡苏联的方针则明显跃居西方战略首位。对英国来说,为维护大国地位,同苏联抗衡就需要依靠英美特殊关系,把美国捆在西欧北美统一的防务体系里。为此首先要把西欧从军事上联合起来,建立所谓的"西方联盟"。而美国也希望西欧能在军事上按马歇尔计划的模式组织起来。于是贝文便展开频繁的外交活动,着手建立西方联盟。1948年1月22日,贝文在下院发表演说,正式提出他的西方联盟倡议,指出鉴于欧洲所"面临的新局面",西欧的"自由国家必须紧密地团结起来……我们相信,西欧联合的时机已经成熟……我们必须跳出我们近邻的圈子,充分考虑到意大利及其他具有悠久历史的西欧文明成员。② 贝文的演说,得到了西欧

---

① [法]皮埃尔·热尔贝:《欧洲统一的历史与现实》(中译本),60页,北京:中国社会科学出版社,1989。

② Royal Institute of International Affairs, *Document on International Affairs*, *1947-1948*, Oxford: Oxford University Press, 1952, pp. 202-216.

一些国家的热烈响应。贝文演讲后,在英法倡议下,1948年3月17日,英、法、卢、比、荷五国外长在比利时的布鲁塞尔签订了"布鲁塞尔条约",成立了布鲁塞尔条约组织。条约虽还有防止"德国侵略政策的复活"之类用词,但作为集体防务条约,其范围要比敦刻尔克条约广泛得多。

经过一番苦心经营,贝文所倡导的"西方联盟"终于勉强成立。"布鲁塞尔条约"是英、法和低地国家之间以军事同盟为核心的政治、经济、文化合作条约。"① 在英国的推动下,西欧五国初步进行了军事方面的合作。但由于西欧各国实力虚弱,以盟主自居的英国也力不从心,承担不了保证西欧防务的责任,因此想把美国拖到西欧。英国之所以主动出面组织西方联盟,一方面是为提高西欧国家的信心,更重要的是为了向美国表示西欧国家像马歇尔演说一样,已经采取了主动行动,希望美国赶快在军事上援助西欧。因此,英国一个官员认为"布鲁塞尔条约"是试图"鼓励大力神赫尔克里来帮助那些自助者",此时英国对外政策的首要目标便是设法把美国拖在欧洲,使其对西欧承担义务,以遏制苏联,稳定西欧动荡局势。

因此"布鲁塞尔条约"谈判期间,贝文就已在考虑建立大西洋安全体系问题。1948年3月11日,贝文向马歇尔建议,苏联正在"胁迫"挪威缔结类似苏芬条约的约定,应"毫不延迟地研究建立此种大西洋安全体系。"② 3月22日,美、英、加三方代表在五角大楼举行会谈,通过了"五角大楼文件",建议扩大《布鲁塞尔条约》,由美国总统邀请有关国家举行会议,缔结北大西洋防务协定。

1948年6月,柏林危机爆发,东西方关系进一步紧张,西方担心苏联可能在薄弱环节首先发动进攻,这种形势"加强了英美的决心并加深了西方对苏联意图的疑虑"③,"帮助西方解决了它主要的和极为迫切的难

---

① Royal Insitute of International Affair, *Britain in Western Europe*, *Weatern European Union and Atlantic Alliance*, *A Report by a Chathum Hous Study Groupe*, Oxford: Oxford University Press, 1956, pp. 7-8.

② U. S. Department of State, *Foreign Relations of the United States* 1948, Vol. 3, Washington: GPO, 1968, p. 48.

③ Ian S. McDonald, *Anglo-American Relations since the Second World War*, Newton Abbot [Eng.]: David & Charles, 1974, p. 60.

题——制造公众舆论"①。在这种形势下，美国决定开始进一步谈判。7月6—9日，共举行了5次七国大使委员会议，讨论大西洋防务问题。1949年3月18日，北大西洋公约正式签署，4月2日北约组织正式成立，从而建立了北大西洋联盟体系，美国被拴在了西欧。

从布约组织到北约组织的成立过程中，英国起了带头羊作用。但由于英国一直在打着既想充当盟主，又不愿承担义务的如意算盘，迟迟不愿向西欧明确承担义务，引起法国及比、卢、荷的猜疑。美国则利用英国这种心理，待英国带头把西欧从军事上组织起来后，便利用自己的财力、物力加强对西欧控制，迫使西欧各国束手就范，承认美国的盟主地位。1955年12月布约组织协商委员会第十次会议上，五国决定撤销西方联盟司令部，将其并入北约驻欧盟军最高司令部。英国再也无法维护布约军事机构的独立存在，从而失去了西欧军事联合的领导地位。

（四）战后初期英国与西欧政治联合

1946年丘吉尔的苏黎士演说，大大激励了西欧各国的联邦主义者，战后西欧联合运动开始蓬勃发展起。然而丘吉尔"西欧联合的号召从来未变成一个首尾一致的行动计划，而且从来不包括英国。"② 这种观点，实际上和英国政府的观点是一致的。战后初期英国虽然也赞同西欧实现某种程度的联合，但英国所主张的联合是在英国领导下的"邦联式"的联合。而且鉴于当时欧洲局势险恶，英国把主要精力都放在筹建西方联盟及大西洋联盟，以便把美国拖在西欧，加强西欧防务能力。所以对西欧大陆出现的联合运动，英国既不热心，也不愿以平等身份加入联合行列。在丘吉尔看来，英国与欧洲大陆的关系是"with"关系，而不是"of"关系，即"我们跟它们在一起，但却不属于它们。"③

---

① ［美］戴维·霍洛维茨：《美国冷战时期的外交政策——从雅尔塔到越南》（中译本），59页，上海，上海人民出版社，1974。

② R. Ben Jones, *The Making of Contemporary Europe*, London: Hodder & Stoughton, 1980, p.15.

③ Winston Churchill, *His Complete Speeches*, Vol.7, New York: Chelsea House Publishers, 1974, p.8431.

丘吉尔的这些言论，实际上也反映了英国工党的主张。工党领袖艾德礼在欧洲委员会成立时讲道：英国的"利益是世界性，它是一个大联邦的中心，它虽然密切关注着本大陆所进行的一切事务，但更倾向于从欧洲朝外看"。基于这种思想，尽管当时英国工党政府对西欧联合表示赞同，但对于成立"欧洲联邦"却坚决反对。1949年7月22日在海牙举行的布鲁塞尔条约协商理事会议上，有人提议成立一个欧洲议会，英国对此表示反对。贝文对于海牙大会决议虽表同情，却不同意。他说："我感到，西欧的情况错综复杂，我们最好还是根据英联邦所采取的原则，实行国与国之间的联合。"因此，"处理西方联盟问题的正确方法，就是采取不成文的原则，通过条约和协议，依靠集体力量，而不是单靠我们自己来进行某些事业，从而逐步实现联合。"① 因为欧洲议会的成立，就意味着各国政府要让出一部分主权，这正是英国所要避免的。对此，英国首相艾德礼认为英国不能把它的主权让渡给欧洲超国家机构，因为那将意味着与英联邦关系的削弱。"动议中建议我们要更加接近欧洲而不是英联邦，我为此感到忧虑，英联邦国家是我们最紧密的朋友，在我想与其他国家尽可能密切关系的同时，我们得牢记我们不仅是一个欧洲强国，而且是伟大的英联邦和帝国的一个成员"。② 在1948年5月下院演说中明确，在西欧各国强烈要求下，在美国的一再督促下，工党政府虽然不得不同意成立一个部长委员会，但仍顽固坚持委员会只能由各国政府代表组成。这样，在英国的干预下，虽然西欧于1949年5月成立了欧洲委员会，但它的权力十分有限。

当时西欧各国，由于在大战期间主权都已丧失，所以对民族主义战争深恶痛绝。他们主张建立一个超国家的联合机构，以消除战争根源。由于英国是当时西欧最强大的国家，而它却反对建立超国家的联合机构，这使他们大失所望。英国的这种态度，延缓了西欧政治联合步伐，迫使欧洲联邦主义者不得不冷静地在比较现实的基础去寻找一条欧洲联合的道路。于

---

① ［英］阿伦·斯科德、克里斯·库克：《战后英国政治史 1945—1979》（中译本），55页，北京，世界知识出版社，1985。

② Royal Institute of International Affairs, *Document on International Affairs, 1947-1948*, pp. 239-240.

是他们决定撇开英国，先在有条件的领域内实现联合。1951年4月，在英国没有参加的情况下，法、西德、比、卢、荷在欧洲成立了欧洲煤钢联营组织。

从战后初期英国对西欧联合政策中，我们可以看出，第二次世界大战结束后，尽管英国实力大大削弱，但却不能清醒地认识到国际国内形势及其自身地位的变化，依然沉醉于世界大国的美梦之中。对西欧联合运动，英国虽表支持，但又不愿承担义务，并且还竭力阻止西欧联合运动朝联邦主义思潮方向发展。当西欧联合向前推进时，英国又置身其外。这样，尽管战后英国仍有一定实力，但却没有高举领导西欧联合的大旗，反而使自己一步步掉离了西欧的联合行列。

二、九龙城寨与中英关系

九龙城寨位于九龙半岛东部，今启德机场之北，又称九龙城，面积不到7英亩。1898年6月，中英签订《展拓香港界址专条》，英国强行租借深圳河以南面积达946.4平方公里的九龙半岛地区，中国仅保留了九龙城寨主权。1899年，英国单方面破坏条约，派兵强占九龙城寨。自此中英间关于九龙城寨的治权之争从未停止。九龙城寨成了中英关系的一个"计时炸弹"。中英两国每隔一段时间便会因其治权问题而发生冲突。

（一）九龙城寨问题的由来

九龙城寨的历史最早可以追溯到中国的宋朝时期，原是防卫外敌的据点。清道光二十六年（1846），两广总督耆英倡议修建九龙城寨，并得到了道光皇帝御准。城寨建成于1847年5月。当时，清政府兴建九龙城寨，主要是为了监视英国人在香港的所作所为，防范英国图谋九龙半岛。正如耆英在其奏折中所说，九龙之逼近香港，与前山之密迩澳门，形势无二，应建立城寨，以便防守。兴建九龙城寨"不惟屯兵操练，足壮声威，而逼近夷巢，更可借资牵制"。[①]

---

① 《筹办夷务始末》，道光朝，第76卷，3～4页，台北，国风出版社，1963。

九龙城寨倚山而建，与港岛只有一水之隔。建成的九龙城寨由一座周长199丈的石城构成，内建有衙署，以方便大鹏协副将与九龙巡检司同时办公，城内还设武帝庙、巡检衙署、演武亭各一所，并建有军装火药局和兵房等配套工程。此外，在城寨后山还建了一道170米长、8尺高、3尺厚的围墙。城寨城墙上安有巨炮数十门，整个香港岛海面都在其射程之内，加上港岛四周的海域仍在中国管辖之下，难免令英国人产生莫大疑虑。因而英国人一直希望夺取对岸的九龙半岛。

19世纪末期，帝国主义列强掀起了瓜分中国的狂潮。1898年4月2日，英国驻华公使麦克唐纳（Claude MacDonald）向奕劻说："香港殖民地不满足于它目前的界线，希望展拓界址。"① 4月24日，麦克唐纳根据英国外交部指示，向李鸿章出示展拓界址的地图，强索大鹏湾到深圳湾一线以南的广大地区及水域。②李鸿章没料到英国胃口如此之大，大惊失色，坚决不允。但英国却一再坚持，向清政府施加压力。最后，李鸿章被迫同意了英国的要求，但是坚决反对英国占领九龙城，理由是：该处设有中国衙门。③ 这样九龙城寨问题成了双方谈判的焦点。此后中英围绕九龙城问题进行了长期谈判。

英国对于中国保留九龙城寨的管制权本来极不赞成。英国外交大臣贝尔福（Arthur Balfour）曾指示一定要得到九龙城寨，不惜为此而削弱其他要求。④当时代表在港英商利益的香港总商会对香港防卫问题十分关心，指出"入侵军队在城寨的掩护下，可以长驱直入"，⑤因而反对租借地不包括九龙城寨，害怕影响他们在香港的安全。

但是在谈判中，中国对九龙城寨问题的毫不让步，使得英国无计可施。为尽快得到租借地，4月28日，麦克唐纳致电英国政府说："谈判中

---

① 《同总理衙门会谈记录册（1897—1899）》，英国外交部档案，F.O. 233/44，181页。
② 《麦克唐纳致索尔兹伯里电》，1898年4月25日，英国外交部档案，F.O. 17/1340，中国第一号（1899），32页。
③ 《同总理衙门会谈记录册（1897—1899）》，英国外交部档案，F.O. 233/44，181页。
④ 转自刘伟编著：《香港主权交涉史》（上），217页，香港，广角镜出版社，1983。
⑤ 《香港总商会主席致索尔兹伯里》，1898年5月5日，英国外交部档案，F.O. 17/1360，199～120页。

主要困难是九龙城寨问题，中国政府不会放弃对该城的管辖权，希望九龙城暂留在中国手中。"①英国首相索尔兹伯里复电麦克唐纳，同意中国的行政管理权可以在九龙城继续保留，但又指出中国保留九龙城管辖权，"不得与保卫香港之武备有妨碍"②。

1898年6月9日，中英签订《展拓香港界址专条》。其中关于九龙城问题是这样规定的："所有现在九龙城内驻扎之中国官员，仍可在城内各司其事，惟不得与保卫香港之武备有所妨碍。"③ 这实际上是确认了中国对九龙城寨的主权。英国坚持在条约中加上"惟不得与保卫香港之武备有所妨碍"，就是为了英国随时可借口九龙城对"保卫香港有所妨碍"，取消中国对该城的合法管辖权。这就为日后中英关系埋下了冲突的种子。

（二）英国强占九龙城及中英交涉

中英《展拓香港界址专条》签订的消息一经传出，立刻在英国各界引起强烈反响。英国海军联合会香港支会、香港总商会、伦敦商会等组织纷纷要求英国当局取消关于九龙城的条款，将九龙城及其附近码头纳入租借范围。④因而新界租地还未移交，英国已开始谋划夺取九龙城。1899年3月31日，英国驻华代理公使艾伦赛（Bax-Irronside）受命正式通知总理衙门：关于九龙城问题，英国"决不容许中国在英国领土内享有军事管辖权，也不许在英国女王治下的领土继续保持中国驻军"⑤。

1899年4月，新界人民反对英国接管的武装抵抗，成了英国占领九龙城寨的借口。英方借口"中国军队"对英国接管实行的抵抗对保卫香港之

---

① 《麦克唐纳致索尔兹伯里电》，第140号，1898年4月28日，英国外交部档案，F.O. 881/7118，59页。
② 《索尔兹伯里致麦克唐纳电》，第135号，1898年4月28日，英国外交部档案，F.O. 881/7118，59页。
③ 王铁崖编：《中外旧约章汇编》，第1册，769页，北京，生活·读书·新知三联书店，1957。
④ 《香港总商会主席致索尔兹伯里》，1898年7月16日，英国外交部档案，F.O. 17/1360，320页。
⑤ 《艾伦赛致索尔兹伯里函》，第93号，1899年4月15日，英国外交部档案，F.O. 17/1573，293～294页。

武备有所妨碍，要求中国官兵立即撤出九龙城。① 英国在感到与中国谈判无实效时，遂决定借机攻占城寨。

5月16日，港督卜力（Henry A. Blake）派兵开进九龙城，将城内官弁兵丁一并逐出，军械军衣悉行搜夺，在城内升起英国国旗，并强行封闭九龙海关。②第二天，英军迫使150名中国平民及守城官员离开城寨。在强行占领九龙城的同一天，英国也派兵强占了深圳。

英国违约强占深圳和九龙城，使清政府十分震惊。5月22日，中国驻英公使罗丰禄向英外交部提出抗议，指出英国此种强制行为，违反中英《展拓香港界址专条》。③ 总理衙门还于5月21日向艾伦赛递交抗议照会，抗议英国违反条约规定，派兵将城寨官兵驱逐，要求英国撤军，并依照条约规定处理事情。④

对中国的抗议，英国不但不理会，反而将英国占领九龙城及深圳的责任归咎于中国。5月23日，艾伦赛回复总理衙门，认为责任不在英国，皆因粤督曾答应港府，在英国接管新界前维持秩序，但未能遵守诺言。所以要对"暴民袭击英军，焚烧警察席栅负责"。⑤

英国对于占领九龙城和深圳两地态度不同。5月30日，索尔兹伯里在给罗丰禄的复照中表示：英国政府不能容许中国在九龙城恢复权力。但对占领深圳则表示："关于该地的永久性安排留待将来考虑。"⑥

英国对占领这两个地方的态度之所以不同，是由于英国占领深圳过于仓促，某些问题事先考虑不周，造成被动。对占领深圳可能引起的国际后

---

① 《殖民地部致外交部函》，第47号，1899年4月17日，英国外交部档案，F.O.881/7226，70页。
② 《卜力致张伯伦电》，1899年5月16日，英国外交部档案，F.O.581/7226，239页。
③ 《外交部致殖民地函》附件，第146号，1899年5月22日，英国殖民地部档案，C.O.885/5，160～162页。
④ 《艾伦赛致索尔兹伯里电》，第335号，1899年5月23日，英国外交部档案，F.O.882/5，161页。
⑤ 《艾伦赛致总理衙门函》，1899年5月23日，英国外交部档案，F.O.17/1346，235页。
⑥ 《索尔兹伯里致罗丰禄函》，1899年5月30日，英国外交部档案，F.O.881/7226，278～279页。

果也估计不足。英首相索尔兹伯里担心"英国在深圳河以北过度扩张会使人认为女王陛下政府正在肢解中国。"①

6月26日,艾伦赛按英国政府的指示照会总理衙门,无理要求中国对新界居民抵抗英国一事支付15万元赔款。如果中国答应,英军拟撤出深圳。②

中国政府对于英国得了土地又要赔款的做法十分愤怒,予以回绝。并声明保护边界是英国政府的责任,无权向中国要求赔款。③

中英之间的谈判僵持了几个月,一直未有结果,使得英国当局反而忧心忡忡。这是因为深圳居民对英国占领军持"公开敌对态度,"而且北面的东莞县"动荡不安",英国担心这种状况波及新界。为此,卜力于7、8两月连续函促英国政府就是否归还深圳问题"迅速作出决定"。④

后来,英国政府表示同意从深圳撤军,但要求中国保证在英军撤退后保护那些曾对英军友善的中国人。⑤ 总理衙门十分合作,除向艾伦赛当面作保证之外,又致令地方当局保护那些友善对待占领深圳英军的中国人。⑥ 另一方面,还锲而不舍,一再向英国追讨九龙城。

12月14日,总理衙门约见麦克唐纳。总理衙门大臣庆亲王表示,收回九龙城寨是一件极为重要的事。九龙城寨的命运和金州城相连。中方忧虑若九龙城寨的条款不受尊重,会导致中国对重要的金州城的治权也被剥夺。⑦ 麦克唐纳不同意庆亲王的说法,无理地说中国在九龙城寨施行治权,

---

① 《外交部致殖民地部密函》,第356号,1899年5月27日,英国外交部档案,F.O. 881/7226,262页。

② 《艾伦赛致总理衙门函》,1899年6月26日,第249号附件,英国外交部档案,F.O. 881/7241,149页。

③ 《艾伦赛致索尔兹伯里密函》,第149号,1899年5月27日,英国外交部档案,F.O. 881/7226,262页。

④ 《卜力致张伯伦密函》,1899年7月20日,英国外交部档案,F.O. 881/7241,263~264页。

⑤ 《艾伦赛致总理衙门函》,1899年11月17日,英国外交部档案,F.O. 17/1379,193~194页。

⑥ 《总理衙门致艾伦赛函》,1899年12月15日,英国外交部档案,F.O. 17/1379,195~196页。

⑦ 《麦克唐纳致索尔兹伯里函》,1899年12月15日,英国外交部档案,F.O. 17/1379,305~307页。

不但与香港武备有所妨碍，而且是对香港构成危险的重要来源。①

清政府在与英国多番交涉失败之后，又委派李鸿章出任两广总督。中国政府希望靠他的外交经验和在国际上的声望，把九龙城寨的治权争取回来。

李鸿章在上任之前，先在北京会见了麦克唐纳，要求英国归还九龙城寨。② 1900年1月19日又在香港会见卜力。他又向卜力提出收回城寨的要求；还说"倘英国占取城寨，可能招致俄国不满，而产生复杂问题"③。李鸿章回广州后，又会见英驻广州领事司科特，提出了同样的问题，但都被回绝。这样李鸿章奔波三地交涉，终未成功。

（三）民国时期中英关系及九龙城的交涉

经过李鸿章的交涉，英国始终不敢强行管治九龙城。后来由于义和团运动兴起，八国联军入侵及辛亥革命的爆发，中国暂时停止了交涉。民国初年，新安县改称宝安县。当时宝安县曾派员管理九龙城，但被港英当局阻止。民国初年，因中国军阀割据，战乱不已，对这个小小孤城，谁也不敢插手。

20世纪30年代，香港城市化进程加速展开，城市已扩张到了城寨边缘。港英当局就此对启德机场附近，包括城寨在内，旺角以东、红磡以北的地区制订了规划蓝图。1933年6月，港英当局正式公告城寨居民，令其在限期内搬出城寨，居民生活由政府在他处安置并补偿。祖居此地数代的部分居民或因不愿背井离乡或因对安置补偿不满，同时他们也知道九龙城寨的特殊地位。因而他们向两广特派员甘介侯申诉，他们在申诉中提出"城内仍归我国管理"④。甘介侯迅速将此事件呈报了外交部。

---

① 《麦克唐纳致索尔兹伯里函》，1899年12月15日，英国外交部档案，F.O.17/1379，305～307页。

② 《麦克唐纳致索尔兹伯里函》第118号，1900年1月5日，英国外交部档案，F.O.881/7464，69页。

③ 《卜力致张伯伦报告》，1900年1月29日，英国殖民地部档案，C.O.129/N.5528，165～170页。

④ 《罗文干致英驻华公使照会》，1933年7月27日，英国外交部档案，F.O.228/2100，41～42页。

6月28日，甘介侯受外交部之托向英方交涉。他指出港英当局勒令城中居民迁走"并不符合条约的内容和精神……中国仍保有处理城寨事务的权力"①。但港英当局对甘介侯的抗议未作出回应。7月27日，中国外交部长罗文干向英国公使兰普森递交照会，申明中国拥有九龙城的管治权，要求港英当局取消限令九龙城居民搬迁之成议。②这个时期，中国的着眼点在于城内居民处境，并未萌发收回城寨的念头。③

面对中国政府的一再抗议，英国官员绞尽脑汁，企图证明港英当局对九龙城行使管辖权是有理的，但未敢公开提出。英国外长西蒙（John Simon）主张避免同中国政府讨论管辖权问题。但他又表示，港督不应放弃或推迟实施有关九龙城的计划。④这就是说，英国政府在九龙城问题上采取的策略，是避免就管辖权问题同中国政府正面交锋，实际上却又不停止破坏中国主权的行动。1934年6月，港英当局再次通告九龙城居民搬迁，次年6月，6户九龙城居民被迫迁出城寨。中国政府一再抗议，但英方却置之不理，一意孤行。

1936年2月29日，有4名警察带领5名工人，进入九龙城，拆掉城内第25号民房。九龙城居民代表当天即用长途电话向两广特派员刁作谦报告。31日，他们又到广州请愿。中国外交部闻讯向英驻华使馆递交一份备忘录，抗议港督"强拆25号杨姓居民屋宇"，促请英国"迅速查明制止"。⑤

此后不久，抗日战争爆发。接着，日军在广东登陆，攻陷广州。有关九龙城的交涉再度被搁置一旁。

---

① 《甘介侯致 E. J. Jamieson 函件》（英译本），1933年6月28日，英国殖民地部档案，C. O. 129/554/14. No. 13832，38页。

② 《罗文干致英驻华公使照会》，1933年7月27日，英国外交部档案，F. O. 228/2100，41~42页。

③ 梁炳华：《城寨与中英外交》，80页，香港，麒麟事业有限公司，1995。

④ 《外交部致殖民地部函》，1954年3月9日，英国殖民地部档案，C. O. 129/546/11，91~93页。

⑤ 《中国外交部致英国大使之备忘录》，1937年1月5日，英国外交部档案，F. O. 228/2117，6页。

抗日战争期间，迫于战争压力和国际形势，1943年，英国和中国签订条约，废除在华治外法权及特权。但在九龙问题上，英国人在谈判中玩弄花招，对中国施压，拒不归还九龙。抗日战争胜利后，中国的国际地位大为提高。中国政府想乘有利的国际形势，在战争后恢复行使九龙城的管辖权。但英国政府执意恢复对香港的统治，即使在九龙城寨问题上也不准备让步。在这种背景下，中英在九龙城问题上不可避免地再度发生冲突。

1947年9月，宝安县政府拟恢复九龙城治权，并制订了详细的复治计划。港英当局得知此事后，于14日发表否认中国主权的声明。[①] 17日，中国外交部发言人表示："中国对九龙城治权从未放弃。"[②]

港英当局否认中国对九龙城的治权，引起中国各界不满，但港英当局却无视这些不满，继续在九龙城制造纠葛，抑制中方复治计划，终于引发了全国性抗英风潮。

酿成外交事件的直接原因是港英当局对城寨的拆迁行动。1947年11月27日，港英当局限令城寨内所有新建木屋两周内拆除。两广特派员对此表示异议，但港英当局仍决定九龙城居民必须迁出。[③] 1948年1月5日，港英当局派出武装警员250名，工人六七十名进入九龙城寨，将欲加争论而引起冲突的"居民联合会"主席朱沛良及代表刘毅夫拘捕，之后强行拆毁民居40余间。1月12日，港英当局又派更多的警察闯入九龙城拆屋，与城内居民发生冲突。警察向居民开枪，这次冲突中有7名居民受伤，2人被捕。这就是震动一时的"九龙城事件"。令港督葛量洪与英国政府没有想到的是，这个在他们看来不大的举动竟引发了战后中国最大规模的反英浪潮。

"九龙城事件"传至国内，引起激烈反应，全国立时掀起一股反英潮流，国内各大报纸都以大量篇幅，披露事件真相，抨击港英当局。广州、南京、上海、长春、昆明等许多大城市都爆发了大规模反英游行。广州沙面英国领事馆被游行人群捣毁，英国国旗被烧。广东省政府拨款5亿元，

[①] 鲁金：《九龙城寨史》，102页，香港，三联书店，1988。
[②] 《中央日报》，1946-09-15。
[③] 黎晋伟主编：《香港百年史》，98页，香港，南中编译社，1948。

用于救济城寨居民。① 港英当局慑于国内民情激愤，才逐渐缩手。

港英当局拆除九龙城内房屋后，中国政府立即作出反应。1月6日，中国外交部刘次长对英国大使馆参事拉布谢尔（Labouchre）当面提出抗议，请他"电告香港政府停止强行拆迁措施，并释放被捕居民"②。然而英国大使馆1月10日给中国外交部的复文中称"他们不能将中国政府关于九龙城司法权所作之声明，视作是有法律依据的而加以接受"③。态度十分强硬。

"沙面事件"发生后，英国政府极为不满，英外交部向中国驻英大使郑天锡表示：广州英国领事馆及英侨产业被毁事体严重，指责煽动者广发传单，歪曲事实，夸大其辞，而中方则纵任其所为，以致发生事故。郑天锡否认中国政府纵任传单散发，强调事变只是阴谋者利用民众激昂之怨愤而酿成，他责怪英方未能训令港英当局释放被捕者和停止使用武力，以致民愤未能平息而令人利用。④

中国政府采取有效措施，安抚英国，避免因此而破坏两国间友好关系；另一方面在九龙城问题上态度明确，不甘示弱，一再通过外交途径与英方交涉。

1月26日，英国外交大臣贝文向中国驻英大使馆发出照会，声称港英当局"除日治时期外，从未间断对九龙城寨行使其完整之治理权"，对于拆屋事件解释为"是为了预防火灾及疾病的威胁"。贝文将事态扩大、引起骚乱的主要责任，归咎于两地中资报纸的煽动以及宝安县长视察九龙城的刺激性行动。⑤

中国外长王世杰阅罢，认为"其内容颇有与事实不符之处"⑥。为防止

---

① 梁炳华：《城寨与中英外交》，163页，香港，麒麟事业有限公司，1995。
② 《外交部驻英使馆第582号电》，1948年1月6日，中国第二历史档案馆编：《1947—1948年有关九龙城事件的中英交涉史料》，载《民国档案》，41页，1990（3）。
③ 《外交部驻英使馆第594号电》，1948年1月13日，中国第二历史档案馆编：《1947—1948年有关九龙城事件的中英交涉史料》，载《民国档案》，42页，1990（3）。
④ 《驻英使馆致外交部第558号电》，1948年1月16日，中国第二历史档案馆编：《1947—1948年有关九龙城事件的中英交涉史料》，载《民国档案》，44页，1990（3）。
⑤ 黎晋伟主编：《香港百年史》，98～100页，香港，南中编译社，1948。
⑥ 《外交部致驻英使馆第622号电》，1948年1月27日，中国第二历史档案馆编：《1947—1948年有关九龙城事件的中英交涉史料》，载《民国档案》，47页，1990（3）。

日后误会，拟就一篇复文，驳斥英方论点，解释中国仍享有城寨主权的原因。照会指出：英国在九龙城寨内不能行使管辖权。中国自1899年撤出九龙城寨及停止行使对该区之管辖权，纯因受武力压迫所致，中国不但从未放弃在该区之管辖权，凡遇港英当局企图占有此项管辖权时，均严厉反对。照会认为城寨居民的反抗及"沙面事件"的发生，是由于港英当局不理会中国政府的多番警告，仍一再作出拆屋之挑衅行为之结果，也是英国政府对中国在城寨的治权不予尊重的结果。①

自1月16日广州民众运动失控酿成烧毁英国领事馆的"沙面事件"后，在国民政府的控制下，民众运动趋于沉寂，新闻敏感度的时效性也使舆论关注降温。"沙面事件"后，行政院会议通过王世杰的主张，不求扩大问题，但求迅速解决。②两国外交当局开始着手解决由拆迁引起的外交风波和一系列连带问题。由此而来，整个事件发展的脉络越发清晰，两国实际上是在四个层面上进行交涉的：首先是1月5日、12日拆屋事件的善后问题，其次是1月16日"沙面事件"的赔偿问题，再次是九龙城本身的未来安排问题，最后是中国对九龙城以至整个新界地区的权限问题。当时中英双方都不想使事态扩大，影响两国关系的发展。双方在就管辖权问题行公开辩论的同时，还进行频繁的秘密磋商，寻求解决问题的方案。

最初，中国方面提出将九龙城改成公园，名字称为中山公园或中山纪念堂。将两广特派员公署驻港办事处设在公园之内。③英方拒绝了这项建议，认为此举意味着中国拥有城寨的主权。④

鉴于英方的态度，2月2日，王世杰接见英国大使时说：此案如久延不决，在港九或中国大有续生事件之可能，中国政府准备于必要时按照

---

① 黎晋伟主编：《香港百年史》，100～101页，香港，南中编译社，1948。
② 王世杰：《王世杰日记》（手稿本），第6册，159～160页，台北，"中央研究院近代史研究所"，1990。
③ 《外交部驻英使馆第601号、623号电》，1948年1月16日、27日，中国第二历史档案馆：《1947—1948年有关九龙城事件的中英交涉史料》，载《民国档案》，1990（3）。
④ 梁炳华：《城寨与中英外交》，198页，香港，麒麟事业有限公司，1995。

1898年条约派警察入驻九龙城。①

中国政府的强硬态度引起英方重视。2月8日，英方向中方提出将九龙城改为同盟公园，以纪念对日作战之盟国阵亡将士。② 中国不再坚持在城内设立特派员公署办事处，但公园的管理权须归中国政府。③ 后来中国方面作出让步，同意设立同盟公园，由两国共管。但英方却采取拖延办法，迟迟不予答复。

1948年的中英九龙城寨交涉之所以无果而终，与中国国内政局发生显著变化显然是直接相关的。当时正是国共两党展开"两种命运决战"的一年，国民政府江河日下，到了崩溃的边缘。此后随着国内战事日紧，国民政府就更无暇顾及此事了。

（四）小结

百年以来，九龙城寨问题一直是中英关系的一个死结，它随着《展拓香港界址专条》而生，此后便成了一个不时发作的隐疾。清政府视九龙城寨为租借地上一枚棋子，以维持中国的军事、经济利益，故死抓住九龙城不放。进入民国以后，中国人民民族意识及民族自尊心不断提高，要求取消各种不平等条约，恢复中国的主权呼声越来越高。然而英国却视城寨为心腹之患，是对整个香港及九龙租借地的重大威胁，因而不容中国在城内施行管治，并采取强硬措施，拆除城内民宅，终于引起举国上下强烈反对，中英两国也围绕九龙城寨问题进行了激烈交涉，九龙城寨问题成了中英关系的寒暑表，中英在不同年代对九龙城寨统治权的争执，反映了那个年代中国国民心态和中英两国关系的具体情况。但在具体的交涉中，两国政府都采取谨慎措施，尽量不使九龙城寨问题破坏两国关系。历届中国政府都支持拥有对九龙城寨的管辖权，但由于中国国力衰弱，20世纪以来中

---

① 《外交部致驻英使馆第632号电》，1948年2月2日，中国第二历史档案馆编：《1947—1948年有关九龙城事件的中英交涉史料》，载《民国档案》，1990（3）。

② 《驻英使馆致外交部第464号电》，1948年2月8日，中国第二历史档案馆编：《1947—1948年有关九龙城事件的中英交涉史料》，载《民国档案》，1990（3）。

③ 《外交部驻英使馆第464号电》，1948年2月18日，中国第二历史档案馆编：《1947—1948年有关九龙城事件的中英交涉史料》，载《民国档案》，1990（3）。

国未能对九龙城实行管辖权，没有派遣官员和军队进入九龙城寨。同时，由于中国政府态度坚决，英方在此间也比较谨慎。1948年之后，港英当局对九龙城寨采取不管不问的政策，九龙城寨成了"三不管"地区，成了各种罪恶的滋生地。新中国成立后，中华人民共和国政府仍然重视九龙城寨问题，并于1963年、1967年对港英当局拆迁九龙城寨行为提出严重抗议。迫使港英当局停止在九龙城寨的行动。

1984年，中英两国签署关于香港问题的联合声明。中国恢复对整个香港地区行使主权的问题得到解决，中国恢复对九龙城的管辖权就更不成问题。在新的历史背景下，港英当局提出准备清拆九龙城寨，在原址上兴建公园，中国政府对此表示理解。

1987年1月14日，中国外交部发言人说："中英两国政府1984年12月19日签署关于香港问题的联合声明，圆满解决了中国政府于1997年7月1日对整个香港地区恢复行使主权的问题，从而为尽早从根本上改善九龙城寨居民的生活环境创建了条件。……从整个香港的繁荣稳定出发，我们对于港英当局准备采取妥善措施，清拆九龙城寨，并在原址上兴建公园的决定表示充分理解"[1]。在特殊历史背景下形成的九龙城问题终于在中华人民共和国政府手里得到解决。

---

[1] 《人民日报》，1987-01-25。

后　记

本书是我近些年来有关英国与英帝国史研究成果的汇集。

自1988年我攻读硕士研究生以来，我即以英国史为我的研究方向。因为当时攻读的方向是国际关系史，因而我选择的硕士论文题目是《战后英国与西欧联合》。那时中国的欧洲研究远没有现在火热。选这个题目，一是自己的兴趣，二是受陈乐民先生著作的启发。后来硕士论文的一部分发表在《苏州大学学报》。文章尽管很幼稚，但毕竟是自己第一篇学术文章。1996年2月，我来到南京大学攻读英国史方向博士研究生，师从钱乘旦先生。经过和导师商量，我选取1783年到1815年英帝国史为研究方向，开始对英帝国与英联邦史的研究。在先生的悉心指导下，经过不懈努力，终于在1999年3月完成了博士论文《从旧帝国到新帝国——1783年至1815年英帝国研究》。后来几经修改，于2007年10月在商务印书馆出版。1999年以来，我除了继续研究英帝国与英联邦问题，还把研究方向转到了英国经济与社会史研究。2005年9月到2006年9月，受国家留学基金资助，我在英国剑桥大学做了为期一年的高级访问学者。师从著名英国著名历史学家理查德·史密斯。在他的建议下，近些年我的注意力主要集中在近代英国贫困与贫富差距问题、慈善问题，等等。

本书所收录的成果就是上述研究成果的主体。根据文章内容，分成英国近代贫困与社会保障问题、英帝国与英联邦问题、英国外交问题三个部分。其中一些成果已经做了一些修改、补充、删节。所以文章已非刊发时原貌。

感谢恩师钱乘旦教授这些年来对我的关心与指导，也感谢北京师范大学出版社的编辑们的辛勤工作。

郭家宏
2011年7月